Par Marin

La Préface de Quesnois

~~3647~~.
70.

V.

Qu'à Palès, à Diane, à Cerès, à Bacchus
Se joignent Glaucus et Pomone:
Tous leurs dons réunis sont des biens superflus
Si Comus ne les assaisone.

LES DONS
DE COMUS,
OU
L'ART DE LA CUISINE,
RÉDUIT EN PRATIQUE,

NOUVELLE EDITION,

Revue, corrigée & augmentée par l'Auteur.

TOME PREMIER.

Le prix est de sept livres dix sols relié.

A PARIS,

Chez Pissot, Libraire, Quai de Conti, à la
Croix d'Or, à la descente du Pont-Neuf,
au coin de la rue de Nevers.

―――――――――――――――

M. DCC. LVIII.

Avec Approbation & Privilége du Roi.

AVIS
Sur cette Nouvelle Édition.

SI le mérite d'un Ouvrage se mesure à l'empressement avec lequel il se fait désirer, le Livre intitulé LES DONS DE COMUS, redemandé depuis deux ans avec chaleur & de toutes parts, est certainement marqué au Sceau des bons Livres. Le prompt débit de la premiere Edition n'est pas une preuve équivoque de l'estime qu'en font les gens du métier, & ceux dont la curiosité s'étend à toutes les matieres qui sont traitées avec intelligence. On ne pouvoit donc plus différer à réimprimer LES DONS DE COMUS, & les nouveaux soins donnés par l'Auteur à cette seconde Edition, dédommageront bien de l'attente. On n'a pas cru que quel-

AVIS.

ques Ouvrages publiés sur la Cuisine depuis un an, dussent empêcher celui-ci de reparoître. Le public éclairé, en les comparant, leur à sans doute rendu justice, & plus d'un Lecteur aura remarqué dans le Cuisinier Maître-d'Hôtel, le fruit qu'une étude assidue des DONS DE COMUS a produit chez le nouvel Ecrivain. Une émulation si marquée devenoit encore un motif pour remettre au jour un Ouvrage déja regardé comme une source utile, & digne par conséquent d'enfanter plus d'un écrit dans le même genre.

Or pour rendre cette nouvelle Edition aussi complette qu'elle pouvoit l'être, 1°. On a fondu dans la Préface, dont la nouveauté a réussi à l'Auteur, l'Avertissement qui a donné lieu à la Lettre du Pâtissier Anglois, & qui étoit à la tête du premier Ouvrage publié comme celui que nous redonnons, sous le Titre de DONS DE COMUS. 2°. On a fait dans toutes les parties du corps de la Cuisine,

AVIS.

des additions considérables. Mais excepté les augmentations, on n'a rien changé au plan de l'Ouvrage. Il est toujours divisé en trois volumes : il commence par les bouillons & potages, & cette partie s'étend à toutes les sortes de jus, consommés, restaurans, coulis, blonds de veau qui font la base de la Cuisine. On traite du gras & du maigre séparémment, parce que cette division a paru commode. On a donné le premier rang au gras, & le maigre marche à la suite. On fait l'anatomie des grosses viandes ou de la viande de boucherie, & dans cette espece d'analyse, on indique les différens usages que l'on en fait à la cuisine, & leurs divers dégrés de bonté. Ce détail comprend l'histoire du bœuf, du veau, du mouton, du porc, de la volaille & du gibier. On fait voir ce qu'on en tire pour le rôt, les entrées, les hors-d'œuvres & autres mets avec la maniere de les apréter. On passe ensuite à la Pâtisserie que suivent les Entremêts, les œufs, les légumes, & tout le maigre en général. Le Poisson de mer & celui d'eau douce font autant d'articles séparés. On n'a point négligé de mettre un petit traité de la dissection des viandes, où on donne la façon de les couper & de les servir proprement, avec l'indication des meilleurs morceaux.

Quoique l'art de la Cuisine soit d'une étendue qu'il est difficile d'embrasser dans les bornes qu'on s'est prescrites, on se flate de n'avoir rien omis d'essentiel : Braises grasses & maigres, blancs, Sainte-Menehoült, pâtes à frire, essences, saumures, glaces & caramels, assaisonnemens, boudinailles, gratins, salpicons cuits & crus, pâtes & pâtisseries de toutes especes, hors-d'œuvres tant en maigre qu'en gras, œufs, graines, légumes, toutes sortes d'herbages, grosses & moyennes entrées grasses & maigres, le poisson & ses divers usages, entremêts chauds & froids de toutes façons, &c. On trouve ici de quoi conten-

AVIS.

ter les bouches les plus délicates, & les connoisseurs en bonne chere. On a mis à la fin de chaque volume une table des potages, hors-d'œuvres, entrées & entremêts qui en font la matiere, disposée de façon que par son moyen, on peut fixer d'un coup d'œil tout l'ordre d'un repas, & par conséquent mettre plus de goût & de choix dans les services.

On a tâché, autant qu'on a pû, de rendre cet Ouvrage utile à tout le monde. L'Officier de bouche y trouvera de quoi s'affermir & se perfectionner. Le Bourgeois avec les mêts les plus ordinaires, & sans presque augmenter sa dépense, pourra faire envier sa table, & ceux qui par amusement veulent sçavoir un peu de cuisine, non seulement trouveront de quoi s'occuper, mais pourront encore avec les principes, & les idées qu'on leur fournit, imaginer une infinité de sauces & de ragoûts différens.

AVIS.

On pourra remarquer que tous ces principes conduisent à ménager la santé, & qu'on est fidele à les suivre. L'Auteur recommande toujours que les sauces soient douces & onctueuses. Le sang, par ce moyen, n'est jamais brûlé, & conserve son baume, source de la vie. Le palais agréablement chatouillé, fait trouver du goût dans tout ce qu'on mange, & l'on n'a pas besoin, pour le gratter, d'avoir recours à des caustiques & à des acides, comme on est obligé de faire pour piquer un palais usé.

PRÉFACE

OU

DISCOURS PRÉLIMINAIRE.

LEs Italiens qui peignent agréablement leurs idées, appellent une Préface *la sauce d'un Livre*. Je ne sçai si cette définition caractérise exactement ce genre d'ouvrage, & si *La Salsa del Libro*, est toujours un ragoût bien propre à piquer les Lecteurs délicats. Mais je ne considére tout ce qu'on appelle *Préfaces*, *Avant-Propos*, *Avertissemens*, que comme de véritables Hors-d'œuvres, où l'on cherche moins à pressentir le goût du public, qu'à donner un essai du sien. Tous ceux qui en font cependant, ne manquent pas de se retrancher sur la nécessité du sujet. Pour moi, j'avoue de bonne foi que je pouvois mieux que personne m'épargner les frais d'un *Préliminaire*. Mais pourquoi le dissimulerois-je ? S'il est permis à un Ecrivain de donner quelque chose à l'Auteur avant de produire l'Ouvrier, ce droit m'est acquis à bon titre, puisque la matiere que je traite, bornée aux préceptes, & au jargon de l'art, ne laisse du côté des ornemens aucune ressource à l'imagination.*

* *Ornari tes ipsa negat contenta doceri.* Manil.

Il semble qu'un effet des plus marqué de l'intempérance du premier homme, & une suite funeste de son crime, est la nécessité où nous sommes réduits d'user d'alimens, qui par leurs qualités sont essentiellement le germe de toutes les maladies, & concourent avec l'apetit de l'homme à précipiter sa destruction.

Nous ne mangeons que pour soutenir une frêle machine, que la nourriture mine peu à peu, & dont les ressorts s'usent par les moyens mêmes qui servent à leur entretien. Triste condition de l'humanité, mais attachée à notre mécanisme, & commune à tout ce qui respire.

L'avantage que les animaux ont sur l'homme, est qu'ils trouvent chacun dans leur espèce la nourriture qui leur

PRÉFACE.

est propre, toute préparée, pour ainsi dire, par les mains de la Providence. La nature seule a fait tous les frais de leur cuisine & de leurs repas. Il est vrai que l'eau coule aussi pour nous, & que la terre, même sans culture, nous offre par-tout des mets innocens qui ne coutent rien à notre industrie : voilà ce que nous avons de commun avec eux. Mais cette nourriture suffit-elle à l'homme, & en supposant qu'elle ait été celle des premiers habitans du monde, leur expérience détruit-elle la nôtre ? En effet si jusqu'au déluge, comme le prétend M. Bossuet (1) » Toute la na-
» ture étoit plus forte & plus vigoureu-
» se : par cette immense quantité d'eau
» que Dieu amena sur la terre, & par le
» long séjour qu'elles y firent, les sucs
» qu'elle enfermoit étant altérés, les
» herbes & les fruits n'eurent plus leur
» première force ; il fallut donner aux
» hommes une nourriture plus substan-
» tielle dans la chair des animaux »; Nous dattons au moins du déluge pour l'usage des alimens que nous fournit le regne animal. Mais l'Auteur de l'Ouvra-

(1) Discours sur l'Histoire Universelle.

ge des six jours (1) prouve qu'il faut remonter bien plus haut, & jusqu'à la création du monde : ensorte que nul tems de la vie des hommes n'a été purement restraint aux mêts si vantés de l'âge d'or.

Ces principes posés, figurons-nous l'homme placé au milieu du monde, comme dans son domaine, mais pressé des besoins naturels qui se font sentir presque en naissant, & environné de tout ce qui peut satisfaire la nécessité & la convoitise. D'abord la nécessité plus active lui fait chercher dans les fruits de la terre, & dans les animaux qu'il a sous sa main, un remede à la faim qui le poursuit. Bien-tôt, son industrie se reveille, son imagination s'éguise & lui suggere les moyens de préparer les alimens qui doivent passer dans sa substance. Ensuite l'habitude enfante le dégoût, le dégoût fait naître la curiosité, la curiosité l'expérience, & l'expérience la sensualité. Il goûte, il essaye, il choisit, & il parvient ainsi peu à peu à se faire un art de l'action la plus simple, & la plus naturelle. Voilà l'histoire

(1) *Ibid.* pag. 252. & suiv.

de la cuisine, & à peu près celle de tous les arts.

Plutarque a fait un petit Traité, ou une espece de Déclamation, dans laquelle il examine si l'on doit manger de la chair des animaux, & il essaye de prouver qu'elle n'est point l'aliment naturel de l'homme. Il s'étonne comment le premier mortel qui s'avisa de manger de la viande, put approcher de ses lèvres & porter à sa bouche la chair d'une bête morte : comment il osa faire mettre sur sa table, & engloutir des cadavres qui peu de tems auparavant béloient, mugissoient, étoient animés : comment ses yeux purent soutenir la vûe de ces animaux massacrés, & les voir écorcher presque tout vivans : comment il put souffrir l'odeur qui s'exhaloit de ces cadavres, & comment son cœur ne se souleva point à l'idée seule de ces alimens.

« Nos tables, dit-il, sont couvertes
» de massacres : la chair, le sang & la
» graisse des animaux passent dans no-
» tre corps, & nous traitons de bêtes
» féroces les loups & les autres ani-
» maux qui sont obligés par leur consti-
» tution de vivre aux dépens de l'es-

» pece animale. Il prétend qu'à confiderer le mécanifme de l'homme, la chair n'eft point fon aliment naturel ; parce qu'il ne reffemble à aucun des animaux à qui elle paroît réfervée. Il n'a ni bec, ni griffes, ni dents propres à ce genre de vie carnaffiere, & il n'a point l'eftomac affez chaud pour digérer comme les loups. Enfuite s'adreffant à l'homme. » Si tu veux foutenir,
» ajoute-t-il, que la chair eft ton aliment
» naturel, maffacre donc ces animaux
» dont tu fais ta nourriture : tue-les
» toi même fans outil, fans fer, com-
» me font les bêtes féroces qui n'ont
» d'autres armes pour les déchirer que
» leurs dents & leurs ongles ; déchire
» comme elles à belles dents un Lie-
» vre, un Agneau, un Bœuf, &c.

Cette vifion Philofophique étoit trop belle pour échapper à M. Hecquer, qui l'adopte après M. Cheyne, célébre Médecin Anglois. (1)

Il eft vrai que fi l'on s'arrête à la ftructure de nos organes, fi différens de ceux des bêtes qui font deftinées à vivre de de proye ; l'ufage de la chair paroîtra

---

(1) Effai de la maniere de conferver la fanté, &c.

PRÉFACE.

plus naturel aux animaux qu'à l'homme : mais les animaux qui doivent se nourrir de viandes crues, & se passer de cuisiniers, sont pourvûs à cet effet des instrumens propres à préparer leurs alimens sans tant d'appareil, & l'industrie est donnée à l'homme pour apprêter les mêmes alimens, & se les rendre plus homogenes par la cuisson. Au reste, si notre corps plus délicat n'est pas fait pour être le tombeau de ces cadavres, on peut dire, qu'ils se vangent bien de nous par les désordres qu'ils y causent.

Mais renfermons-nous dans des idées plus particulieres, & moins problématiques. Il y a trois choses à considérer dans l'usage des alimens, leur multiplicité, leurs qualités, leur apprêt, trois objets qui brouillent sans cesse le Cuisinier avec le Médecin.

On compare ordinairement la vie des animaux avec la nôtre : on prétend que si elle est plus bornée, elle est aussi sujette à moins de maladies, & que l'uniformité des alimens qui composent leurs repas, leur épargne une partie des maux que la trop grande recherche produit chez nous. Il seroit aisé de fairé voir qu'en fait d'alimens, les animaux n'ont pas l'avantage de la simplicité. Pour ne nous arrêter qu'à ceux qui font tous les jours fous nos yeux, parcourons feulement une prairie, ou une colline couverte de moutons. Quelle prodigieufe diverfité d'herbes & de plantes j'y découvre, & dont ces animaux font leur nourriture ! L'œil peut-il difcerner celles qu'ils choififfent, & celles qu'ils rebutent ? Que de qualités différentes & fouvent contraires, on y trouveroit par l'analyfe de leurs principes ! Mais fans poufler plus loin la comparaifon, ou fi on veut le paradoxe, pour peu que l'on creufe ma réflexion, on fera bien-tôt convaincu que ce n'eft pas tant la variété que la qualité des alimens qui peut les rendre pernicieux. En effet je remarque que tous les Docteurs qui ont écrit particulierement fur cette partie de la Médecine qui concerne les alimens, ne fe font point tant attachés à condamner leur variété, qu'à démêler leurs qualités bonnes ou mauvaifes pour en confeiller, ou pour en défendre l'ufage. Ainfi le danger qu'il peut y avoir dans la multiplicité des alimens, eft purement relatif à leurs qualités, & par conséquent la question se réduit à voir jusqu'à quel point ils peuvent être nuisibles.

On a tant écrit sur cette matiere, & tous ceux qui en ont traité s'accordent si peu, qu'il est difficile d'en faire un sistême qui soit exempt de contradiction. On peut néanmoins se fixer à quelques regles générales, & je les tirerai de M. Cheyne, que j'ai déja cité, sans les garantir. Comme tout le mérite des alimens consiste dans une digestion facile, c'est sur ce principe qu'il établit leurs divers dégrés de bonté.

„ 1°. Les Animaux & les Végetaux
„ qui viennent le plutôt en maturité,
„ sont plus faciles à digerer que ceux
„ qui sont plus long-tems à se former.

„ 2°. Ceux qui sont plus petits dans leur
„ espece, le sont aussi plus que les grands.

„ 3°. Ceux qui sont d'une substance
„ seche, charnue & fibreuse, le sont
„ encore plus que ceux qui sont huileux, gras & visqueux. „

„ 4°. Ceux qui ont une substance
„ blanche, plus que ceux qui ont une
„ couleur vive.

„ 5°. Ceux qui sont d'un goût doux
„ & agréable, plus que ceux qui ont un

» goût fort, piquant & aromatique.

» 6°. Les animaux terrestres plus
» que les poissons.

» 7°. Les animaux qui vivent de ve-
» getaux & d'autres alimens légers,
» plus que ceux qui se nourrissent de
» chair, ou d'alimens durs & pesans.

» 8°. Toute la volaille engraissée, le
» bétail nourri dans l'étable, & même
» les végétaux hatifs ou venus artificiel-
» lement sur couche, tendent plus à la
» putréfaction, & par conséquent sont
» moins propres à la nourriture de
» l'homme, que ceux qui sont nourris
» & élevés d'une maniere naturelle.

Ce petit nombre d'Aphorismes à la portée de tout le monde, suffit pour nous mener loin en fait de régime. Ils ont, comme on voit, leur application aux poissons & aux légumes. Mais pour sçavoir à quoi s'en tenir sur cette partie des alimens dont M. Hecquet a dit tant de bien, il faut lire le curieux Ouvrage qu'il a fait sur les dispenses du Carême, & le concilier avec M. Andry, qui a traité la même matiere. Ceux qui voudront une Histoire des alimens plus approfondie ou plus détaillée, peuvent la chercher dans les sources, dans Paul Eginette, Platina, Nonnius, Cardan, l'Emery & les autres.

Quand on a lû ces différens Auteurs, & qu'on a combiné ce qu'ils ont écrit des propriétés des alimens, on voit qu'en général ils conviennent tous à l'homme, qu'ils sont essentiellement assortis à nos diverses constitutions, que même la nature nous a ménagé dans quelques-uns d'excellens remédes, que s'il y en a de plus sains les uns que les autres, ceux qui paroissent l'être le moins, nous sont homogenes par quelque endroit, & que leur différence spécifique ne va à en exclure aucuns, mais à préférer ceux qui nous sont plus propres, qu'enfin en supposant dans ceux qui en usent une bonne conformation & de la santé, on peut user de tous indistinctement, & porter la main à tous les mêts que la Providence nous offre avec profusion.

Il ne reste donc plus qu'à examiner si c'est l'aprêt des alimens qui peut les rendre nuisibles. Car si l'homme gâte, corrompt, empoisonne les dons innocens de la nature, & s'il en pervertit l'usage, pourquoi s'en prendre à ce sage Pourvoyeur ? C'est ici que la Médecine

-triomphe : c'est à l'art de la cuisine toujours suspect, qu'elle en veut principalement, c'est contre la Cuisinier qu'elle tourne ses batteries : on nous fait la guerre dans nos foyers, cederons-nous, sans rendre de combat? Si la partie n'est pas égale, il y a du moins entre nos adversaires & nous quelque chose de commun. On nous fait le même honneur qu'aux Médecins ; on dit sans cesse du mal de nous, tout le monde décrie la cuisine, & l'on ne sçauroit s'en passer. Si nous travaillons pour le Médecin, le Médecin à son tour travaille pour nous, & les prémices de la santé que son art a sçu rétablir, donnés au plaisir de la table, font mieux sentir le prix du nôtre. De plus qui ne sçait que le Cuisinier est souvent appellé au conseil du Médecin, & que la Cuisine enfin sert la Médecine ? (1).

On dit d'un autre côté que le Médecin n'est occupé qu'à contreminer le Faiseur de sauces. A supposer le fait établi, seroit-il impossible de les reconcilier ? Est-ce en effet l'aprêt des

(1) Malgré l'air de paradoxe que cette idée présente d'abord ; elle sert de fondement à un Livre également curieux & rare,

alimens, ou l'abus & l'excès qu'on en fait qui nous les rendent pernicieux? En un mot, la vie des gens de bonne-chere est-elle nécessairement plus courte que celle des autres hommes ! L'expérience est au moins pour & contre. Mais, dira-t-on, pour qui sont reservées ces maladies aigues qui font payer si cher les plaisirs de la table? Pour qui la goutte, cette goutte indomptable qui punit si cruellement les sensuels, & qu'un Ancien* appelle ingénieusement *Lucien. *la Reine des maladies.*

C'est ainsi qu'on impute injustement à l'art innocent de la Cuisine, les effets de l'intempérance.

Mais écoutons deux grands Médecins s'expliquer sur les causes des maladies. M. Hecquet a démontré, dans son Traité de la digestion, qu'elles ne provenoient la plûpart que des vices de la digestion. *La digestion,* dit-il, *est une sorte d'élixation : c'est donc soulager le travail de l'estomach, que de lui donner des matieres bien aprêtées.* Or quel est l'objet du Cuisinier? Si ce n'est de faciliter la digestion par la cuisson & l'aprêt des viandes, d'aider les fonctions de l'estomach en excitant ou en fortifiant ſes facultés digeſtives, & de changer même ſouvent les alimens les plus ſolides en une ſorte de chyle artificiel tel que ſont les extraits & les reſtaurans.

» Les ſources des maladies chroni-
» ques, ſelon M. Cheyne, (j'affecte de
» citer des Rigoriſtes) ſont :

» 1°. La viſcoſité des ſucs, ou la trop
» grande étendue des particules qui les
» compoſent, & qui n'étant pas ſuffi-
» ſamment briſées par les facultés digeſ-
» tives, arrêtent ou retardent la circu-
» lation.

» 2°. La trop grande abondance des
» ſels pleins d'âpreté & d'acrimonie,
» par le moyen deſquels les ſucs mê-
» mes deviennent ſi corroſifs, qu'ils
» crevent les ſolides, & les uſent.

Suivant ces principes je demande encore quelle eſt la fonction du Cuiſinier? Si ce n'eſt de dégager ces ſucs de leur viſcoſité naturelle, ou des particules qui les enveloppent, pour les faire paſſer dans le ſang avec moins d'embarras : ſi ce n'eſt de délayer les ſels qui rendent ces mêmes ſucs corroſifs, & de corriger leurs acides par des ingrédiens convenables?

PRÉFACE.

Combien la propreté seule de la Cuisine ne doit elle pas contribuer encore à la salubrité de nos alimens ? Rien ne sort des mains d'un bon Cuisinier qui n'ait passé par la coupelle d'un œil attentif & d'un palais sain. Les viandes les plus grossieres déposent par l'action du feu toute leur terrestréité. Quelquefois même par le mélange de sucs, ou plus actifs, ou plus doux elles perdent presque entiérement leur goût & leurs qualités naturelles, pour prendre un goût tout opposé, & des qualités tout-à-fait contraires. Ces idées plus dévoloppées m'engageroient dans un trop grand détail. Il suffira de remarquer comme un monument glorieux pour l'Art dont j'ai entrepris la défense, qu'un des plus grands Médecins du monde ne l'a pas jugé indigne de son attention. On trouvera dans mon ouvrage la façon d'une sauce à la mode appellée *sauce à la Chirac*, & dont l'invention est dûe en partie à ce célébre Médecin.

On distingue aujourd'hui parmi nous la Cuisine ancienne & la Cuisine moderne. Ce qu'on entend par la Cuisine ancienne, est celle que les François avoient mise en vogue par toute l'Europe, & qu'on suivoit presque généralement il n'y a pas trente ans. La Cuisine moderne établie sur les fondemens de l'ancienne avec moins d'appareil & moins d'embarras, quoiqu'avec autant de variété, est plus simple, plus propre, plus délicate, & peut-être encore plus sçavante. L'ancienne Cuisine étoit fort compliquée & d'un détail infini : La cuisine moderne est une espece de Chymie. La science du Cuisinier consiste à décomposer, à faire digérer, & à quintessencier les viandes ; à tirer des sucs nourrissans, & pourtant legers, à les mêler & les confondre ensemble, de façon que rien ne domine & que tout se fasse sentir. Enfin à leur donner cette union que les Peintres donnent aux couleurs, & à les rendre si homogenes que de leurs diverses saveurs il ne résulte qu'un goût fin & piquant, & si j'ose le dire, une harmonie de tous les goûts réunis ensemble. Voilà tout le fin du métier, & le grand œuvre en fait de cuisine. On ne s'est peut-être jamais avisé de chercher du rapport entre deux objets aussi éloignés que paroissent l'être l'art de la Peinture & de la Cuisine. Mais sauf la hardiesse de la comparaison, &

à l'irrévérence près, je n'ai point trouvé d'image plus propre à rendre mes idées sensibles. L'union & la rupture des couleurs qui font la beauté du coloris, représentent assez bien, ce me semble, ce mélange de sucs & d'ingrédiens dont le Cuisinier compose ses ragoûts. Il faut que ces ingrédiens & ces sucs soient noyés & fondus de la même maniere que le Peintre fond ses couleurs, & que la même harmonie, qui dans un tableau frappe les yeux des connoisseurs, se fasse sentir aux palais fins dans le goût d'une sauce.

Je ne déciderai point si la Cuisine moderne est préférable pour la santé à l'ancienne ; je suis entre les sensuels & les Médecins. Je ne veux point d'affaire avec les derniers, & je dois respecter l'opinion des autres.

Mais voici l'idée que je me suis faite d'un bon Cuisinier. Il faut qu'il connoisse exactement les propriétés de tout ce qu'il emploie, pour pouvoir corriger ou perfectionner les alimens que la nature nous présente tout bruts : qu'il ait avec cela la tête saine, le goût sûr, & le palais délicat, pour combiner habilement & les ingrédiens & les doses.

L'assaisonnement est l'écueil des médiocres ouvriers, & la partie de notre travail qui demande le plus d'attention. Le sel, le poivre, & les autres épices, ingrédiens plus précieux que l'or, quand on les emploie à propos, mais vrais poisons, quand on les prodigue, doivent être ménagés comme l'or même, & dispensés par une main légere que l'intelligence conduise. Sans cela plus d'onction dans ce que vous faites, vous ruinez tout le fruit d'un long travail, & à la place des sels grossiers que vous avez séparés par l'élixation, vous substituez dans les alimens de purs corrosifs.

Ajoutons aux qualités d'un bon Cuisinier l'adresse de la main pour opérer proprement, &, ce qu'un Ancien recommande, une étude assidue du goût de son Maître, *dont le palais doit devenir le sien* (1).

La cuisine n'est donc plus un art meurtrier quand les principes en sont bien connus, & quand elle est maniée par un bon Artiste. *Vous ne devez point être*

___
(1) *Namque cocus domini debet habere gulam.* Martial.

PRÉFACE.

être surpris, dit Seneque le Philosophe & le pedant, *des maladies qui regnent en si grand nombre, comptez combien d'Ouvriers pour la bouche...... Que d'hommes occupés pour un seul ventre?* * * Ep. 95. Et moi je dis à tous les gourmands qui rejettent leurs infirmités sur nous, „ in-„ terrogez-vous plutôt vous-mêmes, „ & n'accusez que votre intempérance. La sensualité délicate & la finesse du goût, au lieu d'exclure la sobriété, la supposent nécessairement, & cette volupté peu durable qui échape au milieu de la jouissance, n'est jamais plus piquante & plus pure que dans l'usage modéré des plaisirs de la table. Si l'on ne reprochoit à la cuisine que d'irriter l'appetit & le goût, & d'exciter la cupidité, source de toutes les maladies, le reproche pourroit être juste : l'art de la cuisine, il faut l'avouer, est du moins par cet endroit coupable en partie des excès de l'intempérance. Mais de quoi la cupidité n'abuse-t-elle pas ? C'est un malheur attaché à notre condition, de ne pouvoir nous contenir dans les bornes de la nécessité. Que ceux sur qui la raison n'a aucun pouvoir, qui donnent tout au tempérament, & qui ne peuvent concilier avec les plaisirs de la table, cette utile modération qui en fait le prix, & qui peut-être n'est elle-même qu'un rafinement de volupté, craignent avec raison l'art de la cuisine : c'est un art funeste pour eux. Qu'ils réforment au plutôt leur table, ou pour le plus sûr, nouveaux Pandarées, (1) qu'ils se réduisent à la vie grossière des premiers âges.

* Volt. le Mondain.

Massialot n'est pas du siècle d'or.

Mais pour ces sages voluptueux, qui en satisfaisant la nature, sçavent écouter la raison, & se ménager dans les plaisirs même les moyens de les rendre durables, en évitant la satiété, ils peuvent goûter sans crainte les délices de la table.

* Saint-Evremon.

Une austère discours des herbes de la Trape,
Servira de diette une vu deux fois le mois. *

La délicatesse des mêts en soutenant leur appetit, & en invitant encore leur

[1] Pandarée célébre mangeur à qui Cérès accorda le don de manger impunément sans avoir jamais d'indigestion. *Anton. Liberal. fab.* 11.

goût, soit par la vûe, soit par l'odorat, ne peut que leur préparer une coction louable. Le palais averti par les sens extérieurs, saisit agréablement ce qu'on lui présente, & l'estomac qu'on appelle *le Pere de famille*, * prévenu par le sentiment du palais, en est sans doute mieux disposé à recevoir ces mêmes alimens : par conséquent il les digere mieux, & il doit s'en former un meilleur chyle.

* Macrob. Saturn. l. L. VII.

Oserois-je hazarder ici un Paradoxe Métaphisique que j'abandonne aux idées de ceux qui voudront en faire quelque usage ? (1) Comme le goût corporel & le goût spirituel dépendent également de la conformation des organes destinés à opérer leurs diverses sensations, la finesse de ces deux sortes de goûts prouve assurément la finesse des organes qui leur sont propres. Or ne pourroit-on pas remonter du goût corporel à un principe très-délicat qui lui seroit commun en quelque façon avec le goût purement spirituel ?

[1] On est entré dans la plaisanterie, & elle a fait naître *la Lettre du Pâtissier Anglois*, écrit ingénieux dans le goût du Docteur Sffvvit.

PRÉFACE.

On pourroit sans doute ajouter bien d'autres moyens, à ceux que je viens d'employer pour la défense de la Cuisine : mais, si les exemples sont pour les hommes une sorte de démonstration plus forte que tous les raisonnemens, une Histoire abbrégée de cet Art, achevera son apologie.

La Cuisine, comme tous les autres Arts inventés pour le besoin ou pour le plaisir, s'est perfectionnée avec le génie des peuples, & elle est devenue plus délicate, à mesure qu'ils se sont polis. Je ne m'arrêterai point à ses commencemens qu'il seroit difficile de démêler. La vie des premiers hommes a dû ressembler à celle des peuples de l'Amérique, qui, bornés au simple nécessaire, ne pensent point encore au superflu, & chez qui l'on n'apperçoit gueres que l'instinct des besoins naturels. Les progrès de la cuisine sont plus marqués chez eux que nous appellons les *Anciens*. Le luxe & la délicatesse de la table, ont pris naissance dans l'Asie chez les Assyriens & les Perses, & la qualité du climat n'a pas peu contribué, sans dou-

PRÉFACE.

te, à rendre ces peuples si voluptueux. Quoique des Historiens nous vantent la vie frugale des derniers (1), ils ne se bornoient pas toujours à leur cresson, & on sçait jusqu'où ils porterent les délices & les plaisirs de la bouche. Les Grecs d'un génie si propre à perfectionner tous les arts, & à rafiner sur tous les plaisirs, n'avoient garde de négliger ceux de la table, & leurs Cuisiniers sont fameux dans l'Histoire.

Les Syracusains étoient les plus fins gourmets, ou les plus délicats gourmands de la Grece. Leur friandise étoit passée en proverbe, & pour marquer une bonne table, on disoit *une table de Syracusain*.

Tous les autres Grecs généralement, n'étoient point ennemis de la bonne chere. J'excepte les Lacédémoniens, ce peuple austère dont la vie dure ressembloit à celle des Cyniques. Lycurgue avoit ordonné de faire comparoître tous les mois les enfans devant les Ephores, pour juger de leur embonpoint. On leur présentoit les enfans tout nuds, & si ces Magistrats les trouvoient trop gras, ils

[1] *Xenophon Cyropedie.*

les condamnoient au jeûne & à l'abstinence. *

La délicatesse & la superfluité étoient sévérement bannies de ces repas de Communauté établis par leur Législateur : Les seuls assaisonnemens qu'ils connussent étoient l'exercice & l'appetit. Nous avons pourtant conservé un ragoût célebre chez eux, & c'est la sauce noire * qu'ils faisoient avec les entrailles du Liévre. Mais peut-être après tout leur austérité consistoit-t-elle moins dans la vilité des alimens, que dans la simplicité de leur apprêt. Car un Lacédémonien voulant faire accommoder un poisson qu'il venoit d'acheter, le Cabaretier dit qu'il lui falloit du fromage, du vinaigre, & de l'huile : *Fort bien*, répondit le Spartiate, *Eh ! mon ami, si j'avois eu la sauce, je n'aurois point acheté le poisson.*

La politesse des Athéniens avoit influé dans leurs repas ; ils aimoient tellement la table, que la profession de Parasite étoit excellente chez eux, & par conséquent très-commune. On mangeoit beaucoup de poisson à Athenes, & les Magistrats attentifs à tous les intérêts de la bouche avoient établi, que le poisson étant arrivé dans le mar-

* Alex. ab Alexand. Genial. Dier.

* *Jus nigrum.*

ché, on appelleroit sur le champ les acheteurs au son d'une cloche, ou par la voix d'un Crieur public, afin qu'on eût le poisson tout frais : & pour obliger les Marchands à s'en défaire plus vîte, il leur étoit défendu de s'asseoir.

C'est, si je ne me trompe, d'un friand d'Athenes, que nous tenons cet Aphorisme connu dans la Cuisine moderne : *Que la viande la plus délicate, est celle qui est le moins viande, & le poisson le plus exquis, celui qui est le moins poisson.*

On vante fort la frugalité des premiers Romains. Pline entre autres fait un tableau de leur vie qui ressemble à celle des Patriarches. On prétend qu'ils furent près de six cens ans sans sçavoir apprêter le pain, & qu'ils usoient à son défaut de *pulment*, qui est une sorte de gruau. Quoiqu'il en soit l'Age d'Or de Rome, est, selon toutes les apparences, celui de sa grossièreté & de sa foiblesse. Polie par la conquête de la Grece, enrichie des depouilles du monde entier, qu'elle somptuosité, quel luxe elle étale! " Les délices introduits à Rome " par les vaincus, les vangerent bien de " leurs vainqueurs, dit un Satyrique. (1) Les Cuisiniers Grecs y étoient fort à la mode. Les Villes Grecques fondées en Italie, Naples, Tarente, Sibaris étoient célebres pour la bonne chere, & c'est delà vraisemblablement que ce goût vif pour les plaisirs de la table fut porté à Rome. Le genie inventeur des Grecs fit briller l'opulence Romaine, & les Romains nés pour outrer tout, surpasserent bientôt leurs Maîtres. Rien n'approche en effet de l'idée que les Historiens & les Poëtes nous donnent de leur somptuosité. On vit le luxe de la table engloutir à Rome les plus riches patrimoines, & d'Illustres dissipateurs; un Fabius surnommé le *Gouffre*, un Apicius, un Milon s'immortaliser par les excès, & les rafinemens de la bouche. Ce qu'on lit de la magnificence & de la sensualité de Lucullus, est presque incroyable : Le seul entretien de sa table étoit d'une dépense prodigieuse soutenue par des richesses immenses. Il avoit auprès de Naples sur le bord de la Mer une maison délicieuse, où l'on trouvoit en tout tems & en abondance tout ce que l'Europe, l'Asie, l'Afrique

Gurges.

(1) Juvenal.

pouvoient fournir de plus rare soit en viandes, soit en poissons. De vingt traits surprenans qui peignent son luxe, je n'en rapporterai qu'un d'après Plutarque. Pompée étant malade, les Médecins lui ordonnerent de manger une grive. Comme on étoit alors dans l'Eté, on lui dit qu'il n'en pouvoit trouver que chez Lucullus qui en faisoit nourrir toute l'année ; il ne voulut pas lui en faire demander, & s'adressant à ses Médecins : *Eh quoi !* dit-il, *si Lucullus n'étoit pas aussi voluptueux qu'il est, il faudroit donc que Pompée mourût.*

Mais pour se figurer l'excès où les délices & la profusion furent portées à Rome, il ne faut que considérer le grand nombre des Loix somptuaires faites en divers tems pour le reprimer. (1) Les unes taxerent la dépense de bouche à une certaine somme par jour. Antoine lui-même, le sensuel Antoine, en publia une de cette nature avant le Triumvirat. (2) Les autres réglerent aussi par jour la consommation des viandes, & des autres alimens à une certaine quan-

[1] *La loi Fannia.*
[2] *La loi Licinia.*

tité. (1) D'autres fixerent le prix des vivres devenu si excessif, qu'à Rome un poisson se vendoit plus cher qu'un bœuf, (2) & qu'un certain Asinius Celer acheta un barbeau sept mille écus. Enfin il y eut des Loix (3) qui reglerent jusqu'au nombre des convives ; & une entr'autres, qui rendit les peines portées par la loi *Fannia* contre ceux qui excederoient une certaine dépense, communes à celui qui donnoit à manger & aux conviés. Il paroît qu'il y en eut aussi qui défendirent certaines denrées dont le prix étoit devenu exhorbitant : de là vint l'usage d'employer, au défaut des mets interdits, les champignons, les trufes, les herbes fines, & autres ingrédiens de ce genre, (4) & peut-être est-ce à cet usage qu'il faut rapporter l'origine des ragoûts. Quoi qu'il en soit, il est certain que ces ingrédiens qu'on tira dans la suite à grands frais des Pays étrangers, comme nous en tirons les épices, contribuerent à augmenter le luxe ; & le langage qu'un

---

[1] *La loi Cornelia.*
[2] *Macrob. l.* 3. *c.* 17.
[3] *La loi Orchia.*
[4] *Cic. Ep. l.* 7. 26.

PRÉFACE. xxxv

mauvais riche tient dans un ancien satirique, peint très-vivement la fureur qu'on eut à Rome pour ces denrées. (1) *Lybiens*, dit ce voluptueux, *laissez-là le labour, ou gardez pour vous votre froment, pourvu que vous nous envoyiez des champignons.* Au reste ces Loix somptuaires étoient renouvellées trop souvent, pour ne pas faire présumer que le mal étoit sans reméde. Un fait singulier nous apprend le cas qu'en faisoient les Gourmands de Rome. On venoit de publier une de ces loix : un Tribun du peuple, homme de bonne chere, entreprit de la faire abroger, & montant à la Tribune aux harangues, il débuta de cette maniére. » On veut » vous donner, Peuple Romain, un » frein que vous ne devez pas souffrir : » C'est vous traiter en esclaves que de » vous lier les mains. Quoi de plus » étrange qu'une loi qui veut vous obli- » ger d'être sobres malgré vous, & qui » vous ordonne la tempérance ? Laissez » donc abolir entiérement ce prétendu » pouvoir dont vous vous targuez, & » qui se prescrit de jour en jour. A

___
[1] *Juvenal, sat.* 5.

» quoi vous sert cette liberté dont vous
» paroissez si jaloux, s'il n'est pas per-
» mis à chacun de se ruiner comme il
» l'entend, & de périr à sa fantaisie ? »
Le Censeur Lucius Flaccus fit chasser
du Senat ce bon Citoyen.

Le luxe de la table des Romains feroit la matiére d'un ample volume.
Leur dépense en poisson étoit excessive:
ils avoient de magnifiques viviers dont
le seul entretien ruinoit des familles,
ce qui fit donner le nom d'*Antropopha-
ges* a certains poissons, dont le prix étoit
devenu ruineux. On avoit trouvé le secret de conserver le poisson sous la nei-
* Galen. ge, & de l'y attendrir. *De plus il y avoit
de cib. des Coureurs qu'on en chargeoit au sor-
15. tir de l'eau, & qui l'apportoient toujours courans au lieu marqué. On sçait
l'estime particuliere que les Romains
faisoient des huîtres, & la prodigieuse
consommation qui s'en faisoit dans
leurs repas. Etalerai-je ici la magnificence & le luxe des repas des Pontifes ? Par-
lerai-je des excès de Caprée, des profu-
sions épouvantables de Neron & de Ca-
ligula ? Le frere de l'Empereur Othon
lui donna un souper, où l'on servit 2000.
sortes de poissons, & 7000. especes

PRÉFACE. xxxvij

d'oiseaux. Othon pour renchérir sur lui, fit faire un plat d'une grandeur énorme, qu'il appelloit le *Bouclier de Minerve*, & qu'il fit remplir de foyes d'Esquilles, de cervelles de Paons & de Faisans, de langues de Phenicopteres, & de laites de Lamproyes. L'Empereur Geta fit un repas qui dura trois jours, pendant lesquels on lui servit par ordre alphabétique un nombre incroyable de mêts différens.

Mais la sensualité d'Apicius, qui n'étoit qu'un simple particulier, est encore plus surprenante. Il faut observer qu'il y eut à Rome trois fameux Gourmands de ce nom. Le premier vivoit quelque-tems avant la Dictature de Jules César. Le second qui se nommoit M. Gabius, vivoit sous Auguste & sous Tibere : & le troisiéme sous Trajan. Le second est le plus célebre des trois. Séneque qui l'avoit vû, nous apprend qu'il tenoit à Rome une espece d'école de gourmandise & de sensualité. Il y avoit des gâteaux qui portoient son nom, & Pline fait mention de plusieurs ragoûts dont il étoit l'inventeur. C'étoit d'après lui, selon Lampride, qu'Heliogabale mangeoit si souvent des langues de

Paon & de Rossignol. Les ragoûts d'Apicius furent long-tems à la mode, & il s'étoit formé une secte de *Cuisiniers Apiciens* qui subsistoit encore à Rome du tems de Tertulien *.

* Tertul. Apologet.

Athenée rapporte un trait curieux de ce fameux Gourmand. * Il mangeoit à Minturne dans la Campanie, une sorte de sauterelles d'eau qui surpassoient en grosseur celles d'Alexandrie. Il apprit qu'on en trouvoit en Afrique d'une grandeur extraordinaire : il s'y transporta sur le champ à grands frais. Les Pêcheurs avertis de son arrivée allerent au devant de lui, & lui apporterent les plus grosses sauterelles qu'ils eussent pêchées : mais dès qu'il vit qu'elles n'excédoient point la grosseur des siennes, sans vouloir seulement prendre terre, il donna ordre qu'on le remenât à Minturne. Ce même Apicius après avoir dépensé pour sa table deux millions & demi, & se voyant fort endetté, songea à examiner l'état de son bien. Il trouva qu'il ne lui restoit plus, ses dettes payées, que deux cens cinquante mille livres, & s'empoisonna, comme s'il avoit craint de mourir de faim avec une telle somme.*

* L. 1.

* Senec. Consolat. ad Helv.

PRÉFACE. xxxix

Le troisiéme Apicius avoit un secret admirable pour conserver les huîtres, & il en envoya à Trajan dans le pays des Parthes.*

* Athenée l. 1.

Nous avons un Ouvrage Latin en dix Livres, concernant l'art de la cuisine, sous le nom de *Cælius Apicius*. On ignore duquel des trois il peut-être. Un critique* dont Bayle ne s'éloigne pas, après avoir remarqué que l'ouvrage en général est de très mauvais goût, prétend encore qu'il est supposé, & que l'Auteur est quelque Ecrivain des siécles barbares, qui sous le nom d'Apicius a voulu en imposer à ceux qui n'avoient pas le palais plus fin que lui. Lyster Médecin de la feue Reine Anne d'Angleterre, qui en a donné une Edition avec des notes, * croit que les descriptions qu'on y trouve, sont plutôt des formules de médecine que des recettes à l'usage des friands. Enfin Fabricius* remarque que dans ce même Ouvrage où il est parlé du Phenicoptere, (sorte d'oiseau rare & précieux) l'Auteur ne dit pas un mot de sa langue, quoique ce fut, selon Pline, un des plus délicats morceaux au goût du véritable Apicius.

* Latinus Latinius.

* Lond. 1705. in 8°.

* Biblioth. Latin.

L'ordre des repas chez les Romains

a pû nous servir de modele. Ils étoient du moins partagés, comme les nôtres, en plusieurs services. J'y trouve Entrées, Hors-d'œuvres, Entremêts, (1) & si j'ose hazarder dans une matiere grave, une expression de Rabelais, *toute notre artillerie de gueule*. Leurs entrées étoient composées de salades, de légumes, d'œufs, d'olives, d'huîtres, &c. Ils faisoient surtout grand usage de la laituë, assaisonnée avec la saumure de Maquereau. Cette saumure si renommée sous le nom de *Garum*, faisoit les délices des meilleures tables, & représentoit presque par tout, à peu près comme autrefois chez nous l'extrait de jambon, ou le coulis d'Ecrévisses.

Les Romains eurent des goûts bizares : la chair d'ânon, & celle de chien furent successivement à la mode, & ils avoient trouvé le secret d'engraisser jusqu'à des escargots. * A l'égard des Paons dont l'usage, n'est plus gueres commun aujourd'hui, ce fut l'Orateur

* Macrobe.
Liv. VII.

[1] On n'observe plus aujourd'hui si scrupuleusement cette distinction, & pour me servir de l'expression de Plutarque, *on a transporté chez nous les mets de la queuë à la tête de l'armée.*

PRÉFACE.

Hortenſius qui s'aviſa le premier d'en ſervir dans un repas qu'il donnoit aux Augures.

Quoique le feſtin de Trimalcion ſi bien détaillé dans Petrone ſoit viſiblement chargé, on peut y prendre une idée du goût, & de la façon de manger des Romains. Le ridicule ſouper de Naſidienus décrit ſi agréablement par Horace, eſt un autre monument de leur cuiſine. Mais un ſeul morceau de Macrobe qui repréſente l'ordre de leur repas, peut tenir lieu de bien des recherches. C'eſt la deſcription d'un ſouper donné par le Pontife Lentulus, le jour même de ſa réception. » On ſervit pour » entrées, ou premier ſervice, des hé- » riſſons de mer, des huîtres crûes à » diſcrétion, & toutes ſortes de coquil- » lages avec des aſperges. Il y avoit » pour deuxiéme ſervice, une poular- » de fine engraiſſée, encore un plat » d'huîtres & de coquillages, des dattes » de pluſieurs eſpèces, encore des poiſ- » ſons à coquilles, & des huîtres d'eſ- » peces différentes, des orties de mer » (ſorte de poiſſon) des becfigues, des » rables de chevreuil & de ſanglier, » des volailles incruſtées de pâte, un

Ante cænam.

Subtus.

» autre plat de becfigues & des pour-
» pres, poiſſon à coquille fort précieux.
» Le troiſiéme ſervice étoit compoſé de
» menus droits, d'une hure de ſanglier,
» d'un plat de poiſſon, d'un autre plat
» de menus droits, de canards, d'oi-
» ſeaux de riviere en compote, de lé-
» vreaux & de volailles rôties avec des
» pains ou gâteaux de la marche d'An-
» conne. *

In cœnâ.

* Panes Picentes.

Je laiſſe aux connoiſſeurs à décider ſi cette deſcription remplit bien l'idée que Paul Emile s'étoit faite de l'élegance des Romains, quand il comparoit l'office d'un bon Cuiſinier, par rapport à l'Ordonnance des repas, à celui d'un bon Capitaine. (1)

Ces pains ou gâteaux de la Marche d'Anconne, me rappellent un trait de Plutarque qui fait voir que les Romains n'avoient pas négligé ſa pâtiſſerie. (2) Scipion pendant ſa Cenſure, apprit qu'un Chevalier Romain avoit fait faire un grand pâté qui repréſentoit la Ville de Carthage, & qu'on en avoit fait le ſiége en forme à ſa table. Il prit fort

[1] Plutarq. dans ſa vie.
[2] Id in Scipion.

mal cette plaisanterie, & cassant le Chevalier quelques jours après, il lui dit que : *C'étoit pour avoir osé détruire Carthage avant lui.*

Les Gaulois à qui nous avons succédé, nourris dans les armes, ne se piquoient pas d'une grande délicatesse dans leur repas : leur vie au contraire étoit fort frugale. On dit même qu'ils obligeoient leurs enfans à porter une ceinture au delà de laquelle il ne leur étoit pas permis de grossir, à peine d'être châtiés.

Je ne sçai si les Gots qui nous ont laissé dans tous les arts des traces de leur goût, étoient gens de bonne chere. S'il est vrai, comme on le prétend, que ce soient eux qui ayent introduit l'usage de faire régulièrement deux repas par jour, ils étoient au moins gens de bon appetit.

Tout l'art de la cuisine, & la bonne chere ont consisté long-tems en France dans une profusion mal entendue, que plusieurs de nos Rois ont essayé de réprimer par des Edits. Dès le tems des guerres d'Italie, sous Charles VIII. Louis XI. & Louis XII. les Italiens avoient porté les délices de la table assez loin : on le voit par quelques ouvrages publiés dans le quinziéme & le seiziéme siécle. Ils firent connoître la bonne chere aux François; & la conquête du Royaume de Naples, époque d'une maladie funeste, est aussi pour nous celle d'un art qui alors ne l'étoit peut-être guères moins.

On dit que le génie du François est moins propre à inventer par lui-même, qu'à perfectionner les intentions des autres: ainsi on peut juger des progrès que fit la cuisine pendant deux siécles.

Le regne du feu Roi si glorieux pour les Arts, fut celui du bon goût en tous genres: la magnificence du Souverain le faisoit briller à sa table. On n'oubliera jamais le souper de Vaux, ni la collation de Chantilly, quoique le zéle insensé du pauvre *Vatel* Controlleur de M. le Prince, ait marqué tristement cette derniere fête. (1) Nous avons eu plus d'un Apicius, & sans doute nous en avons encore. On sçait qu'un friand du Bourbonnois (2) fit la dépense de deux ou trois mille carpes pour en avoir

[1] Il se poignarda, parce que le service avoit manqué à quelques tables. *Lett. de Mde. de Sevigné.*

[2] Il se nommoit Verdelet.

PRÉFACE.

les langues, & se donner le plaisir de s'en rassasier. Un Auteur assez célébre au Théâtre (1) se donnoit de tems en tems de pareilles Fêtes. Un jour il fit un repas, où il y avoit un grand potage fait avec cette espece de lait que donnent les œufs frais cuits dans leur coque, & un plat composé seulement de noix d'épaules de veau, dont il avoit fallu acheter, & sacrifier un grand nombre. Des friands de ce caractère auroient fait paroli à tous ceux de Rome.

Comme on aime aujourd'hui les paralleles, sans doute un morceau de ce genre sur la cuisine des Anciens & la nôtre, ne paroîtroit point déplacé : mais ce seroit me parer d'une érudition dont personne ne me tiendroit compte. Je craindrois d'ailleurs que le Cuisinier ne fît pas beaucoup d'honneur au Sçavant, & que le Sçavant à son tour ne décréditât le faiseur de sauces : semblable à ce Cuisinier Grec appellé *Corebe*, dont l'Histoire a parlé une fois, pour nous apprendre qu'il couroit bien, & dont personne n'a vanté les ragoûts. Je laisse donc à des Ecrivains plus autorisés que

Pauſ san. Eliap.

___
[1] Dufresny.

moi cette discussion; mais au moins, jusqu'à ce qu'on l'ait faite, je soutiendrai que nous l'emportons, en fait d'art & de goût sur les Anciens. Si on m'en demande la preuve, c'est que nous sommes venus après eux, & que la cuisine étant un art, dont la pratique & les expériences se renouvellent chaque jour avec nos besoins, elle doit se perfectionner tous les jours. Je remarque au surplus qu'aujourd'hui on retranche à la profusion pour ajouter à la délicatesse : qu'on applique la maxime des Sages, par rapport au nombre des Convives, à celui des mêts qu'on aime mieux manger que compter : que l'intérêt de la santé n'est plus séparé du bon goût qui a proscrit ces jus ardens & tous ces ragoûts caustiques de l'ancienne cuisine ; qu'enfin celle qui regne à présent, avec un travail plus fini, mais au fond plus simple, ne roule que sur ces deux principes, la variété & la propriété.

La cuisine est une matière trop intéressante pour n'avoir pas eu ses Ecrivains comme les autres arts. Nous en avons de Grecs & de Latins qu'il est inutile d'indiquer, parce qu'il y a bien de l'apparence qu'ils seront peu lûs par

PRÉFACE. xlvij

ses confreres, & qu'ils en tireroient peu de fruit. Le plus ancien Livre de cuisine en langue vulgaire que je connoisse, est un Ouvrage Espagnol imprimé en Gothique, & intitulé, *Libro de Cozina, compuesto por Ruberto de Nola*.

Les Italiens nous ont donné plusieurs ouvrages sur cette matiere. Mais les seuls Ecrivains François font assurément les trois quarts de la *Bibliothéque des Cuisiniers*.

Suivant l'usage de tous ceux qui entreprennent de se faire lire, je devrois faire ici la critique des Ouvrages qui ont précédé le mien : mais c'est un droit que j'abandonne aux Ecrivains de profession, qui croyent ne pouvoir s'établir que sur les ruines des Auteurs, qu'ils rencontrent dans leur chemin. Je n'ai point prétendu d'ailleurs ramener tout le monde à ma Méthode. La Cuisine est un art fort libre & qui n'a proprement d'autres régles que le goût dont les idées & les impressions sont variées à l'infini. Quant a moi, j'ai fait de mon mieux : Ceux qui ne goûteront pas ma maniere, doivent au moins m'être obligés de l'intention. Après tout il faut regarder le Public comme une assemblée de Convives assez difficiles, & qui ont chacun un goût différent. Qui peut se flatter de les contenter tous.

Tres mihi convivæ prope dissentire videntur,
Poscentes vario multum diversa palato.
Quid dem ? Quid non dem ? Horat.

F I N.

LES DONS DE COMUS,

OU L'ART DE LA CUISINE REDUIT EN PRATIQUE.

PREMIERE PARTIE.

CONTENANT les Bouillons & Jus, Sauces, Potages & Braises en gras, la viande de Boucherie ou grosse viande.

CHAPITRE PREMIER.

Du Bouillon.

LE premier Bouillon, ou si l'on veut, le *bouillon général*, qui est à proprement parler, l'ame de la cuisine, se fait avec le bœuf, comme poitrine, paleron, char-

Tome I. A

bonnée, bas d'aloyau, culotte ou tendron. On doit le tenir fort doux & n'y mettre pour tous ingrédiens que quelques racines ou des oignons. Le surplus est inutile, attendu que ce bouillon sert à mouiller le mitonnage, à faire le jus de bœuf, à mouiller de grosses braises, & même à faire la soupe pour toute une Maison, en y ajoutant les légumes, herbes ou racines que l'on juge à propos. Ce bouillon doit être bien écumé, dégraissé, fort clair, & passé proprement.

Bouillon ordinaire, ou mitonnage pour la base des potages & des sauces.

Ce bouillon doit être fait avec toute l'attention possible. On prend la quantité de viande nécessaire. La meilleure est la tranche, le gîte & le trumeau. On y ajoûte une poule ou jaret de veau. Quand il est bien écumé, vous le salez légérement, & y mettez les racines convenables, comme navets, carottes, panais, oignons, cellery & poireaux, avec un clou de gerofle & une racine de persil. Ce bouillon ou mitonnage sert à faire cuire tout ce qui se met sur les potages, comme volailles, gibier, grosse viande, &c. & toutes les garnitures ou légumes, excepté les choux, radix, gros navets & quelques autres légumes dont on fait le potage à part. Une partie de la bonté de tous les bouillons dépend de l'attention & du soin que l'on prend.

Bouillon cordial qui sert pour les potages clairs, le jus de veau & la quinte-essence.

Mettez suer dans une casserole un morceau de tranche de quatre ou cinq livres, avec la moitié d'un gigot de mouton bien dégraissé, une vieille perdrix & une poule. Il faut qu'en un quart d'heure le

A ij

tout ait fué & foit même un peu attaché. Avant que d'y mettre les racines & les légumes, vous mouillez avec le bouillon du mitonnage. Enfuite vous le verfez dans une marmite propre, que vous achevez de remplir avec de l'eau bouillante, Il faut moitié l'un & moitié l'autre. A moitié de cuiffon vous mettez vos racines avec deux livres de rouelle de veau que vous faites fuer, & mouillez comme ci-deffus. Ce bouillon doit être fix heures au feu, après quoi on le paffe au clair pour s'en fervir au befoin. Il peut auffi fe faire au bain-marie. Il faut y mettre peu de fel.

Bouillon Tôt-fait.

Prenez une demie livre de tranche & un morceau de rouelle de veau avec des carottes & panais; coupez le tout par zeftes. Faites fuer à grand feu dans une cafferole avec un peu d'eau & un petit morceau de lard & oignon piqué d'un clou. Quand cela commence à s'attacher, vous mouillez avec de l'eau bouillante, & mettez sel, navets, pieds de cellery blanchi. Faites bouillir pendant trois quarts d'heure, & passez au clair.

Quinte-essence.

Mettez dans une casserole tranches d'oignon avec trois ou quatre livres de rouelle de veau selon la quantité de bouillon que vous voulez tirer, un quarteron de jambon coupé par petites tranches, zestes de carottes & panais, oignon piqué d'un clou de gérofle, & un poulet coupé en quatre. Ajoûtez-y un peu de bouillon, couvrez la casserole & la faites suer d'abord sur un feu un peu vif & ensuite sur des cendres chaudes. Mettez-y du feu de tems en tems. Quand le tout est prêt de s'attacher, vous le mouillez avec du bouillon cordial, & le faites mijotter jufqu'à la parfaite cuiffon de veau. Il faut que le tout foit moëlleux, & ait beaucoup de corps fans être falé. On peut fe paffer de poulet, fi on veut, & y ajoûter quelques champignons, gouffes d'ail ou autres ingrédiens.

Confommé.

Faites fuer dans une cafferole avec quelques tranches d'oignon au fond, deux livres de tranche de bœuf, deux livres de rouelle de veau, deux perdrix, une poule, deux tranches de jambon, ou fi l'on veut s'en paffer, une livre de veau de plus. Paffez le tout d'abord à grand-feu, & y ajoûtez un peu de bouillon, & faites attacher légérement. Mouillez enfuite avec d'excellent bouillon, qui doit être bien clair. Empotez le tout dans une petite marmite. Mettez-y une carotte, un panais, deux navets & trois oignons; le tout blanchi, un bouquet avec deux cloux de gérofle, deux gousses d'ail, & gros comme une noix de sucre. Laissez mijotter pendant quatre heures & plus, si faire se peut.

Ce consommé demande une grande attention. Il doit être jaune comme de l'or, doux, onctueux & cordial. Il sert à donner du corps à certains potages clairs, & à faire de petites sauces légéres, tant au gibier qu'à la viande blanche.

Jus de Bœuf.

Mettez dans une casserole épaisse des tranches d'oignon avec de la tranche de bœuf, & de la noix tendre, si cela se peut. On peut en mettre depuis un quarteron jusqu'à vingt livres. Ajoûtez-y carottes, panais, oignons entiers & un peu de bouillon non dégraissé. Faites suer le tout pendant un quart d'heure doucement, ensuite vous mettez sur un fourneau plus vif, pour éviter que le jus ne se caillebotte & ne se durcisse. Ayez soin qu'il y ait toujours un peu de graisse au fond. Quand votre jus a la couleur convenable, ôtez la casserole de dessus le feu : un quart d'heure après vous mouillez avec le bouillon général ou tel autre que vous aurez, & le ferez bouillir long-tems. Ensuite vous y mettez un clou de gérofle & quelques champignons ; goutez, passez, & vous en servez au besoin. Il faut qu'il bouille trois quarts d'heure.

La bonté de ce jus dépend de l'attention ; car pour peu que l'on se néglige, ou qu'on abandonne la casserolle, on risque de manquer le jus, & on est obligé de recommencer l'opération, si on veut que le jus soit dans sa perfection.

Jus de Veau.

Mettez dans une casserole une demie barde de lard, tranches d'oignon & de veau, quelques zestes de jambon, des carottes, panais & quelques oignons avec un peu de bouillon. Faites suer le tout comme le jus de bœuf, & le faites attacher légérement. Mouillez du mitonnage & le laissez mijoter sur un petit feu, jusqu'à ce que la viande soit cuite. Passez votre jus bien clair, & vous en servez au besoin.

On peut faire du jus avec toutes sortes de viandes de Boucherie. On peut même en faire avec de la volaille ou toutes autres choses. Il faut sçavoir tirer parti de tout.

Coulis ou blond de Veau.

Mettez dans le fond d'une casserole deux pains de beurre, ou du lard fondu, des tranches de veau, de la cuisse, quelque petites tranches de jambon, une carotte, un panais, un gros oignon piqué d'un clou, & un peu de bouillon. Faites suer le tout avec la même attention que le jus ci-dessus. Quand il est réduit & qu'il a formé son caramel, vous ôtez la viande & les ingrédiens, & les jettez dans une autre casserole. Alors vous remettrez votre caramel sur le feu avec de la farine & du beurre ou lard fondu. Remuez-le sur le feu jusqu'à ce qu'il soit un peu coloré, sans pourtant sentir le roux. Mouillez-le ensuite avec le bouillon cordial, ou tel autre que vous jugerez à propos. Ajoûtez-y un peu de jus. Ce mélange doit se faire de façon qu'il en résulte un beau blond de la consistence de la crême demi-double. Quand la viande est cuite, dégraissez & passez ce blond par le tamis sans expression.

Autre blond de Veau.

Mettez comme ci-dessus, la viande dans la casserole. Quand le tout a bien sué, laissez attacher légérement, comme pour tirer un léger jus de veau. Mettez ensuite dans une casserole du lard fondu & de la farine. Formez un demi-roux, & le mouillez avec du bouillon & un peu de jus. Finissez comme ci-dessus. De telle façon que l'on s'y prenne pour tirer ces différentes sortes de coulis, on est toujours sûr de réussir, quand on employe de bonnes choses, & qu'on y a attention.

Essence de Jambon.

Mettez dans une casserole un peu de lard fondu, ou bon beurre fin. Mettez-y cinq ou six tranches de jambon, & par dessus quelques petits morceaux de rouelle de veau coupés minces, zestes de carottes & panais, & quelques oignons. Faites suer à petit feu, jusqu'à ce que cela ait rendu son jus. Ensuite vous le faites aller plus vîte pour le mettre au point du caramel. Dès que cela commence à s'attacher, levez proprement tout ce qui est dans la casserole, & le mettez dans une autre à part. Vous mettez ensuite dans votre caramel un peu de bon beurre, ou lard fondu, & un peu de farine. Après avoir fait détacher doucement sur des cendres chaudes, vous mouillez de bon bouillon doux & léger, après avoir ôté la casserole de dessus le feu. Quand cela est bien délayé, vous y remettez du bouillon, ou du jus, s'il en est besoin. On peut même y mettre du blond de veau. Ensuite vous y remettez tout le jambon & le veau, en le changeant de casserole. Joignez-y une demi-bouteille de vin de Champagne, ou deux verres d'essence d'ail, un bouquet & quelques champignons. Faites bouillir à petit feu pendant une heure. Dégraissez avec attention; quand l'essence est finie, douce & moëlleuse, passez-la à l'étamine sans expression.

Coulis simple.

Faites fondre dans une casserole un peu de bon beurre, ou lard fondu. Mettez-y de la farine & la faites cuire doucement sur le feu, jusqu'à ce qu'elle soit au point d'un roux. Otez votre casserole de dessus le feu; mettez-y du bouillon, du jus, ou de l'eau. Délayez bien le tout, faites bouillir doucement; & y mettez un bouquet de persil & ciboule, sel & quelques champignons coupés. On peut y mettre quelque fond de braise & du vin blanc, si on veut. Dégraissez & passez à l'étamine. Faites ensorte qu'il soit bien doux.

On peut y mettre des croutes

de pain bien chapelées; mais il faut moins de farine, & vous le passez à l'étamine à force de bras.

La vieille Cuisine n'est pas tellement proscrite qu'on n'en retrouve encore des traces dans quelques maisons, où la délicatesse s'introduit difficilement sous le nom de nouveauté. Comme j'écris pour tout le monde, en voici un échantillon qu'on peut regarder comme la base de l'ancienne Cuisine Gauloise.

Jus de Bœuf & de Mouton.
Faites cuire votre viande un peu plus qu'à moitié, piquez-la avec un couteau, & la pressez pour en exprimer le jus. Le jus tiré, prenez une cueillerée de bon bouillon, dont vous arroserez votre viande, & tirez-en encore du jus. Mettez-le dans un pot avec un peu de sel, & avant que de vous en servir, mettez-y un peu de citron. Le jus de veau,

de chapon & d'autres viandes, se fait de même.

Jus de Champignons.

Prenez deux bonnes poignées de champignons, lavez les bien & faites les bouillir dans une petite marmite avec de bon bouillon. Mettez-y un bouquet, & quelque morceau de viande assaisonné d'un peu de sel. Quand le tout a bouilli le tems convenable, passez-le à l'étamine & mettez le dans un pot. Cela sert pour les potages & entrées.

Liaisons d'Amandes.

Pilez des amandes douces, & les mettez dans du bouillon, avec mie de pain, jaunes d'œuf, jus de citron, oignons, sel, clou de gérofle, & quelques champignons. Faites bouillir le tout, passez à l'étamine, & mettez dans un pot pour servir au besoin.

Liaison de Champignons.

Prenez des queues de champignons, & des amandes battues, avec oignon, persil, mie de pain, jaunes d'œuf & un peu de capres. Assaisonnez le tout, & faites bouillir avec de bon bouillon ; ensuite passez à l'étamine.

Liaison de farine, ou Coulis.

Faites fondre du lard, ôtez les crétons, mettez de la farine dans le lard fondu, faites-la bien cuire, & prenez garde qu'elle ne s'attache à la poële : mettez-y de l'oignon, mouillez de bouillon, ajoutez un peu de champignons, de vinaigre & de sel. Quand le tout est cuit, passez à l'étamine ; empotez-le ensuite, & tenez-le sur les cendres chaudes tout prêt à lier vos sauces. C'est ainsi qu'on faisoit des liaisons de trufes.

Consommé.

Mettez dans une bouteille dont le goulot soit fort large, du veau & de la volaille coupés par petits morceaux. Après l'avoir remplie, bouchez la bien avec de la pâte & du parchemin. Faites la bouillir trois heures dans un chaudron d'eau. Ensuite débouchez la bouteille, tirez-en le jus & l'empotez.

Pour le maigre, on ne se servoit que de bouillon de pois avec quelques désossemens de poisson.

Façon de faire toutes sortes de Sauces en gras.

Sauce à la Carpe.

Faites suer le veau à l'ordinaire. Mettez-y trois ou quatre tronçons de carpes qui ne sentent point la bourbe. Quand cela commence à s'attacher, mouillez de blond de veau. Joignez-y deux verres de vin de Champagne que vous aurez fait bouillir avec deux gousses d'ail, un clou, une feuille de laurier. Faites mitonner & dégraissez bien. Ensuite passez dans le tamis de soye claire. Que la sauce soit légere & un peu plus foncée que le blond de veau.

Comme je n'ai donné dans le premier Volume des Dons de Comus, qu'une liste générale des Potages, hors-d'œuvres, entrées, rôtis & entremêts, tant en gras qu'en maigre, j'ai senti que le service que j'ai cru rendre au public, seroit imparfait, si je ne lui en donnois la composition & la manière d'en faire usage selon son goût. J'entrerai même dans un détail utile à plusieurs, qui apprendront à connoître la qualité de tous les différens mets, & tout ce qui s'employe à la Cuisine.

Sauce à l'Espagnole.

Faites suer un morceau de veau & zestes de jambon avec quelques racines. Faites un peu attacher & mouillez avec du jus de veau, deux verres d'essence d'ail, deux cueillerées à pot de blond de veau, un verre de bonne huile, une pincée de coriandre, deux clous de gérofle, trois ou quatre champignons entiers. Faites mitonner à petit feu & dégraissez l'huile. Quand la viande est cuite, passez la sauce au tamis. Il faut qu'elle ait de la consistence & du parfum. Quand elle est passée, mettez-y quelques tranches de citron. On s'en sert à bien des choses.

Sauce au Brochet en gras.

Faites suer un morceau de veau & zestes de jambon, trois ou quatre tronçons de brochet qui ne sente point la bourbe. Quand cela s'attache, mouillez de jus de veau & blond de veau. Si vous n'aviez pas de blond de veau, il faudroit faire un demi roux avec de très-excellent beurre. Mettez-y un verre de vin de

B ij

Champagne, une essence d'ail, un bouquet de persil & ciboule, deux cloux, une branche de basilic, une demi-feuille de laurier. Faites bien cuire le tout, dégraissez, passez à l'étamine, & vous en servez au besoin.

Sauce à l'Esturgeon.

Elle se fait de même. On peut la faire plus piquante, si on veut.

Sauce à l'Anguille.

Elle se fait de même; mais un peu plus relevée.

Sauce au Lapin.

Foncez une casserole de même que ci-devant. Mettez-y un ou deux lapins de bon fumet. Faites les suer & attacher de même. Mouillez avec du jus & blond de veau & vin de Champagne. Mettez dans le bouquet un peu de sarriette, laissez bien cuire & mijotter long-tems. Passez à l'étamine, & vous en servez à ce que vous voudrez. Il faut que cette sauce soit un peu consistante & douce.

La sauce aux perdrix & aux faisans se fait de même. Il en est de même des autres sauces à qui on donne le nom de la viande avec laquelle elles se font.

Si vous voulez toutes les sauces dans le goût moderne, vous les faites comme la quinte-essence au blanc ; mais cela ne marque pas assez.

Sauce à l'Italienne blonde.

Passez dans une casserole des champignons hachés avec deux pains de beurre, de la ciboule & de l'échalote hachée. Singez un peu & mouillez avec de la quinte-essence du blond de veau, deux verres de vin de Champagne ou essence d'ail, un verre d'huile, un bouquet. Faites bouillir & dégraissez à mesure. Quand elle est faite, changez la de casserole, & y mettez quelques tranches de citron, & vous en servez au besoin.

Sauce Piquante.

Mettez dans une casserole cinq ou six tranches d'oignon, un bouquet fait de trois clous de gérofle, une branche de basilic, persil & ciboule, quelques champignons, zestes de carottes & panais. Mettez-y du blond de veau & un demi-verre de vinaigre. Faites bouillir à petit feu, écumez, s'il en est besoin, & passez la sauce pour vous en servir au besoin.

Sauce à l'Italienne légere.

Passez dans une casserole quelques champignons hachés très-menus avec quelques échalotes, un ou deux pains de beurre, singez & mouillez avec de la quinte-essence, du vin de Champagne, un demi-verre d'huile, laissez mijotter le tout. Mettez-y un bouquet avec deux gousses d'ail. Dégraiffez & changez de casserolle. Cette sauce doit être perlée & légere.

Sauce hachée.

Paffez dans une casserole une poignée de champignons hachés bien menus avec de l'échalote, un bouquet de persil & ciboule, deux pains de beurre ou lard fondu, ensuite fingez & mouillez avec du jus & blond de veau. Faites bouillir long-tems à petit feu. Dégraiffez bien, felon les chofes à quoi vous voulez employer vôtre sauce. Vous pouvez-y mettre, en finiffant, une pointe de vinaigre, ou citron, ou quelques anchois bien deffalés, lavés, nettoyés & hachés bien menus avec une pincée de capres & une gouffe d'ail.

Plusieurs sortes de Coulis pour les potages terrines, hors d'œuvres, entrées & autres.

Coulis à la Reine.

Faites suer un morceau de veau, avec quelques tranches d'oignon, zestes de jambon, carottes & panais, un peu de bouillon gras. Quand il veut s'attacher, mouillez-le avec de bon bouillon; que cela soit blanc. Laissez mijotter jusqu'à ce que le veau soit cuit; ôtez tout ce qui est dans la casserole avec une écumoire, mettez-y la mie d'un pain mollet, & refaites mitonner.

Prenez des blancs de volaille rôtie ou bouillie, hachez les & les pilez avec quatre jaunes d'œuf durs, quelques amandes douces, & un peu de coriandre, le tout pilé & délayé avec de bon bouillon,

lon, & le mettez dans votre caſſerole un inſtant. Il ne faut pas que cela bouille. Si cela eſt trop épais, il faut y mettre un peu de bonne crême, que vous aurez fait bouillir auparavant. Paſſez le tout dans une étamine bien blanche & propre, & vous en ſervez au beſoin.

Le coulis vierge ſe fait de même. Vous n'y mettez point de coriandre ni d'amandes.

Coulis d'Ecréviſſes.

Faites ſuer dans une caſſerole des tranches de veau, tranches de jambon, oignons deſſous, zeſtes de carottes & panais deſſus. Vous mettrez plus ou moins de viande, ſelon la quantité de ſauce dont vous aurez beſoin. Mettez-y un peu de bouillon gras, pour aider à ſuer, il faut que cela ſoit attaché, comme pour un jus de veau léger. Mouillez d'excellent bouillon, laiſſez cuire le veau, ôtez tout ce qui eſt dans la caſſerole. Faites cuire des écréviſſes de Seine, dans de l'eau & du ſel; épluchez les coquilles & les petites pates; lavez les bien, & les faites ſécher, & les pilez. Plus elles ſont pilées, & plus le coulis eſt beau. Mettez-les dans une caſſerole bien délayées, & les paſſez deux fois.

On peut y mettre des croutons de pain chapelé, pour lui donner plus de conſiſtance.

Une autre fois, mouillez-le avec de la ſauce de carpe, ou du blond de veau.

Coulis de Navets.

Faites ſuer un petit morceau de veau, & zeſtes de jambon, carottes, panais, & un oignon piqué d'un clou. Pendant ce tems-là, vous ferez cuire dans une marmite cinq ou ſix navets, coupés en deux ou trois, que vous aurez paſſés auparavant dans un peu de friture ou lard fondu, pour leur faire prendre une couleur d'or. Mouillez-les de bon bouillon. Quand votre veau a fué, & est attaché, mouillez-le avec votre bouillon de navets, que vous aurez paffé auparavant : vous y joindrez une cuillerée à pot, de blond de veau, & laiffez cuire. S'il n'eft pas affez confiftant, quand vous aurez ôté la viande, mettez-y quelques croutons de pain chapelé, que vous ferez mitonner, & le paflerez à l'étamine.

Ce coulis fert pour les potages, terrines & autres.

La purée de navets fe fait comme ci-deffus. Vous coupez des navets tendres en dez, & vous les paffez avec du lard fondu, jufqu'à ce qu'il foit prefque cuit. Prenez garde qu'il ne prenne trop de couleur. Mouillez-les enfuite d'un peu de bon bouillon, vous les pilez & les mettez dans votre sauce ci-dessus, & passez à l'étamine.

Coulis de pois, ou purée.

Faites cuire dans une marmite, un ou deux litrons de pois secs, avec de bon bouillon, une carotte, un panais, un bouquet, dans lequel vous mettrez deux clous, une branche de sariette. Quand ils sont cuits, pilez & passez la purée, dans une passoire. Faites ensorte qu'elle soit épaisse.

Si c'est dans le tems des pois nouveaux, vous aurez de gros pois, que vous mettrez dans une casserole, avec une cueillerée de bouillon, une poignée de persil, & vert de ciboule concassée. Passez le tout sur le feu, jusqu'à ce que les pois soient presque cuits. Pilez-les ensuite, & vous en servez à ce qui suit.

Faites suer comme ci-devant un peu de veau, jambon, carottes & panais, & quelques oignons. Mouillez auparavant, & que cela soit tout à fait attaché, avec de bon bouillon. Laissez mijoter jusqu'à la parfaite cuisson de veau. Otez tout de la casserole, mettez-y votre purée de pois secs, avec un peu de sarriette. Laissez encore bouillir un peu; ayez un peu d'épinars, ou poirée blanchie, hachée & pilée, que vous mettrez dedans, pour lui donner un peu de couleur verte. Ensuite passez à l'étamine, & lui donnez telle consistance que vous voudrez.

Pour les pois nouveaux, il faut les mettre dans le bouillon de bonne heure, & les faire bouillir à petit feu, mettez-y un peu de sarriette, & de mie de pain, & passez à l'étamine.

Coulis, ou purée de lentilles.

Faites cuire des lentilles à la Reine, ou autres, après les avoir épluchées & trempées dans l'eau tiéde. Vous les mettez dans une petite marmite, avec du bouillon ; ou bien vous faites suer une livre de tranche, & attacher comme pour du jus. Mouillez avec de l'eau, ou bouillon. Mettez dans vos lentilles, avec une carotte, un panais & un bouquet, comme aux pois. Quand elles sont cuites, vous les pilez, & gardez votre bouillon, pour mettre dans votre coulis. Vous faites suer un petit morceau de veau, comme ci-devant, & le faites attacher comme du jus. Mouillez avec du bouillon & jus de veau. Laissez bouillir ; ensuite ôtez la viande, & mettez vos lentilles. Laissez mijoter, & passez à l'étamine.

On peut garder, si on veut, quelques lentilles entières, pour mettre dans le coulis, après qu'il est passé.

Coulis de marrons.

Faites cuire des marrons au four, épluchez-les, & ôtez les deux peaux. Faites les cuire avec du jus de veau, un bouquet, une tranche de jambon. Quand ils sont cuits, pilez-les, faites suer, & attacher comme ci-devant, mouillez de jus & blond de veau. Quand la viande est cuite, ôtez-la, & y mettez vos marrons pilés, laissez mijoter un peu, & passez à l'étamine. On peut en faire de la purée.

Coulis d'haricots.

Ayez des haricots secs, ou autres de bonne qualité. Faites-les tremper à l'eau tiède, & cuire comme les lentilles. Il faut donner à ce coulis, beaucoup de corps, & l'œuil blond ; & que le bouillon avec lequel on le fera, soit foncé comme du jus. Quand ils sont cuits, pilez-les, faites suer & attacher un petit morceau de bœuf, veau & jambon, & le mouillez avec du jus foncé, & du blond de veau léger. Laissez mijoter, & mettez votre purée d'haricots; ensuite passez à l'étamine, & vous en servez pour des potages.

Coulis de grosses feves de marais.

Ecalotez de grosses feves de marais. Faites-les blanchir & cuire dans d'excellent bouillon, avec un bouquet, dans lequel vous mettrez beaucoup de sarriette, & deux clous de gérofle. Quand elles sont cuites, écrasez-les, & faites suer un petit morceau de veau & jambon, oignon, carottes & panais. Mouillez de bon bouillon sans être attaché. Quand la viande est cuite, ôtez la, & y mettez quelques croutons de pain, & vos feves écrasées, un petit morceau de sucre, & un peu d'ache concassée, que vous aurez fait blanchir, passez à l'étamine, & vous en servez.

Il faut que ce coulis soit léger & d'un vert pâle.

En général, l'on fait des coulis de tout ce que l'on veut.

Coulis à la Reine, simple, & sans viande.

Mettez dans une casserole, environ une pinte de bon bouillon, avec la mie d'un pain mollet d'une livre. Faites mitonner doucement ; en finissant mettez deux ou trois amandes amères échaudées & pilées, avec cinq ou six coriandres, une liaison de quatre jaunes d'œuf faite avec de bon bouillon. Mêlez bien le tout jusqu'à ce que cela soit lié, & passez à l'étamine. Si cela se trouvoit trop épais, vous-y mettrez un peu de bon bouillon, en le passant.

Sauces particulières.

Sauce Robert.

Hachez de l'oignon en tranches bien menues, ou en rouelles, ou en dez. Passez-le avec du beurre, ou lard fondu à petit feu. Quand il est presque cuit, & qu'il commence à prendre couleur, singez-le un peu, & le mouillez avec du jus & blond de veau, si vous en avez, assaisonnez de sel & poivre, un oignon piqué de deux clous. Laissez mijoter. En finissant, un peu de moutarde, une pointe de vinaigre. Si l'on n'aime pas l'oignon, on peut passer la sauce.

Sauce Robert à la Bourgeoise.

Hachez bien mince une bonne quantité d'oignons, passez-le dans une poëlle ou casserole, avec un morceau de beurre, ou autre graisse. Il faut le tenir long-tems sur le feu, & le remuer souvent, de peur qu'il ne brûle. Quand il est cuit, assaisonnez-le de sel, poivre ; en finissant, de la moutarde & du vinaigre. Il n'est pas nécessaire de la mouiller, parce que l'oignon rend assez de jus pour le cuire.

Sauce au vert pré.

Faites suer dans une casserole des tranches d'oignon, quelques petites tranches de veau, un peu de jambon, zestes de carottes & panais. Quand cela a rendu son jus, & commence à s'attachez, mouillez avec de bon bouillon, un verre de vin de Champagne, un demi-verre d'huile. Mettez-y deux gousses d'ail piquées d'un clou. Laissez cuire la sauce. Passez-la au tamis de soye pour la dégraisser. Mettez dans une casserole un demi pain de beurre de Vanvre, avec un peu de farine. Mettez-y du bouillon suivant la sauce dont vous avez besoin. Tournez-la sur le feu, pour lui donner consistance. Mettez-y une bonne pincée de persil, haché & blanchi, & haché encore après, pour qu'il forme le vert-

pré. En servant jus de citron.
Cette sauce peut se servir froide.

Sauce à la Mancelle.

Hachez & mettez dans une casserole, avec la viande que vous voulez servir à cette sauce, une trufe, une pincée d'échalotes, un peu d'huile, un verre de vin de Chmpagne, & deux cueillerées de blond de veau, sel & poivre. Faites bouillir sur le feu, en servant jus de citron.

Si c'est pour du gibier qui ait du fumet, on peut y écraser les foies.

Sauce au bresolle.

Coupez en dez une demi-livre de moëlle de veau. Faites blanchir avec deux petites tranches de jambon, dans du bouillon ; mettez-les dans une casserole, avec un demi-verre d'huile, persil, ciboule, échalotes, quelques champignons, le tout haché bien menu. Faites aller doucement sur un petit feu, ensuite singez & mouillez avec de la quinte-essence, ou consommé, un demi-verre de vin blanc; une gousse d'ail piquée d'un clou. Laissez cuire la sauce, ôtez le veau & jambon. Dégraissez, & vous en servez. Il faut un peu de citron.

Sauce à la Béchamel passée.

Passez dans une casserole, avec un morceau d'excellent beurre, du persil, de la ciboule, échalotes, le tout haché bien menu. Singez & mouillez avec d'excellente crême. Assaisonnez de sel & poivre. Laissez bouillir un peu, pour lui faire prendre goût; passez-la au tamis, & y mettez encore un pain de beurre, & un peu de muscade, & servez chaud. Quand elle est prise, il faut y mettre un peu de persil haché & blanchi.

Sauce à la Béchamel.

Mettez dans une casserole, trois ou quatre pains de beurre, avec un peu de persil, ciboule, échalotes hachées, du sel, du poivre concassé, un peu de muscade, de la farine pour lier la sauce. Mouillez de bonne crême. Tournez sur le feu, pour lui faire prendre goût & de la consistance, & vous en servez au besoin.

Sauce à l'yvoire.

Cette sauce n'est autre chose, qu'une petite braise blanche, bien foncée, qui se fait avec la viande qu'on veut servir; poulet, poularde, cuisses, aîlerons ou autres. Foncez votre casserole avec quelques tranches d'oignons, tranches de veau, petites tranches de jambon, quelques bardes de lard bien légéres; mettez votre viande dessus, & la recouvrez avec les mêmes choses, un bouquet de fines herbes, deux ou trois gousses d'ail, assaisonnez à l'ordinaire. Faites suer sur des cendres chaudes, & mouillez avec du vin de Champagne & du consommé. Achevez de faire cuire à très-petit feu & bien couvert. Passez la sauce, dégraissez, & servez avec votre viande, jus de citron.

Ces sortes de sauces demandent un bon corps & un goût bien moelleux, car la mine ne prévient point.

Sauce à la chirac.

Elle se fait dans le même goût. On la peut changer, si on le juge à propos, pourvû qu'on ne lui ôte pas l'air de simplicité.

Sauce à l'extrait de cellery.

Ayez une livre de rouelle de veau, que vous faites blanchir dans du bouillon, piquez-le de cellery. Vous piquez de même la moitié d'un poulet, la moitié d'une perdrix. Foncez une casserole de tranches d'oignon, vous y arrangez toute la viande ci-dessus. Mettez-y un peu de jambon, zestes de carottes & panais, un morceau de petit lard piqué d'un clou. Faites suer le tout un quart d'heure. Quand cela veut s'attacher, & commence à former un petit caramel, mouillez-le avec du consommé bien doux. Ensuite mettez le tout dans une boule au bain-marie, pendant deux heures. Vous-y mettez gros comme une féve de sucre. Passez le tout dans une serviette, & vous en servez à ce que vous voudrez.

Sauce à l'extrait de fenouil.

Elle se fait de même; mais il faut être modeste sur le fenouil, car le parfum en est un peu fort.

Sauce à l'extrait de persil.

Elle se fait aussi de même.

Sauce à la Duchesse.

Ayez un verre de bon bouillon, un peu d'échalotes hachées, la moitié d'un pain de beurre, un peu de bonne huile, de la chapelure de pain, un peu de sel, poivre & un grand jus d'Orange.

Sauce au restaurant.

Arrangez dans une petite marmite, quelques tranches d'oignon, & de la tranche de bœuf; une barde de lard, zestes de carottes, panais, navets, & un demi pied de cellery; ensuite la moitié d'un poulet & d'une vieille perdrix. Achevez d'emplir avec quelques tranches de veau & zestes de jambon, deux clous de gérofle; une branche de basilic, & une barde de lard. Mettez-y un peu de bon bouillon bien doux. Couvrez bien votre marmite, entourez-la de pâte, pour que la fumée n'en sorte point. Faites mijoter pendant quatre heures sur des cendres chaudes;

passez au tamis de soye, & dégraissez bien ; servez-vous en à faire de petites sauces légéres.

On peut la faire à moins de frais, mais il faut toujours beaucoup d'attention.

Pour cette sauce on peut prendre le fond de quelque braise bien foncée & douce.

Sauce à la crême.

Passez dans une casserole avec un pain de beurre, trois ou quatre champignons, une tranche de jambon, un morceau de veau blanchi, un bouquet, singez & mouillez avec de bon bouillon : laissez mijoter. Quand cela est presque fini, mettez-y une chopine de bonne crême. Otez tout ce qui est dedans, & faites bouillir à petit feu. Remuez toujours, de peur que cela ne s'attache. Quand elle a assez bouilli, & qu'elle a pris le goût & la consistance convenable, passez-la;

& vous en servez à ce que vous voudrez.

Sauce au suprême.

Faites suer dans une casserole un peu de veau & jambon, tranches d'oignon dessous, zestes de carottes & panais. Quand cela commence à s'attacher, mouillez avec du consommé. Mettez-y ensuite deux champignons, une gousse d'ail & un verre de vin de Champagne. Quand la sauce est presque cuite, passez-la & y mettez du persil, de la ciboule hachée. Faites réduire au point d'une sauce; ôtez la de dessus le feu. Faites-y infuser trois feuilles d'estragon & une feuille de baume, jusqu'à ce qu'elle soit froide. Avant que de servir, pressez-y un jus de citron. Ôtez l'estragon & le baume, si vous voulez.

Sauce au jus d'ozeille.

Ayez de l'ozeille lavée, hachée & pilée. Tirez-en environ un demi-septier de jus. Mettez dans une casserole deux pains de beurre, un jaune d'œuf, sel, poivre, muscade, un peu de farine. Délayez avec votre jus d'ozeille un peu de quinte-essence ou consommé. Tournez la sauce; si elle n'est pas assez relevée, mettez-y un peu de citron.

Sauce à la poulette.

Passez dans une casserole, avec un pain de beurre, ou lard fondu, quatre champignons coupés en deux, un quarteron de rouelle de veau coupé en morceaux, un bouquet, un petit morceau de jambon, si vous en avez. Quand cela a été passé doucement, vous singez un peu & mouillez de bon bouillon; mettez-y un peu de sel & de poivre. Laissez cuire doucement, ensuite passez dans une casserole, au travers d'un tamis; mettez une liaison d'un ou deux jaunes d'œuf, délayés avec de bon bouillon, un peu de perſil haché bien menu, un pain de beurre ; un peu de muſcade, le jus d'un citron, un peu de verjus, le tout bien ménagé. Prenez garde qu'elle ne ſoit pas trop liée.

Sauce au fumet.

Faites ſuer un petit morceau de veau, zeſtes de jambon, carottes & panais, & quelques oignons. Mettez-y un peu de bouillon pour aider à ſuer. Quand cela eſt preſque attaché, mettez-y une perdrix d'excellent fumet, ou quelques déſoſſemens, ou carcaſſes qui ſoient bonnes, & couvrez un inſtant, enſuite vous l'ôtez & mouillez votre ſauce de vin de Champagne, de blond de veau, jus de veau ou bouillon. Ajoutez-y un bouquet de perſil, ciboule, deux gouſſes d'ail, un peu de ſarriette. Votre

sauce étant aux trois quarts de sa cuisson, remettez-y vos carcasses à fumet. Achevez de faire cuire, dégraissez, & passez dans un tamis; en finissant, jus d'orange.
Sauce aux huitres, aux trufes.

Epluchez de belles trufes, coupez-les en tranches. Hachez-en la moitié d'une, avec du persil, ciboule, échalotes, sel & poivre. Maniez tout ce qui est haché avec deux pains de beurre. Frottez une casserole d'un peu de ce beurre. Arrangez des tranches de trufes dessus. Remettez un peu de beurre, ensuite vos huitres vertes ou autres, quand elles auront été blanchies dans leur eau, après en avoir ôté les barbes & le dur. Mettez-y encore du beurre & des trufes. Recouvrez bien votre casserole, quand vous y-aurez mis un peu d'huile par dessus. Faites-la suer sur des cendres chaudes pendant un quart d'heure. Enfuite ôtez les trufes & les huitres. Jettez avec le reſtant, un demi-verre de vin de Champagne, un peu de quinte-eſſence & blond de veau. Faites bouillir, & dégraiſſez. En finiſſant, jus de citron.

Vous pouvez ſervir cette ſauce ſur tout ce que vous jugez à propos.

Vous pouvez même la ſervir ſeule pour entremêts, avec des croutons.

Autre ſauce aux huitres.

Faites blanchir des huitres dans leur eau. Laiſſez les égouter, ôtez le dur & les barbes : paſſez leur eau, de peur qu'il ne reſte du gravier. Paſſez dans votre caſſerole des échalotes, perſil, ciboule, la moitié d'une trufe hachée, avec un peu d'huile. Singez un peu, & mouillez avec de la quinte-eſſence, du blond de veau & de l'eau de vos huitres.

Faites mijoter & dégraissez bien. En finissant, mettez-y un peu de beurre manié, & jettez dedans vos huitres; quelles soient bien ressuyées dans une servitte, pour qu'elles ne rendent plus d'eau, jus de citron.

Autre sauce aux huitres.

Mettez dans une casserole un pain de beurre, avec un peu de farine, du sel, du poivre, un peu de muscade délayée avec du blond de veau, deux tranches de citron, tournez sur le feu. Quand elle est consistante, mettez-y vos huitres.

Autre sauce légere aux huitres.

Mettez dans une casserole la moitié d'un pain de beurre, un verre de quinte-essence, un demi-verre de l'eau des huitres, du poivre concassé, une pincée de persil hachée. Faites bouillir deux minutes. En finissant, un peu de chapelure de pain.

Quand

Quand les huitres sont bien blanchies & bien ressuyées, & qu'on ne juge pas à propos de faire les sauces ci-devant, vous les mettez dans du blond de veau, ou à la sauce à l'Espagnole, ou sauce à la carpe. Pour que la sauce blonde soit consistante, on peut y mettre en finissant un peu de beurre manié dans la farine.

Sauce à la Nesle.

Faites suer un morceau de veau à l'ordinaire; quand il veut s'attacher, mouillez avec du vin de Champagne & de bon consommé. Mettez trois ou quatre gousses d'ail, un clou de gérofle, trois ou quatre tranches de citron. Laissez mijoter doucement. Quand cela est cuit, passez-le & y mettez quelques rocamboles.

Observez que dans les sauces que vous mouillez avec du consommé, il ne faut pas y mettre de jambon.

Sauce au persil.

Mettez dans une casserole autant de quint-essence qu'il en faut faire pour une sauce. Faites-la bien chauffer. Faites-y infuser une poignée de persil entier ou concassé. Repassez votre sauce dans une casserole. Mettez-y un demi-pain de beurre manié pour lui donner la consistance qui convient. Quoiqu'elle sente bien le persil, si vous voulez qu'elle marque, faites bouillir une seconde fois le quart de votre persil dans du bouillon, & le mettez dans votre sauce. Pointe de citron.

Sauce au porquet.

Mettez dans une casserole un verre de bonne huile. Faites-la bien chauffer. Jettez dedans cinq ou six belles tranches d'oignon. Passez un peu, ensuite ôtez vos tranches & les mettez dans une casserole avec du blond de veau, un bouquet de persil, ciboule, deux clous, deux gousses d'ail, une feuille de laurier & basilic, deux tranches de citron. Observez de bien ôter la peau, faites bouillir doucement, dégraissez, passez la sauce & vous en servez au besoin.

Sauce au jus clair.

Cette sauce est du jus de veau, bien fait, doux, clair & blond, dans lequel vous mettez deux ciboules, une tranche de citron, un peu de poivre concassé. On peut le servir au naturel, il est meilleur à la santé.

Sauce à la civette.

Prenez du blond de veau, faites-le bouillir & y jettez une pincée de civette hachée. Otez de dessus le feu sur le champ: En finissant un petit morceau de beurre manié pour donner un corps.

Il faut que le peu de beurre qui entre dans toutes ces sauces soit parfait pour la qualité, autrement il vaudroit mieux s'en passer.

Sauce au Duc.

Passez dans une casserole avec un demi-verre d'huile, une douzaine de petits oignons ou autres qui soient entiers. Quand ils sont passés, ôtez l'huile, mouillez vos oignons avec du consommé, un verre de vin de Champagne. Mettez-y une poignée de persil haché, un bouquet, avec deux clous & une gousse d'ail, une branche de fenouil. Laissez cuire le tout, ôtez les oignons & le bouquet, & vous servez de la sauce à ce que vous voudrez.

Sauce au Bacha.

Mettez dans une casserole deux verres de quint-essence, un peu de blond de veau, douze rocamboles hachées, une pincée de capres, de poivre concassé, un peu de beurre manié dans la farine, & un peu de muscade. Tournez cette sauce; il faut qu'elle ait un peu de corps & de consistance. En finissant, le jus d'une orange.

Sauce à l'Allemande.

Hachez des champignons, persil, ciboules, échalotes. Passez avec de bon beurre ou lard fondu, & cinq ou six belles tranches d'oignon. Singez un peu, & mouillez avec du blond de veau, un verre de vin, du sel, du poivre. Laissez cuire le tout. En finissant, on y met un peu de fromage rapé, soit gruyere, soit parmesan, & un filet de vinaigre.

Sauce au Monarque.

Mettez dans une casserole des tranches de veau blanchis, une petite tranche de jambon, un poulet coupé en quatre, une barde de lard, un bouquet. Faites suer le tout un instant. Ensuite faites fondre trois pains de beurre, un verre d'huile, une tranche de citron, quelques échalotes, & une gousse d'ail entiere. Metrez le tout dans votre casserole, & achevez de faire suer. Mouillez de bon consommé & vin de Champagne. Laissez cuire la sauce à petit feu. Dégraissez & vous en servez au besoin.

Sauce à la Hollandoise.

Mettez dans une casserole deux pains de beurre; un peu de farine, deux gousses d'ail piquées d'un clou, des tranches de citron, une pincée de persil haché & blanchi. Mouillez avec de bon bouillon, quint-essence ou consomné. Tournez sur le feu & donnez-lui une légere consistance. Otez les tranches de citron & l'ail; en servant, jus de citron.

Sauce au Céladon.

Passez dans une casserole un

pain de beurre, un quarteron de veau blanchi, une petite tranche de jambon, deux champignons. Ensuite singez un peu, mouillez avec du bouillon & vin de Champagne. Mettez deux gousses d'ail, un clou, le quart d'une feuille de laurier. Laissez cuire le tout. Otez ensuite tout ce qui est dedans. Faites une liaison avec un jaune d'œuf ou deux, selon que la sauce le requiert. Mettez dedans du persil haché blanchi, & même pilé. Délayez avec le jus de citron, qui par son acide changera la couleur du vert en vert céladon. Liez votre sauce.

Sauce au bouillon.

Mettez dans une casserole un pain de beurre manié avec de la farine. Mouillez avec du consommé. Tournez sur le feu pour lui donner un peu de consistance. Servez-vous en au besoin.

Sauce à la Provençale chaude.

Faites fondre dans une casserole deux pains de beurre avec un demi-verre d'huile, du persil, ciboule, échalote, ail, rocambole, du sel, du poivre concassé, un peu d'eau, le jus d'un ou deux citrons, un peu de mie de pain. Remuez toujours jusqu'au moment de la servir.

Sauce à la Provençale froide.

Mettez dans une casserole un verre d'excellent consommé. Si vous n'en avez pas, vous ferez suer un petit morceau de veau, & quelques petits zestes de jambon, carottes, oignons & panais, vous en tirerez un peu de bouillon que vous laisserez bien réduire & consommer. Vous en passerez ensuite dans une casserole un verre ou deux ; mettez-y deux cullerées d'huile, du sel & du poivre concassé, persil haché & blanchi, le jus d'un citron, &

quelques zestes. Remuez toujours jusqu'au moment de la servir.

Sauce cerfeuillade.

Mettez dans une casserole quatre verres de consommé, un verre de vin de Champagne, deux gousses d'ail, un bouquet, deux champignons, deux cuillerées d'huile. Faites mijoter le tout une demi-heure, & passez au tamis de soye pour que l'huile ne passe point. Faites blanchir du cerfeuil concassé & le mettez dans une casserole avec un pain de beurre & de la farine. Délayez avec du bouillon ci-dessus. Tournez sur le feu ; en finissant, jus de citron.

Sauce à l'Agneau.

Mettez dans une casserole un pain de beurre manié avec persil, ciboule, échalotes, sel, poivre concassé, un peu de mie de pain, un verre de vin de

Champagne, un verre de consommé. Faites bouillir un moment sur le feu; en finissant, jus d'orange.

Sauce d'acide.

Faites suer dans une casserole avec un demi-pain de beurre, de petits zestes de jambon bien battus, un oignon piqué de deux clous de gérofle. Quand cela commence à s'attacher, mouillez avec un verre d'eau pour cuire le jambon. Quand cela est presque réduit, mettez-y une pincée d'échalotes hachées, un peu de blond de veau, faites bouillir encore un peu. En finissant, une pointe de vinaigre.

Sauce à la bonne femme.

Mettez dans une petite terrine quelques morceaux de lard, petits morceaux de tranche & de rouelle de veau, le tout piqué de lard, assaisonné à l'ordinaire. Mettez-y un oignon piqué de deux clous, une branche de basilic, zestes de carottes & panais. Assaisonnez d'un peu de sel & poivre. Mettez-y un demi-verre d'eau. Etouffez bien le tout pendant trois heures sur des cendres chaudes. Découvrez votre terrine, ôtez toute la viande & passez votre sauce.

Sauce à la poelle.

Mettez dans une casserole une demi-livre de veau blanchi, une tranche de jambon, deux gousses d'ail, deux pains de beurre, un peu de champignons, échalotes hachées bien menues. Etouffez sur des cendres chaudes. On peut y mettre un peu de fenouil, quand il n'y a point de trufes. Quand cela a bien sué, vous mouillez avec du consommé. Achevez de faire cuire & dégraissez bien. Otez tous les ingrédiens & vous en servez; en finissant, un léger jus de citron.

Sauce au fenouil.

Prenez le restaurant de quelque braise bien douce avec un peu de blond de veau, un pain de beurre manié dans la farine, des petits cœurs de fenouil, que vous ferez blanchir au bouillon, avant que de les mettre dans la sauce ; une tranche de citron. Tournez sur le feu pour lui donner un peu de consistance.

Sauce à la pluche verte.

Mettez dans une casserole la même chose que pour la cerfeuillade. Quand le bouillon est fait, passé & dégraissé, faites blanchir du persil haché. Mettez-le dans une casserole avec un pain de beurre, un peu de farine. Délayez avec votre bouillon, & donnez-lui la consistance qu'il convient. Pour qu'elle marque un peu, ne mettez le jus de citron que quand vous êtes prêt de servir.

Sauce à l'huile.

Mettez dans une casserole un demi-verre d'huile, un verre de consommé, un peu de blond de veau, du sel, du poivre, une pincée de cerfeuil haché, deux tranches de citron, deux gousses d'ail. Faites bouillir un demi-quart d'heure. Dégraissez, & passez la sauce au tamis de soye.

Sauce au vin.

Mettez dans une casserole une chopine de vin blanc, une cuillerée d'huile. Faites bouillir & réduire à moitié. Mettez-y du sel, du poivre concassé, un peu de consommé, du persil, ciboule, de l'ail, de l'estragon, cresson à la noix, un peu de cerfeuil, de l'échalote, le tout haché très-fin. Faites bouillir un instant, grand jus de citron, & servez.

Sauce au beurre d'écrevisses.

Ayez gros comme un œuf

d'excellent beurre d'écrevisses. Délayez dans d'excellent consommé. Frottez un peu le plat de rocamboles auparavant.

Sauce aux petits œufs perlés.

Hachez quatre jaunes d'œufs frais durs. Mettez-en une ou deux pincées avec un peu d'excellent consommé ou quintessence bien finie & bien doucé, une échalote hachée bien menue, gros comme une noisette de beurre. Faites bouillir & servez sans acide sur des poulets. Le reste des jaunes sert à masquer l'entrée.

Sauce a la Polonnoise.

Ayez un bon morceau d'excellent beurre. Mettez avec un peu de gingembre rapé, du sel, du poivre, persil, ciboule, échalotes, quelques rocamboles entieres, un peu de chapelure de pain, un verre de consommé, & un demi-verre de vin de Champagne. Faites bouillir un moment. Otez un peu de beurre, si on ne l'aime pas. Pressez-y un jus de citron, & servez.

Sauce à l'Angloise.

Faites blanchir un foye gras & haché bien menu. Mettez-y une pincée de capres, un peu d'échalotes, du sel, du poivre, un morceau de bon beurre, un peu de farine. Délayez avec du jus & blond de veau. Tournez sur le feu. Quand on est prêt à servir, pressez-y le jus de citron, & y mettez quelques jaunes d'œufs durs hachés proprement & bien menus.

Sauce au pauvre homme chaude.

Mettez deux ou trois verres d'excellent consommé bien onctueux, & qui ait beaucoup de corps. Faites-le bien chauffer, & y mettez une poignée de blanc de ciboule hachée bien menue, deux tranches de citron. Faites bouillir deux bouillons, ôtez le citron & y mettez un peu de concaſſé.

Sauce à l'échalote.

Faites bouillir deux verres de quint-eſſence. Mettez-y une poignée d'échalotes hachées avec un pain de beurre manié dans un peu de farine. Faites bouillir deux bouillons, dégraiſſez & ſervez avec un peu de gros poivre. Si on n'aime pas à ſentir l'échalote, on la paſſe. Vous faites de même au blond de veau, en faiſant bouillir votre ſauce & jettant dedans de l'échalote. Quand elle a pris le goût, mettez-y la moitié d'un pain de beurre, & ſervez.

Sauce douce.

Mettez dans une caſſerole du vinaigre, une feuille de laurier, un petit morceau de canelle, du ſucre, un peu de vin de Bourgogne, & un peu de blond de veau. Faites bouillir & réduire au point d'une sauce, ensuite passez-la, & vous en servez.

Sauce à la Milannoise.

Mettez dans une casserole un peu de chapelure & de mie de pain bien fine, un verre de vin blanc, un citron coupé en tranches, un verre d'huile, un bouquet d'estragon, deux gousses d'ail, une demie cuillerée de consommé, & un peu de blond de veau. Laissez mijoter le tout un quart d'heure à petit feu. Dégraissez & passez à l'étamine, & vous en servez pour la viande blanche. Si c'est pour du gibier, il faut y mettre les carcasses qui ont bon fumet,

Sauce au beurre.

Mettez dans une casserole deux pains de beurre manié dans un peu de farine; du sel, du poivre, un peu de muscade, deux tranches de citron, deux ciboules entieres. Mouillez de blond de veau, & tournez sur le feu pour lui donner de la consistance. Si elle est trop épaisse, mettez-y un peu de jus. Il ne faut pas qu'elle bouille, parce que le beurre paroîtroit, & qu'au contraire il ne faut ni le voir ni le sentir.

Sauce à la moutarde.

Faites chauffer du blond de veau, dans lequel vous délayerez de la moutarde. En servant, un petit filet de vinaigre.

Sauce au jambon.

Faites suer & attacher dans une casserole, & sur le fourneau deux ou trois petites tranches de jambon. Singez-les un peu de farine, & les mouillez avec moitié eau & moitié jus. Si elle n'est pas assez liée, mettez-y un peu de blond de veau. Laissez mitonner long-tems, passez à l'étamine, & servez.

Sauce ravigote chaude.

Mettez dans une casserole environ un demi-septier ou plus, selon ce que vous aurez besoin, de la sauce au bon-homme, avec un pain de beurre manié dans la farine, tourné sur le feu; ensuite vous mettrez des herbes à ravigote bien hachées, que vous aurez fait infuser pendant une heure dans un peu de consommé; en servant, jus de citron.

Sauce au civet.

Quand on a un levreau ou lièvre qui a été cuit à la broche, on en prend les flancs que l'on met dans une casserole avec du coulis ou blond de veau, tranche d'oignon, ou bouquet, deux feuilles de laurier, un verre de vin rouge. Faites bouillir jusqu'à ce que cela ait pris le goût d'un civet, vous passez au tamis; en servant, un filet de vinaigre.

Sauces pour manger avec le rôt, ou ce que l'on juge à propos.

Sauce au pauvre homme.

Mettez dans une sauciere, de l'eau, du sel, du gros poivre, & une poignée de blanc de ciboules hachées bien menues. On peut y mettre de l'huile, si on veut.

Sauce au pauvre homme au verjus.

Mettez dans une sauciere du verjus, si c'est dans la saison, du sel, du gros poivre, deux petits oignons blancs hachés bien menus, & un peu d'huile.

Sauce piquante.

Mettez dans une casserole quatre tranches d'oignons, du sel, du poivre, deux verres de vinaigre, un verre d'eau. Faites bouillir quatre minutes. Passez & servez.

Autre sauce piquante.

Faites suer dans une casserole un petit morceau de veau & jambon. Quand il veut s'attacher, mouillez avec du bouillon, un verre de vin blanc. Faites bien mijoter le tout, & passez dans une casserole votre bouillon, dans lequel vous mettrez un verre d'huile, quatre gousses d'ail, deux citrons coupés en tranches & la peau ôtée, une poignée d'échalotes hachées, des tranches d'oignon, deux cueillerées de vinaigre blanc, un peu de basilic & d'estragon, du sel, du poivre, un peu de macis, le tout infusé quatre heures, & même battu ensemble. Passez & dégraissez.

Sauce Ravigote.

Hachez des herbes de la ravigote qui sont cerfeuil, estragon, pimprenelle, baume, si on l'aime, cresson à la noix, capres, anchois, persil, ciboule, ail, échalote, un pied de cellery, le tout bien haché & pilé. Délayez dans une casserole avec un peu de blond de veau, de l'huile, du vinaigre, de la moutarde, du sel, du poivre, le tout bien ménagé.

Autre ravigote.

Hachez & pillez dans le mortier des herbes de la ravigote. Mettez-y seulement du sel, du poivre, du vinaigre d'estragon, & passez le tout dans une étamine.

Autre sauce à la moutarde.

Mettez dans une casserole deux verres de bouillon, du sel, du gros poivre, une pincée d'échalotes que vous faites bouillir un peu. En finissant, un peu de moutarde, & servez chaud.

Sauce au dindon.

Mettez dans une sauciere le tiers d'eau, du persil, de la ciboule, de l'échalote, des rocamboles, le tout haché bien menu, du sel, du poivre concassé, une pincée de macis pilé, le jus de deux citrons, une demi-cueillerée d'huile, le tout bien marié. Servez froid.

Sauce au verd pré.

Elle est la même qu'aux sauces chaudes, excepté qu'elle se sert froide, par conséquent il ne faut pas qu'elle soit si consistante.

Sauce verte.

Ayez du froment verd en herbe, faites-le blanchir, hachez & pilez : mettez dans une casserole une cueillerée de bon bouillon, une croute de pain, deux ou trois gousses d'ail, un demi-verre de vinaigre, du sel, du poivre. Faites mitonner & passez à l'étamine avec le froment. Il faut que cela ait la consistance d'une crême double. On peut la faire avec du persil ou autre verd.

Sauce au verjus

Mettez dans une fauciere du verjus dans la faifon, du fel & du poivre concaffé.

Sauce Royale.

Mettez dans une cafferole une livre de rouelle de veau coupé en tranches, quelques oignons dans le fond, & deffus des carottes & des panais. Faites fuer. Quand cela commence à s'attacher, mouillez avec de bon confommé ou bouillon, jettez un jarret de veau dedans. N'en tirez que ce qu'il en faut pour une fauce. Laiffez-la bien cuire & réduire. Avant que de la paffer, faites-y infufer deux gouffes d'ail, une pincée d'eftragon haché, une bigarrade coupée en tranches, enfuite paffez au clair & mettez dans la faucierre avec un peu de cerfeuil haché, du poivre concaffé, quelques zeftes de bigarrade. Mettez-la au frais.

frais. Elle doit se former en gêlée, & se sert de même.

Sauce remoulade.

Hachez dans une casserole du persil, de la ciboule, échalotes, capres & anchois, deux pieds de cellery. Mettez-y du sel, du poivre. Délayez avec de l'huile, du vinaigre & de la moutarde, le tout bien remué. Goûtez & servez dans une saucière.

Sauce à l'eau.

Mettez dans une casserole deux verres d'eau. Faites-la bouillir. Mettez-y du sel, du poivre concassé ; un peu de persil haché, un pain de beurre, & le jus d'un citron. Servez chaud.

Sauce à l'aspic.

Mettez dans une casserole deux verres de quinte-essence, du sel, du poivre, le jus de deux bigarrades, toutes les herbes de la ravigotte, du vinaigre à l'ail. Quand le tout est bien infufé, paffez au clair, & fervez froid.

Sauce à la Dauphine.

Faites boullir dans une cafferole deux verres d'excellent confommé. Mettez-y une bonne pincée de mie de pain, du fel, du poivre. En finiffant, une bonne pincée d'échalotes hachées, & blanchies, gros comme le pouce d'excellent beurre, & le jus d'une bigarrade. Servez chaud.

Sauce aromatique.

Prenez giroflée jaune, romarin, un peu de fauge, & quelques autres herbes fortes. Faites blanchir un bouillon. Mettez dans une cafferole un peu de quinte-effence avec la moitié d'un pain de beurre manié dans la farine. Tournez votre fauce fur le feu. Faites infuser un inftant les herbes que vous jugerez à propos. Paffez la fauce, & vous en fervez au befoin.

Sauce au petit-Maître.

Faites infuser deux gousses d'ail dans une chopine de quinte-essence ou consommé, avec une poignée de persil en branche. Passez à l'étamine. Pilez dans le mortier, deux jaunes d'œufs durs, avec quelques cœurs de laituë blanchis, & même presque cuits hachés auparavant. Mettez le tout dans une casserole, avec deux pains de beurre, deux tranches de citron, un peu de poivre concassé. Tournez le tout sur le feu, & vous en servez au besoin.

Sauce blanche à la garonne.

Passez des morceaux de veau, avec un pain de beurre, champignons, persil entier, oignon, quelques gousses d'ail. Singez un peu, & mouillez de vin de Champagne & de quinte-essence, & un peu d'huile. Faites bouillir le tout. Dégraissez & passez au tamis de crin; mettez une liaison de deux jaunes d'œufs, jus de citron.

Sauce aux pistaches.

Prenez du fond de quelque braise bien douce, ou du consommé qui soit bon ; mettez dedans un pain de beurre, pour la lier un peu. Mettez dedans des oignons blancs, coupés en dez & cuits, jambon, pistaches, carottes, le tout cuit, & coupez en dez.

Sauce au Patriarche.

Prenez un morceau de veau, de la noix & du jambon, un poulet concassé. Faites suer dans une casserole, avec quelques tranches d'oignon dans le fond, un peu de moëlle de bœuf & de bouillon. Quand cela commence à s'attacher, mouillez avec d'excellent vin de Champagne, & bon bouillon. Mettez-y trois champignons, gousse d'ail, quelques échalotes, & un bouquet. Laissez mitonner & cuire la viande. Quand cela est réduit à la quantité de sauce dont vous avez besoin, passez la au clair, & vous en servez comme elle est. Si vous voulez en déguiser le goût, mettez-y plusieurs sortes d'ingrédiens, hachés ou en dez.

Sauce à la moruë.

Passez des champignons, un bouquet, deux gousses d'ail piquées d'un clou, avec deux pains de beurre. Singez & mouillez de crême. Laissez bouillir & réduire au point d'une sauce. Passez au tamis, mettez-y un peu de persil haché & blanchi. Servez-vous en au besoin.

Sauce à la Moscou.

Mettez dans du blond de veau, deux pains de beurre, des raisins de Corinthe, du poivre-long, cornichons en filets, deux tranches de citrons. Faites un peu chauffer, & vous en servez.

Sauce au Venitien.

Faites bouillir un verre de vin de Champagne, avec une gousse d'ail piqué d'un clou. Faites réduire au quart. Mettez-y un bon verre de consommé, un peu de baume, de pinpernelle, quelques feuilles d'estragon. Quand cela a bouilli, mettez-y des zestes de bigarrade, & un peu de concassé.

Sauce Mordicante.

Mettez dans une casserole, tranche de veau, jambon, ail, échalotes, un bouquet. Mouillez avec du vin de Champagne & bouillon. Mettez-y un clou, de la coriandre, canelle, macis, du beurre, de l'huile, tranches de citron; faites bouillir à la réduction d'une sauce. Ensuite mettez-y un demi-verre de vinaigre blanc. Faites bouillir un peu, passez au clair, dégraissez. Servez chaud ou froid.

Sauce à la farce.

Mettez dans le corps d'une poularde, ou autre grosse volaille, quelques foies de perdreaux, foies gras, de la moëlle de bœuf, un pain de beurre, persil, ciboule, échalotes, sel, poivre, basilic en poudre, la moitié d'une saucisse, le tout bien haché & pilé, & un jaune d'œuf. Fermez bien l'ouverture. Faites cuire à la broche. Enveloppez-la bien. Quand elle est cuite, tirez toute la farce de dedans, & la mettez dans une casserole avec du blond de veau, quinte-essence, un pain de beurre manié. Tournez sur le feu comme une sauce blanche, & jus de citron. Servez-vous en au besoin.

Sauce Bacchante ou Bacchique.

Mettez dans une casserole une demi-bouteille de bon vin de

Bourgogne, un peu de sucre, canelle, coriandre ; mais un peu de bouillon, le tout réduit à une sauce. Passez au tamis.

Sauce aux Champignons légere

Hachez quelques champignons bien menu, pressez-les bien, pour ôter l'âpreté, ensuite passez les dans une casserole sur le feu, avec un peu de bon beurre, mouillez-les avec du consommé, ou bon bouillon ; mettez-y un bouquet de persil & ciboule, quelques gousses d'ail entiéres, laissez cuire cette sauce une bonne demi-heure, pendant lequel tems vous aurez attention de la bien écumer & dégraisser ; quand elle sera réduite à la quantité dont vous avez besoin, vous la changerez de casserole, ôtez le bouquet & les gousses d'ail ; si vous voulez l'avoir un peu lié, vous-y mettrez un peu de coulis de veau, pour la rendre blonde : pour la servir blanche, vous-y mettrez une liaison légere d'un jaune d'œuf; si vous la laissez comme elle est, elle sera perlée; elle peut se faire en maigre de même, la qualité de ces sauces légeres est d'être douce, moëlleuse par les corps qui les composent, on peut-y mettre un jus de citron, si on l'aime.

Sauce à la Polonnoise.

Mettez dans une casserole une pinte de bon bouillon, que vous faites réduire à moitié, ensuite vous-y mettez une petite poignée de mie de pain blanc, avec un morceau d'excellent beurre, assaisonné légérement de sel & poivre, un peu de gingembre, remuez la sauce jusqu'à réduction convenable, & servez.

De toutes les sauces en général, grasses ou maigres, la base est toujours d'eau, de bouillon, de consommé, ou de coulis de veau, essence de jambon; dans l'une vous mettez du vin blanc, dans l'autre du vin rouge; parmi toutes les différentes sortes d'ingrédiens qui les composent, il y en a qu'il faut qui soient passés sur le feu avec le lard fondu, beurre, ou huile avant de les mouiller; d'autres qu'il faut faire blanchir à l'eau bouillante, avant de les mettre dans votre sauce, d'autres qu'il faut mettre après pour donner plus de goût, pourvû qu'il n'y ait point d'âcreté à craindre; d'autres qui ne demandent qu'une infusion, c'est aux personnes qui se mêlent de la cuisine à observer toutes ces petites circonstances, & cela avec grande attention, ainsi que le choix de toutes les sortes de choses qu'ils emploient; on connoît un bon Cuisinier quand il commence son travail; mais on le connoît encore mieux, quand il a bien fini, pour les yeux & pour le palais, (c'est-à-dire pour l'œil & le goût) quand on aime ce que l'on fait avec du talent & de la connoissance, on peut varier en mille façons différentes toutes les sortes d'alimens que la terre produit, & qui se mangent.

Sauce à la Jardiniere, qui peut servir à différentes choses.

Ayez un bon morceau de rouelle de veau, que vous coupez en tranche, quelques zestes de jambon doux, une poule, deux livres de tranche de bœuf coupée en morceaux comme le veau; des carottes, panais, navets, racines de persil, un peu de cellery, un bouquet de persil & ciboule, dans lequel vous mettez deux gousses d'ail, quelques clous de gérofle, le quart d'une muscade, un peu de coriandre, mettez aussi une vieille perdrix de bon fumet doux, un morceau de lard maigre & sain, le tout bien approprié, nettoyé sans être blanchi, doit être mis dans un pot de terre, ou petite marmite bien étamée; faites suer doucement sur un petit feu: quand le tout est blanchi, & que cela a rendu son jus, il faut y mettre environ une chopine d'excellent bouillon, faire bouillir la marmite doucement & d'un seul côté, jusqu'à la parfaite cuisson de tous les ingrediens, il faut avoir attention de la bien dégraisser, & de la passer dans une serviette blanche pliée en double pour la clarifier, il doit en résulter un parfum doux, & un corps onctueux; cette sauce n'a besoin d'aucun acide, elle peut se faire en maigre, en-y mettant bonne carpe, brochet, perche, tanche, le tout bien n'ettoyé, & limoné avec un petit paquet de pois chiches; on la finit de même. Cette sauce peut se servir claire ou liée, selon le goût ou la necessité où l'on se trouve; & être mêlée avec des légumes ou autres.

Sauce aux Nompareilles, mêlée.

Prenez du fond de la sauce à la jardiniere à demi liée & perlée, bien réduite & de bon goût, vous-y mettrez dedans coupé comme une petite lentille en rond, les différentes choses suivantes, blanchies ou cuites; (savoir) de la truffe, de l'amande, de la pistache, de la racine de cellery, de la bettrave, de la rocambole, des petits œufs, de la carotte, des grains de grenades crues, le tout approprié & proportionné au différent goût qu'il porte; & faire en sorte qu'il n'en resulte qu'un lorsqu'il est fini ; point d'acide.

Il n'est point difficile à un Cuisinier qui à sçu bien faire de bons jus de veau, du consommé, & du coulis léger, & les autres sauces en général marquées dans ce premier Volume, de marier cent sauces différentes par le goût, & les ingrédiens, & les différentes sortes de légumes qui se trouvent selon la saison, dans celles qui sont claires, comme dans celles qui sont à demi-liées.

Sauce à la Raye, en gras & en maigre.

Faites blanchir deux foies gras, que vous pillerez très-fins avec une gousse d'ail, deux rocamboles, deux échalotes, persil, ciboule ; délayez le tout avec un filet de bon vinaigre, un verre de consommé, sel, gros poivre, un morceau de beurre manié, faites lier sur le feu, servez chaud.

Sauce à la Vestale.

Prenez du consommé ou bon bouillon clair, mettez un peu de mie de pain mollet, gros comme un œuf mitonner comme une panade, ensuite du blanc de volaille pilé & deux jaunes d'œufs durs, de l'oignon cuit à la cendre, deux amandes ameres, sel, poivre, le tout pilé & passé à l'étamine, faites chauffer sans bouillir, servez un peu relevé.

CHAPITRE II.

Des Potages.

Potage de santé clair.

IL se fait avec un bouillon cordial sans autres ingrédiens que quelques petits oignons. Il doit être doux & bien mitonné. C'est le potage le plus sain & le plus savoureux. On peut mettre dessus telle volaille que l'on jugera à propos, ou un jarret de veau, un collet, ou un manche d'épaule de veau, & ainsi à tous les potages clairs.

Potage Printannier clair.

Passez dans une casserole, avec un morceau de petit lard, les herbes suivantes bien lavées & bien ressuyées de leur eau ; sçavoir : laituë, oseille, poirée, bonne-dame, pourpier, & autres herbes printanniéres. Mettez les enſuite dans une marmite avec d'excellent bouillon & un morceau de veau. Faites ſuer le tout comme pour un petit jus de veau. Les herbes étant bien cuites, & bien mittonnées avec le cordial, garniſſez-en votre potage. Il faut donner bien du corps à ces ſortes de potages, à cauſe de la quantité d'herbes qui y entrent.

Julienne pour toutes les ſaiſons.
Paſſez des pointes de cellery avec quelques zeſtes d'oſeille, & de petits filets de laituë: mouillez le tout avec de bon bouillon; puis empotez-le dans une marmite aſſez grande pour la quantité de potage que vous voulez faire; joignez-y deux carottes, deux panais, deux navets, un gros oignon piqué d'un clou. Faites bouillir le tout deux

heures à petit feu, & que la marmite ne bouille que d'un côté, & faites ensuite mitonner. Il faut que ce potage soit parfumé, qu'il ait l'œil clair & bien ambré. On y met des pois dans le tems, & autres ingrédiens suivant la saison.

Le potage aux laitues, se fait avec le bouillon cordial, & les laitues cuites dans le pot qui font la garniture. Il doit être bien mitonné, avoir un bel œil & bon goût.

Le potage au cellery, & celui aux poireaux se font de même.

Le potage aux oignons se fait encore de même; les oignons doivent être cuits à part.

Enfin tous les potages de légumes & de racines se font de la même manière.

Il faut observer, que le pain qu'on employe dans les potages soit bien cuit, & qu'il n'ait point de mauvais goût, que les croutes soient bien séparées de la mie, & qu'il soit toujours tendre, autant que faire se pourra; s'il est dur, il faut faire sécher les croutes, afin qu'elles mitonnent mieux.

Si ce sont des croutes prises chez le Boulanger, il faut les choisir bien légeres, bien blondes, & prendre le moins de dessous que l'on pourra.

Potages aux radix.

Vous ratissez bien vos radix, & les coupez par tranches quand ils sont gros; vous les faites bien blanchir jusqu'aux trois quarts de leur cuisson ; ensuite vous les changez d'eau, & vous les mettez cuire avec d'excellent bouillon. Vous faites mitonner votre potage avec le cordial, & vous le garnissez de vos radix, coupez proprement par petits zestes.

Le potage aux radix *lié*, se fait de même. Vous tirez un jus bien blond & bien léger, avec un peu de veau, & quelques zestes de jambon, comme si vous tiriez un blond de veau ; quand ce jus est près d'être fini, vous y faites infuser quelques zestes de radix ; puis vous mitonnez, garnissez & servez avec la sauce aux radix dessus

Potage aux navets lié.

Il se fait comme le précédent. Vous faites frire vos navets dans de bon sain-doux. Quand ils sont bien blonds & bien essuyés, vous les mettez cuire avec d'excellent bouillon & jus de veau. Puis vous faites une sauce aux navets, comme ci-dessus. Mitonnez ensuite ; garnissez & servez, avec votre sauce.

On peut mettre sur tous ces potages, volaille, gibier, ou viande de boucherie, telle que l'on juge à propos, & selon la commodité.

Potage à la chicorée.

Mittonnez avec le meilleur bouillon, & garnissez avec la chicorée. Dans la saison, on fait cuire des pointes de cellery avec des pointes de chicorées, le tout passé avec un peu de lard ou de beurre fondu, ou blanchi dans de l'eau, & cuit avec de bon bouillon, & jus de veau.

Potage aux raves.

Il se fait de même que le potage aux radix. On peut mettre si l'on veut les paquets de raves cuire dans le pot.

Le potage aux pointes d'asperges clair, se fait de la même manière.

Potage aux choux.

Mettez dans une marmite trois ou quatre livres de tranche, & du mouton, que vous aurez fait suer auparavant, & attacher un peu à la casserole, &

que vous aurez mouillés avec de bon bouillon : faites bouillir le tout deux heures : ajoutez-y, carottes, panais, navets, poireaux, oignons, cellery, choux pour la garniture, & petit lard ; le tout bien blanchi, & ficelé proprement. Vous faites une mignonette de cette manière. Vous mettez dans un morceau de linge blanc, une pincée de coriandre, deux gousses d'ail, quatre clous de gérofle, la moitié d'une muscade, & un brin de sarriette, le tout bien empaquetté. Observez que votre potage ait bel œil & bon goût. Il faut qu'il bouille jusqu'à la parfaite cuisson des choux, & du petit lard. Ensuite passez, mitonnez, garnissez de choux, petit lard, cervelas, navets ou racines, à votre choix, le tout artistement arrangé, & servez chaud.

On peut mettre sur le potage aux choux, perdrix vieille ou

jeune, canard, gros pigeon, faisan, ramier, oiseau de riviere, rouge, tiers, sarcelle, pluvier, vanneau, &c. Et en viande de boucherie, collet de mouton piqué de gros lard, quarré ou queuë de mouton, queuë de bœuf, &c.

Il faut observer que toute la volaille, & le gibier que l'on sert sur les potages, soient bien flambés & vuidés, & que les pates soient troussées en dedans. Si c'est du gibier qui ait du fumet, il ne le faut point blanchir dans l'eau, il faut tout de suite le mettre dans le potage qui porte son nom, afin qu'il conserve son goût. Toute autre chose, comme poulet, poularde, chapon, canard, petits pigeons, &c. doivent être blanchis à l'eau bouillante.

Pour la garniture des potages en général, il faut avoir de petits filets de pain, les tremper dans des blancs d'œufs un peu battus, & en faire la bordure de votre plat. On les fait sècher une minute sur un fourneau, afin que le blanc d'œuf s'attache, & fasse tenir le pain de façon qu'il soutienne la garniture, pour qu'elle ne tombe point dans le fond du potage.

Potage d'issus d'agneau à la Vierge.

Faites bien dégorger & tremper vos têtes d'agneau; quand elles sont désossées, & que le bout du mufle est coupé, vous les faites blanchir d'abord à l'eau bouillante, ainsi que les pieds, & ensuite à l'eau fraiche. Le tout bien ressuyé, & les pieds flambés sur un fourneau bien allumé, vous les empotez dans une braise blanche, faite avec des bardes de lard, un bouquet de persil, ciboule, clous de gérofle,

rofle, bafilic, oignons, carottes & panais, le tout bien ficelé. Vous mouillez cette braife avec de bon bouillon, & vous la faites cuire à petit feu ; enfuite vous faites un coulis blanc de la maniere fuivante. Vous faites fuer un morceau de veau avec quelques tranches d'oignon, quelques zeftes de carottes, & fort peu de panais. Quand il eft prêt de s'attacher, mouillez à blanc avec d'excellent bouillon, laiffez bouillir jufqu'à la parfaite cuiffon de veau ; enfuite ôtez les racines & le veau, & mettez la mie d'un pain à potage, ou la moitié, comme vous jugerez à propos. Vous aurez une volaille cuite au pot ou à la broche, ou quelque morceau de veau bien blanchi, que vous hacherez bien, & que vous pilerez avec trois ou quatre amandes douces, & cinq ou fix jaunes d'œufs frais que vous aurez fait durcir; humectez le tout en-pilant avec un peu de bonne crême; délayez-le ensuite avec votre bouillon, & passez à l'etamine. Il faut que cela soit bien blanc, bien léger, & consistant à peu près comme de la crême double. Vous mitonnez votre potage avec le cordiale, & vous le garnissez avec les pieds & autres issues. Tenez-le bien doux, & servez chaud.

Ce coulis peut servir pour des croutes, des potages, des entrées, & des entremêts, selon le besoin.

Potage de cailles à la Reine.

Troussez vos cailles comme j'ai dit ci-devant, faites les cuire dans le pot, mitonnez avec d'excellent bouillon, masquez avec le coulis à la Reine, mettez la garniture convenable, ou même point.

Potage de cailles ou Bisque.

Mitonnez avec d'excellent bouillon, faites un ragoût de cailles, garni de crêtes, ris d'agneaux & autres ingrédiens, mettez le tout sur votre potage, masquez avec de bon jus de veau, que le tout soit bien clair, & de bel œil.

Potage de cailles aux écrevisses.

Mitonnez avec de bon bouillon, garnissez de vos cailles par dessus & d'écrevisses autour : masquez avec un coulis d'écrevisses fait de la maniere suivante.

Faites suer un morceau de veau comme ci-devant, tirez-en un bon jus bien leger : à la parfaite cuisson de veau, retirez-le avec les autres racines ou bouquet ; faites mitonner un petit crouton de pain, bien chapelé & bien blond : ensuite ôtez votre pain & mettez-y vos écrevisses bien pilées, & passez ensuite à l'étamine. Que le tout soit d'un beau rouge, bien doux & léger.

Vous observerez avant que de piler les écrevisses, de les bien nettoyer & laver, & ensuite les faire sécher. Ce coulis servira en général pour toutes sortes de potages, croutes, bisques, oilles, terrines, hors d'œuvres, entrées, entremêts. On lui donnera plus ou moins de consistance, & l'on prendra bien garde qu'il ne bouille pas.

Potage ou bisque de pigeons.
Se fait comme celui de cailles.
Bisque de pigeons aux écrevisses.
Se fait encore comme celles de cailles, en garnissant de belles écrevisses.

N^a. Les meilleures écrevisses à manger, & pour les coulis, sont celles de Seine & d'Oise.

Il faut que tout ce qui est bisque soit attaché au plat,

& fasse un petit gratin.

Potage aux cardes au bouillon blanc.

Faites mitonner avec d'excellent bouillon, garnissez de cardes bien blanches; mettez telle volaille que vous jugerez à propos: prenez de la quinte-essence avec deux pains de beurre de Vanvres bien frais & nouveau, avec un peu de farine. Délayez le tout ensemble, & tournez sur le feu, jusqu'au point de la consistance de la crême ordinaire: masquez votre potage, & servez chaud.

Potage aux cardes blond.

Mitonnez, garnissez de cardes bien blanches, & masquez avec un blond de veau bien fait.

Potage au montant de laitue Romaine au bouillon.

Il se fait de même que celui de cardes.

Potage à la Saint-Cloud.

Ce n'est autre chose qu'une bisque au jus de veau, garnie de belles crêtes & autres ingrédiens.

Potage à l'Espagnole.

Faites suer dans une casserole six livres de tranches, & la moitié d'un gigot de mouton. Tâchez de la faire attacher un peu. Mouillez cette viande avec de bon bouillon, & l'emportez dans une marmite assez grande pour contenir ce qui suit. Sçavoir deux pintes de bouillon ou environ, toutes sortes de racines par paquet, & blanchies, c'est-à-dire, carottes, panais, navets, cellery, poireaux, racines de persil, oignon, un litron de pois chiches, un petit sachet ou mignonette, dans lequel vous mettrez de l'ail, basilic, macis, coriandre, poivre long, clou; le tout bien enveloppé. Faites bouillir à petit feu. Mettez-y un combien de jambon bien deſſalé, & blanchi auparavant. Joignez-y quelques tendrons de bœuf & mouton, du petit lard, deux pieds de veau, le tout bien blanchi ; une poule, deux vieilles perdrix de bon fumet, un lapreau, cuiſſes de poularde, aîlerons de dindons, ſauciſſes, pigeons, &c. Mettez un peu de ſel dans la marmite s'il en eſt beſoin. Vous mettez dans une grande caſſerole avec un peu de bouillon, la viande que vous retirez. Quand le bouillon a bouilli pendant huit heures, vous le paſſez au clair. Il faut qu'il ait beaucoup de corps, qu'il ſoit blond, clair, doux & moëlleux. Vous dreſſez dans le plat que vous devez ſervir, toute la viande & les légumes, excepté ce qui ſert à faire le corps du bouillon. Vous ſemez les pois chiches par-deſſus avec du bouillon.

Potage au bouillon de lentilles, pois, féves & autres graines.

Faites tremper vos lentilles dans l'eau tiéde. Etant bien nettoyées, vous les faites cuire dans une marmite avec du bon bouillon, un bouquet de perfil & ciboule, dans lequel vous mettez deux clous de gérofle, un peu de fariette & deux gouffes d'ail. Faites cuire à petit feu. Laiffez enfuite repofer votre bouillon, & le paffez bien au clair. S'il n'a pas affez de couleur, on peut y mettre un peu de jus de veau : ou bien vous tirez un bon jus bien léger, & mouillez de votre bouillon de lentilles. Laiffez cuire & mitonner.

On peut garnir le bord du plat avec des mêmes lentilles que vous fricaffez au gras, bien épaiffes & de bon goût. Vous bordez votre plat de filets de pain, de l'épaiffeur du petit doigt, que vous attachez avec des blancs d'œufs. Enfuite vous bordez votre plat de lentilles.

Vous faites de même de toutes les graines.

Potage en quadrille.

Faites une pâte avec des jaunes d'œufs, de la farine, & un peu de fel. Vous faites une croix au milieu de votre plat à potage, qui va jufqu'aux bords, faites-la d'une bonne hauteur, & mettez cuire au four. Vous mettez dans les quatre coins quatre potages différens, & quatre différentes garnitures. Ce potage peut être bon, & eft fort fingulier.

Potages différens de viandes piquées.

Il fe font de quarré de mouton, noix de veau, colets d'agneau, aîlerons, poulet, poularde, pigeons, canard, &c. Le tout bien cuit à part & bien glacé. Vous mitonnez ces potages avec d'excellent bouillon, & les garnitures convenables.

Potages différens de volailles farcies.

Vous faites une farce de poularde ou autre viande blanche, hachée bien menu, avec de la graisse de bœuf ou de veau, lard, persil, ciboule, sel, poivre, basilic en poudre, un peu de muscade, le tout bien ménagé, une mie de pain mitonnée dans la crême, & quatre jaunes d'œufs, le tout bien marié ensemble. Vous ôtez la peau de vos volailles, vous ôtez le brichet & farcissez sur l'estomach, entre la peau & la chair, que vous recousez bien. Vous les faites ensuite blanchir & cuire dans de bon bouillon. Que vos volailles ne soient jamais trop cuites. On peut farcir toutes sortes de volailles, des aîlerons de toutes espéces, gibier & autres choses, garnitures de pain, de balon de paupiettes, &c.

Potage de concombres farcis.

Mitonnez avec d'excellent bouillon, & farcissez de petits concombres, comme il suit. Choisissez-les bien droits & bien unis ; ôtez le dedans avec une grosse lardoire de bois ou autre instrument. Faites-les blanchir un bouillon dans l'eau. Ensuite farcissez-les avec une farce blanche comme ci-dessus. Mettez cuire les concombres dans une casserole, moitié bouillon, moitié jus de bœuf, avec quelques bardes de lard. Quand ils sont cuits, mettez-les égouter ; puis étant froids, coupez-les de l'épaisseur d'une forte allumette, graissez votre potage, & masquez avec blond de veau.

Potage aux concombres clair.

Mitonnez avec le cordial ; coupez des concombres longs comme le doigt, & épais de deux écus tournés en ovale, blanchis & cuits comme ci-dessus, garnissez en votre potage, les faisant chevaucher les uns sur les autres : masquez avec d'excellent bouillon, & servez chaud.

Potage de choux raves.

Il se fait comme le potage aux choux.

Potage à la Servante.

Mettez dans la marmite telle viande que vous jugerez à propos, avec un peu de sel, carottes, panais, navets, poireaux, choux, chicorée, cellery, oseille, poirée, laitues & autres légumes ou racines, comme il se trouve dans le ménage, le tout mis au pot en particulier avec quelques abatis de volailles, laissez réduire votre bouillon, selon la quantité de potage dont vous aurez besoin, ensuite goûtez le bouillon, ôtez la viande, & mitonnez avec le pain de ménage ou autre.

Potage à la purée pour tout ce que l'on veut.

Mitonnez avec de bon bouillon ; faites une purée de pois secs, cuits dans le bouillon avec un morceau de lard, un oignon, une carotte & un panais. Faites suer un morceau de veau avec quelques tranches d'oignons, carottes & panais. Quand il est prêt de s'attacher, mouillez-le avec le bouillon de vos pois. Laissez mitonner jusqu'à la cuisson du veau, ôtez-le ensuite, & mettez les pois bouillir quelques bouillons, puis passez à l'étamine ; ayez un peu d'épinards ou de poirée blanchie, & pilée pour donner le verd pâle.

Potage aux pois verds.

Mitonnez avec de bon bouillon. Faites suer un morceau de veau, comme aux poids secs, & mouillez avec d'excellent bouillon. Passez vos poids verds dans une casserole avec un peu de lard fondu & du persil, le tout à petit feu, jusqu'à ce que les pois soient un peu molets ; ensuite vous les pilez bien & les mettez dans votre bouillon. Quand le veau est ôté, laissez mitonner & prendre le goût de pois, puis goûtez, & passez au tamis. Il faut que cette purée ait de la consistance, comme la crême double.

Potage à la purée d'haricots blancs.

Mitonnez avec de bon bouillon. Faites suer le veau, & attacher comme pour faire un jus de veau bien foncé. Faites cuire des haricots dans du jus & de l'eau, avec un bouquet de sarriette, un morceau de tranche de bœuf, carottes & panais. Pilez ensuite vos haricots & les mettez dans votre jus de veau. Mitonnez & passez au tamis. Il faut que cette purée soit brune, & ait un peu de consistance.

Potage à la purée de lentilles.

Faites cuire vos lentilles comme les haricots ci-dessus. Puis faites suer un morceau de veau que vous mouillerez avec le bouillon de vos lentilles. Mettez-y ensuite les lentilles pilées avec quelques croutes de pain bien blondes. Laissez mitonner le tout ensemble, goûtez & passez.

Ces sortes de purées servent pour tout ce que l'on veut : on leur donne plus ou moins de force & de consistance, selon son goût ; mais il faut toujours la même attention à les faire.

Le potage au coulis de marons se fait de même.

Potage (ancien) de Profiterolles.

Vous prenez huit petits pains que vous ouvrez par-dessus, vous en ôtez la mie & les remplissez d'une farce fine de volaille cuite, graisse de veau, & lard blanchi, & liée avec quatre jaunes d'œufs. Vous faites mitonner dans le plat même où vous voulez servir. Vous faites attacher vos pains comme des croutes avec de bon bouillon un peu gras pour les humecter, & leur donner de l'onction. Garnissez de filets de pain à l'ordinaire, d'aîlerons, culs d'artichaux, ris de veau ou d'agneau, crêtes ou rognons de coqs, &c. Masquez avec un blond de veau bien léger, & servez chaud.

Ce potage est un peu ragoût.

Potage de Profiterolle au bouillon.

Mitonnez comme ci-dessus, & masquez avec un bon corps de bouillon ou de quinte-essence liée, & point de garniture.

Potage de Profiterolle à la Reine.

Mitonnez comme ci-dessus, & masquez avec le coulis vierge, dont j'ai marqué la façon à l'article des têtes d'agneau à la vierge.

Potage de Vermicelli ou Vermicelles.

Prenez une demi-livre de vermicelles, jettez-les d'abord dans l'eau bouillante, & auſſi-tôt dans l'eau fraîche. Faites-les égouter enſuite, & cuire dans de bon bouillon pendant une heure, puis vous les dreſſez, & vous les ſervez avec un peu de bouillon, de jus de veau, de coulis blanc ou autre, ou garni de parmeſan rapé, de gruiere, ou autre fromage.

Potage aux choux & au fromage à la Provençale.

Faites blanchir des choux; mettez-les cuire dans de l'eau, & puis bouillir avec un morceau de beurre, un peu de ſel & de l'huile. Quand les choux ſont cuits, mitonnez avec votre bouillon : coupez du gros pain par tranches : mettez un lit de pain, & par-deſſus un lit de fromage de gruiere bien doux ; ensuite mettez votre pain avec du poivre concassé, & mouillez avec de l'huile très-fine ; le tout bien mitonné, servez garni de vos choux, & un peu attaché au plat.

Ce potage se fait de même aux pois, aux navets, & autres légumes, & généralement tous les potages aux fromages se font de la même maniere. On leur donne le nom que l'on veut.

Potage de semouille.

La semouille est une espece de pâte faite en Arabie ou en Italie : la meilleure est celle d'Arabie. Il faut qu'elle soit bien séche, d'un jaune clair, & qu'elle ne sente rien.

Vous en mettez la quantité convenable, avec d'excellent bouillon, & un peu de jus de veau, & vous faites mijoter le tout pendant deux heures sur la cendre chaude. On connoit que la semouille est cuite quand elle est bien renflée, & qu'elle fait à peu près l'effet du ris, lorsqu'il est bien crevé.

Potage au ris au blanc.

Il faut bien éplucher le ris, & le laver dans cinq ou six eaux tiédes & propres, puis le faire blanchir au bouillon, le faire égouter, l'empoter dans une marmite propre, & le mouiller petit à petit avec d'excellent bouillon. Il faut qu'il soit trois heures sur les cendres chaudes. On y met un morceau de petit lard bien sain, & l'on prend garde qu'il ne soit trop épais. Etant cuit on y met un coulis vierge dont la façon se trouve à l'article du potage aux têtes d'agneau.

Le ris aux écrevisses se fait de même avec le coulis d'écrevisses bien doux & bien léger, dont la façon est à l'article du potage de cailles aux écrevisses.

Potage sans eau.

Mettez dans une marmite à double couvercle, ou vis, des morceaux de petit lard, cinq ou six livres de tranche, & quatre livres de rouelle de veau coupée par petits morceaux, avec carottes, panais, cellery & navets coupés de même une poule bien blanchie, une racine de persil, un paquet composé d'oseille, laitue, cerfeuil, & très-peu de sel. La marmite étant bien fermée & bien *lutée* avec une pâte, mettez-la dans une autre grande marmite sur le feu avec de l'eau bouillante, & du foin au fond pour qu'elle ne tourne point. Il faut que cela bouille pendant huit heures. Ayez toujours un coquemart d'eau bouillante, pour remplir votre bain-marie. Quand le bouillon est fait, passez-le, faites-y mitonner des croutes, & servez la poule dessus, en garnissant avec les légumes.

Potage aux choux-fleurs.

Faites cuire vos choux-fleurs dans du bouillon avec une barde de lard. Faites mitonner avec le même bouillon que vous faites, le potage aux choux; garnissez de choux bien arrangés, & masquez avec une sauce à l'Espagnole bien légere.

Potage de poisson en gras.

On en fait de folles, de maquereaux, de perches, de lotes, d'éperlans, d'anguille, de saumon, d'esturgeon, &c. Vous les faites cuire dans du bouillon avec quelques assaisonnemens selon le goût que vous voulez donner à votre potage, & vous servez dessus telle sauce que vous jugez à propos, comme jus de veau, quinte-essence, coulis & autre bouillon ou sauces différentes, la garniture faite de filets de poissons, le tout accommodé proprement. Vous mitonnez avec de bon bouillon.

Potage à la Princesse.

Mitonnez votre potage avec de bon bouillon. Faites suer un morceau de veau avec quelques oignons, zestes de carottes & panais, & zestes de jambon. Quand cela commence à s'attacher, mouillez avec du bouillon & jus de veau. Laissez mijoter & cuire la viande. Ensuite vous l'ôtez & faites mitonner des croutons de pain au lait, chapelé; quand il est bien mitonné, mettez-y les blancs d'une volaille, quelques jaunes d'œufs durs, cinq ou six amandes douces, le tout bien haché & pilé. Délayez bien le tout dans votre coulis. Passez à l'étamine. Que cela soit de la consistance d'une crême double. Garnissez votre potage de crête en potages & le masquez avec ce coulis bien chaud. Vous pouvez mettre dedans une volaille, ou une profiterolle farcie.

Potage de fantaisie.

Faites cuire dans une marmite trois litrons de pois avec huit pintes d'eau. Etant presque cuits, vous ôtez votre marmite du feu. Le bouillon étant bien clarifié, vous le versez dans une autre marmite en le passant dans un tamis. Remettez votre marmite au feu. Faites blanchir de carottes, panais, navets, poireaux, cellery, oignons, racine de persil. Mettez toutes ces légumes dans votre marmite avec du sel, un bouquet, dans lequel vous mettez une branche de basilic & de sariette, un peu de macis, quelques clous, & de l'ail.

Vous ferez roussir dans une casserolle, carottes, panais &

oignons, avec un morceau de bon beurre. Mouillez avec du bouillon de votre marmite qui soit bien clair & ait du corps. Passez-le dans une serviette. Faites suer dans une casserole les mêmes choses que si vous vouliez faire du restaurant ou consommé. Quand il est un peu attaché, vous mouillez avec votre bouillon maigre, jusqu'à la quantité nécessaire pour un grand potage. Mettez-y un demi-verre de bonne huile, une pincée de coriandre. Quand la viande est cuite, dégraissez le bouillon, passez-le & le faites mitonner.

Potage au bouillon de lapin, perdrix & faisans.

Faites un bon corps de bouillon bien doux & moëlleux, ensuite vous mettez dans une casserole des tranches d'oignon, ensuite de la rouelle de veau, une tranche de jambon, un lapreau de de bon fumet, zeſtes de carottes & panais, un bouquet. Faites ſuer. Quand cela commence à s'attacher, vous le mouillez de votre bon bouillon autant qu'il en faut pour un potage. Laiſſez cuire & prendre, enſuite paſſez au tamis de ſoye, & mitonnez votre potage. Vous faites de même pour les perdrix & faiſans, & autre gibier à fumet.

Potage à la Provençale aux lentilles.

Faites cuire des lentilles dans l'eau. Quand elles ſont cuites, paſſez le bouillon. Paſſez enſuite dans une caſſerole avec un morceau de bon beurre & un verre d'huile, carottes, panais, cellery, racine de perſil & poireaux. Quand cela eſt paſſé, mouillez avec votre bouillon de lentilles. Faites cuire le tout dans une marmite. Mettez-y du ſel, quelques morceaux de navets, un bouquet dans lequel vous mettrez deux clous & une branche de sarriette. Quand le bouillon est fait, passez-le dans une petite marmite. Vous-y mettrez les herbes de la Julienne que vous aurez passées au beurre. Faites cuire vos herbes, quand elles sont cuites mettez-y la purée de vos lentilles que vous aurez passées à l'étamine. Mitonnez votre potage avec le bouillon ci-devant, & masquez avec la Julienne aux lentilles. Garnissez de ce que vous voudrez.

Potage au Sultan.

Ayez des rôties de pain coupées à l'ordinaire. Faites-les faire de belle couleur. Ensuite mitonnez avec de bon bouillon & jus de veau. Garnissez de ce que vous voudrez. Poudrez de parmesan rapé, & servez, courte sauce.

Potage de garbure.

Foncez une braise de morceaux de bœuf, combien de jambon, petit lard, cuisses d'oyes, ou autres choses. Faites blanchir vos choux. Mettez le tout ensemble bien assaisonné de cloux, bisilic, sel & poivre. Quand le tout a bien sué, mouillez avec du bouillon ordinaire, faites mijoter jusqu'à la parfaite cuisson de la braise. Mitonnez du pain bis & les choux avec le bouillon de votre braise. Faites un peu attacher au plat ou terrine, & mettez la viande dessus, excepté le bœuf. Faites ensorte qu'il soit bien doux.

On fait le même potage aux pois, aux navets & autres, &c.

Potage à la faubonne.

Foncez une casserole d'un bon morceau de tranche, la moitié d'un gigot, vieille perdrix à fumet & une poule. Faites prendre couleur, & mouillez avec le général. Mettez dans une marmite,

& faites bouillir doucement. Mettez-y aussi un litron de pois dans une serviette. A moitié cuit mettez-y toutes les racines ci-après bien blanchies, carottes, panais, navets, poireaux, cellery, oignon, racines de persil, & la mignonette, comme au potage aux choux. Quand le tout est bien cuit, retirez les pois, pilez-les, faites-en une purée légere, passez ensuite dans une casserole, des filets d'oseille, de laitue, poireaux & cellery. Mouillez avec le bouillon de l'oille, & faites cuire le tout dans une grande marmite. Mettez-y la purée, faites cuire une heure, & mitonnez. Servez doux & chaud.

Oille au naturel.

Foncez votre casserole ou marmite avec de bonnes tranches, gîte ou trumeau, gigot de mouton, perdrix, poule, comme ci-dessus. Mettez-y les racines de même, quelques morceaux de choux, la mignonette.

Mouillez avec de l'eau ou bouillon général. Laissez bouillir sept heures à très-petit feu. Que le bouillon soit un peu coloré. Mitonnez long-tems, & servez chaud.

C'est de cette façon d'oille que vous tirez le potage de brunoises, gendarmes, oille au ris, aux écrévisses, à l'Italienne, à l'Espagnole & tout autre. Le tout est d'y faire attention.

Il y a bien d'autres potages, mais ils ne sont différens entre eux, que par ce qu'on met dessus, ou les différentes légumes, fruits, racines, viandes & autres garnitures. On peut dire que les potages ci-dessus sont les meilleurs & les plus goutés.

Après les différentes sortes de

potages dont nous avons enseigné la méthode, il en reste peu à désirer sinon par fantaisie, c'est aux personnes qui les demandent à enseigner la façon de les faire, lorsqu'ils ne sont pas dans l'usage des alimens ordinaires.

Potage du Palatin pour le Printems.

Faites une composition de Kneffes comme il est marqué à l'article des poulets, second volume. Vous en formerez des boulettes grosses comme des œufs de pigeon; ensuite vous les ferez cuire dans de bon bouillon pendant un demi quart d'heure, ayez une bonne poignée de cerfeuil & des têtes de poireaux, hachez bien le tout; ensuite délayez dans une casserole deux cueillerées de farine avec de bon bouillon, mettez-en assez, mettez-y vos poireaux & cerfeuil, faites cuire le tout en remuant toujours, il faut qu'il soit clair & blanc, mettez vos boulettes dans le fond du plat & le reste par dessus, servez chaud: on peut faire la même chose avec du bouillon maigre & les andouillettes de carpe, ou autre poisson tel qu'on l'aura, pourvu qu'il soit bon.

Bouillon rafraîchissant aux écrévisses.

Prenez aux environs d'une livre de ruelle de veau coupée en petits morceaux, mettez-le dans un pot de terre avec une pinte d'eau de rivière s'il se peut, faites bouillir doucement jusqu'à la cuisson du veau, ensuite vous aurez douze écrévisses bien saines, & claires, que vous écraserez toutes en vie dans un mortier; vous les mettrez dans votre bouillon un moment avant de le passer, vous le ferez prendre chaud, ainsi que tous les autres bouillons. Les bouillons de cresson, de cerfeuil, de chicorée sauvage, de scorsonaires & autres bouillons rafraîchissans se font de même. Quand ce sont des racines, il faut qu'elles bouillent avec le veau; si ce sont des herbes, il ne faut qu'un demi quart d'heure de cuisson, quand le veau est cuit : l'eau de veau, & l'eau de poulet de même. Si l'on y mêle quelques graines, comme l'orge, les quatre semences ou autres, il faut que cela bouille avec le tems de la cuisson de l'un ou de l'autre, d'ailleurs, on suivra l'ordonnance des Médecins qui se mêlent d'en décider.

C'est toujours le veau ou poulet que l'on prend pour toutes sortes de bouillons rafraîchissans & purgatifs, on emploie aussi les foies de veau, le poumon de veau, des vipéres, les escarbots, les grenouilles, & autres, suivant l'ordonnance. Les différentes sortes des racines, herbes & fleurs que l'on employe dans les différentes sortes de bouillons rafraîchissans, sont, la bourache, la buglose, la laitue, la poirée, le pourpier, cerfeuil, pinprenelle, chicorée blanche, pissenlit, chicorée sauvage, l'ortie picquante, la fumeterre, pointe de sureau, concombre, citrouille, & quantité d'autres suivant l'espèce des maladies; les racines de chicorée, de patience, sauvage, scolopandre & autres. Pour employer les vipéres il faut les écorcher en vie, leur ôter la tête & la queue, & les entrailles, ne réservant que le corps, le cœur & le foie, les escarbots veulent être bien lavés & blanchis avant de les employer; des grenouilles l'on ne prend que les cuisses nettoyées, blanchies &

pilées, ainsi que l'escarbot.

Potage maronné de perdrix.

Prenez un cent de marons, ôtez-en la première peau, & mettez-les entre deux tourtières, ou au four pour ôter la seconde peau, faites-les cuire ensuite avec du bon bouillon gras, gardez ensuite les plus beaux pour garnir vôtre potage, pilez ceux qui sont cassés dans le mortier, avec une perdrix de bon fumet cuite à la broche, délayez le tout avec de bon bouillon, passez à l'étamine, mitonnez à l'ordinaire, garnissez de marons le coulis par dessus léger.

Façons de faire des croutes.

Prenez du pain molet tendre, belle croute sans baisure, s'il est long, coupez-le en deux, s'il est rond, coupez-le en quatre. Otez la mie, & faites sécher la croute. Ensuite trempez dans le derrière du pot, retirez sur le champ, asfaisonnez de sel menu. Mettez dessus votre plat vos mies de pain & un peu de moëlle de bœuf hachée. Ensuite mettez vos croutes sur le feu, & humectez de tems en tems avec de bon bouillon un peu gras. Laissez attacher doucement au plat, & que les croutes soient bien moëlleuses. Masquez avec d'excellent jus de veau ou bon bouillon.

Voilà la base de toutes les façons de croutes que l'on peut faire, soit à la purée, au blanc, aux lentilles, à la moëlle, au blond de veau, aux écrévisses, aux mousserons, aux truffes, &c.

Observation sur tout ce qui concerne les Bouillons & Potages.

Il faut faire attention que la viande que l'on employe pour différens bouillons, potages & sauces soit bien saine & ne soit pas trop mortifiée, parce que cela lui fait perdre son jus & son suc, & surtout qu'elle soit bien dégraissée.

Les viandes à bouillon, sont la tranche, le gite à la noix, les charbonnades ou bas d'aloyaux, le milieu du trumeau, la culotte. Il faut peu de veau dans les bouillons & peu de mouton, à moins que ce ne soit dans des cas de maladies, ou par ordonnance des Médecins.

Les différentes viandes dont on se sert pour le bouillon général, & qui sont bonnes à manger, sont la poitrine de bœuf, les palerons, la culotte, & autres morceaux suivant la commodité.

Les légumes & racines qui entrent dans les bouillons, doivent être fraiches, & bien nettoyées. Il seroit même bon de les faire blanchir à un bouillon, avant que de les mettre dans la marmite.

Les légumes & racines dont on se sert communément, & qu'il est à propos de faire blanchir, sont les carottes, panais, cellery, navets, poireaux & oignons.

Il faut que le bouillon bouille toujours fort doucement, & soit cinq heures au feu. Il faut le passer proprement dans un tamis de soye double, ou serviette très-propre.

Si l'on veut conserver du bouillon, il ne faut point mettre dans la marmite de poireaux, d'oignons ni autres légumes.

Avant que de passer à la manière d'apprêter toutes sortes de viandes, il est à propos de marquer la façon de faire des braises, demi-braises, braises blanches, les farces de toutes espèces, le gratin, les blancs servant à faire cuire les légumes que l'on veut conserver blanches, les farces de poisson, & braises de poisson, l'assaisonnement général, les Pâtes servant à frire, les glaces, les Sainte-Menehoult, & autres.

Braise pour toute la grosse viande.

Foncez une marmite de tranches d'oignons & zestes de carottes & panais, de tranches de bœuf bien battu, bardes de lard. Mettez ensuite votre viande dedans. Recouvrez avec les mêmes choses. Assaisonnez d'un peu de sel, branches de basilic, quelques clous de gérofle. Bouchez bien votre braisière. Faites suer tout doucement. Mouillez un peu avec du bouillon ou un peu d'eau. Laissez cuire tout doucement & long-tems. La braise ne peut être bonne qu'autant qu'elle est cuite à petit feu, & est bien humectée. Dégraissez bien & faites ensorte qu'elle soit douce.

L'on peut tirer partie de son restaurant.

Braise fine pour l'agneau & la volaille.

Vous faites la même chose que ci-dessus. Au lieu de bœuf vous y mettez du veau ou de la volaille. Le restaurant en est plus leger & plus fin.

Braise blanche.

Vous mettez bardes de lard, bouillon, sel, clou, branche de basilic, oignon & quelques tranches de citron.

Poële qui sert à faire cuire toute sorte de volaille blanche, & le veau.

Il faut faire blanchir un morceau de rouelle de veau, un petit morceau de jambon, ensuite le couper en petits dez, on peut y joindre quelques morceaux de tetine de veau si on en a; mettez le tout dans une casserole avec un morceau de beurre, un peu d'huile douce & fine, un paquet de persil & ciboule, dans lequel vous mettrez deux clous de gérofle, un peu de basilic, quelques gousses d'ail si on l'aime, mettez aussi quelques tranches de citron, ôtez le pepin, passez le tout doucement sur le feu jusqu'à ce que cela ait rendu sa sauce : vous vous servez de cette composition pour toutes les viandes que vous faites cuire comme si cela étoit à la braise ; quand c'est pour du gibier on peut mettre un peu d'essence d'ail, ou vin de Champagne, ou autres vins blancs bouillir, vous la faites plus ou moins forte selon l'espèce de viande que l'on fait cuire de cette façon ; tout ceci est fait pour donner du goût, ainsi on pourra y mettre quelqu'autre ingrédient suivant la fantaisie.

Blanc pour faire cuire plusieurs racines & légumes.

Il se fait avec du bouillon, de la graisse de bœuf, ou de veau, une barde de lard, un petit morceau de beurre manié dans la farine, & même le bouillon simple passé avec une barde de lard, fait encore mieux.

Farce générale.

Passez dans une casserolle, une noix de veau ou deux (ôtez bien les nerfs) de la graisse de bœuf, un morceau de lard, le tout coupé par morceaux. Laissez refroidir, & hachez bien le tout. Assaisonnez avec persil, ciboule, un peu d'échalotes, sel, poivre, un peu de muscade & de basilic en poudre; une mie de pain trempée, mitonnée & dessèchée dans la crême, deux ou quatre jaunes d'œufs, selon la consistance que vous voulez lui donner, le tout bien pilé & bien doux.

Farce fine.

Prenez des blancs de poularde, chapon ou autre volaille cuite à la broche, avec de la graisse de veau ou tetine & lard, le tout blanchi & bien haché & pilé. Assaisonnez comme la farce générale de la mie de pain trempée dans la crême, & des jaunes d'œuf & quelques blancs fouettés.

Cette farce peut servir pour toutes sortes de crépines, pour les grénadins & autres choses.

Farce fine à la crême.

Hachez les mêmes choses qu'à la farce ci-dessus. Assaisonnez de même. Il ne faut point de jaunes d'œuf ni de mie de pain. Quand le tout est bien pilé, faites une crême ainsi que je vais le marquer. Passez dans une casserole avec un pain de bon beurre, trois ou quatre champignons, une tranche de jambon.

Singez beaucoup, & mouillez avec un demi-septier ou chopine de crême. Laissez bouillir & réduire jusqu'à ce que cela soit épais comme une crême cuite. Otez le jambon & champignons. Quand cela est froid, délayez votre farce tout ensemble, & servez-vous-en pour tout ce que vous voudrez, comme pour rissolles, bomons & autres choses.

Sainte-Menehoult.

Faites fondre de bon beurre, assaisonnez de sel, poivre, muscade, basilic en poudre. Mettez-y un peu de farine & mouillez avec de la crême, un peu de coriandre pilée. Tournez sur le feu. Il faut que cela soit consistant pour qu'il puisse prendre la mie de pain. Cela vous servira pour tout ce que vous ferez à la Sainte-Menehoult.

Pâte à frire.

Mettez dans une casserole de

la farine. Délayez avec de la bierre blanche, du vin blanc ou autre liqueur, un ou deux jaunes d'œufs, un peu de sel, une cuillerée d'huile, le tout bien délayé, & de la confiftance de la crême double, & vous en fervez pour faire frire viande, poiffons, racines ou légumes.

On peut mettre des blancs d'œufs fouettés.

Effence d'ail.

Faites bouillir une bouteille de vin de Champagne avec cinq ou fix gouffes d'ail piquées de clous de gérofle, une feuille de laurier, un petit morceau de fucre, gros comme une noifette; faites réduire à trois demi-feptiers. Ecumez bien & paffez au clair. Vous vous en fervez dans tout ce qui demande du vin de Champagne, le tout bien ménagé.

Saumure.

Mettez dans un chaudron quinze pintes d'eau, avec deux livres de sel, oignon, clou, basilic, laurier, thin, coriandre, géniévre, macis, gingembre, le tout bouilli un quart d'heure & bien écumé. Otez de dessus le feu, laissez reposer, passez au clair & vous en servez au besoin.

Glace ou caramel pour glacer toutes sortes de viandes piquées ou non piquées.

Mettez dans une marmite trois ou quatre jarets de veau. Quand ils sont bien dégorgés, blanchis & écumés, laissez-les bouillir jusqu'à ce qu'ils soient cuits. Passez votre glace dans un linge propre. Formez-en du caramel en le faisant réduire. Mettez-y gros comme une noisette de sucre, & vous en servez au besoin. Si votre glace étoit trouble, ce qui peut quelquefois arriver.

Faites éclaircir avec du blanc d'œuf, & un jus de citron.

Assaisonnemens.

Basilic en poudre.

Faites sécher du basilic en feuille. Pilez & passez au tamis fin. Mettez dans des boëtes au sec, & vous en servez au besoin.

Epices.

Pilez une once de cannelle, un gros de clou de gérofle, un gros de muscade, un peu de gingembre, une pincée de coriandre, le tout passé au tamis. Mettez dans une boëte au sec.

Epices à boudinaille.

Pilez de l'anis, de la coriandre, basilic, clou & macis. Passez au tamis, & vous en servez pour tout ce qui est farce à boudin, crépine, andouille & autres.

Farce légere & fine.

Pilez de la moëlle de bœuf, deux ou trois foyes gras, assaisonnez comme les autres. Hachez & pilez le tout. Mettez-y trois ou quatre jaunes d'œuf, un peu de crême.

Cette farce sert pour bien de petits hors-d'œuvres d'élicats.

Gratin.

Prenez des blancs de volailles ou foyes gras, un peu de moëlle de bœuf, persil, ciboule, sel, & poivre, trois ou quatre jaunes d'œufs, le tout bien pilé. Servez-vous-en pour tout ce qui sera au gratin.

Si vous le voulez faire à moins de dépense, ayez de la mie de pain trempée dans la crême. Quand elle sera froide, mettez-y du lard rapé, moëlle ou autre graisse. Assaisonnez comme ci-dessus, avec trois ou quatre jaunes d'œuf, ou bien un peu de blond de veau & mie de pain, Servez-vous-en au besoin.

Salpicon chaud cuit.

Le salpicon n'est autre chose qu'un assemblage de plusieurs choses que l'on coupe en dez proprement. On s'en sert pour garnir ou pour farcir.

On y fait entrer tout ce que l'on veut; mais il y a des choses qu'il faut faire cuire auparavant, comme crête & palais de bœuf. Pour le reste, vous le faites blanchir proprement. Vous passez des champignons coupés en petits dez, avec un peu de beurre ou lard, un peu de jambon en dez. Singez un peu avec de la farine. Mouillez avec du jus de veau; ensuite mettez-y truffes & ris de veau ou d'agneau, crêtes, foyes gras, palais de bœuf, filets de volaille; si vous en avez, petit melon, cornichons, le tout coupé en
petit

petit dez. Laiſſez mijoter, liez, & finiſſez avec un peu de blond de veau. Si c'eſt pour ſervir ou pour enfermer dans quelque viande, il faut que la ſauce ſoit courte & très-liée. Laiſſez refroidir avant que de vous en ſervir.

Salpicon crud.

Coupez les mêmes choſes que ci-devant. Mettez-les dans une caſſerole avec ſel, poivre, baſilic en poudre, perſil, ciboule, du lard rapé, quelques jaunes d'œuf, & un peu de farce ſi vous en avez. Servez-vous-en pour emplir la viande dure à cuire, & autre.

Farce aux écréviſſes.

Faites une farce fine de volaille ou autre viande blanchie. Quand elle eſt finie, vous y mettez du beurre d'écréviſſe, & des queues hachées bien menues.

Le Bœuf & les différens usages qu'on en peut faire.

La tête.

Grosse entrée. Elle s'employe quelquefois dans de grands repas par fantaisie, sinon elle est le partage des pauvres, parce qu'elle est de très-peu de ressource.

Il faut la désosser comme une tête de veau, ôter la cervelle, l'approprier, tremper & blanchir avec la cervelle. Ensuite faites-la cuire dans une braise qui soit bonne & bien foncée. Piquez les bajoues de gros lard. Quand elle est cuite aux trois quarts & tiéde, retirez-la. Faites un ragoût de pigeons, cailles ou autres choses. Faites cuire les pigeons à demi dans une petite braise, passez des champignons, crêtes, ris de veau, rognons de coq, le tout bien lié. Mettez-y vos pigeons. Ensuite laissez refroidir le tout. Mettez votre grand ragoût à la place de la cervelle, un pigeon à la place de chaque œil que vous aurez ôté hors de la tête, recouvrez le tout avec un bon godiveau fait avec des morceaux de veau hachés bien menus, de la graisse de bœuf, du lard, persil, ciboule, sel, poivre, échalotes, six jaunes d'œufs, une mie de pain desséchée & trempée avec de la crême, le tout bien pilé. Mettez les yeux & une crepine par-dessus. Remettez le tout dans votre braise, achevez de faire cuire le haut de la tête ci-dessus. Quand elle est cuite tirez-la & la laissez égouter. Servez-la avec le fond de la sauce bien dégraissée, ou une sauce à l'Espagnole ou autre sauce que vous jugerez à propos. Faites frire la cervelle, coupez-la en dez & mettez-la autour de la tête ou par dessus.

On peut la servir au gros sel, comme une tête de veau cuite dans un assaisonnement.

On peut encore la faire cuire dans une braise, mettez dessus une sauce à la Sainte-Menehoult, la paner de mie de pain très-fine, lui faire prendre belle couleur au four, & servir avec une sauce piquante.

Langue de bœuf à la braise.

Entrée. Faites tremper une langue de bœuf blanchie & cuite aux trois quarts dans la marmite. Otez lui sa peau. Quand elle est froide, piquez-la de gros lard. Faites-la cuire dans une braise. Pour cet effet foncez une marmite braisiére avec des tranches d'oignon, zestes de carottes & panais, morceau de bœuf bien battu, bardes de lard bien sain. Ensuite mettez-y votre langue. Recouvrez avec bardes de lard & morceau de bœuf, tranches d'oignon, quelques clous de gérofle, branche de basilic, sel & poivre légerement. Faites en sorte que le vaisseau dont vous vous servirez soit proportionné à ce que vous avez à mettre dedans, de façon qu'il soit plein, bien couvert & bien bouché. Faites suer doucement; ensuite mettez-y un peu d'eau ou bon bouillon. Faites-la cuire fort doucement.

La braise de veau se fait de même, ainsi que la braise blanche qui se fait avec un peu de viande & beaucoup de lard ou graisse de veau & autre.

On peut mettre dessus la langue de bœuf telle sauce qu'on juge à propos, comme sauce à l'Espagnole, hachée, aux navets & autre.

La langue se sert ordinairement pour entrée.

Langue de bœuf piquée à la broche.

Faites la cuire aux trois quarts. Otez la peau. Laissez refroidir. Piquez de moyen lard. Faites-la mariner dans une cueillerée de bouillon, basilic, sel, clou de gérofle, un peu de vinaigre. Mettez à la broche. Enveloppez de crépines ou légeres bardes de lard, par dessous le piqué. Quand elle est cuite, ôtez & servez avec une sauce piquante, telle qu'elle est ici indiquée.

Passez des tranches d'oignon avec deux champignons, zestes de carottes, le tout avec un peu de lard fondu. Singez avec un peu de farine & mouillez avec du jus & un peu de blond de veau, un demi-verre de vinaigre qui soit bon, deux clous de gérofle, un quart de feuille de laurier, une demi-feuille de basilic, le tout bien ménagé. Faites bouillir un grand quart d'heure. Dégraissez & passez dans le tamis ou étamine. Mettez cette sauce sur votre langue.

Cette sauce peut servir pour tout ce qui demandera une sauce piquante.

Langue de bœuf en hatelettes.

Faites la cuire à la braise, coupez-la par morceaux gros comme le pouce en quarré. Mettez-la avec persil, ciboule, échalotes, champignons, le tout haché bien menu, deux ou trois pains de beurre ou lard fondu, ou du beurre ordinaire, pourvu qu'il soit bon, du sel, du poivre, basilic en poudre. Passez le tout ensemble un instant. Mettez-y un jaune d'œuf. Laissez refroidir à moitié, & embrochez dans des broches d'argent, ou petites brochettes de bois

Hors-d'œuvr

bien faites. Passez avec une mie de pain bien fine. Faites griller légerement, & servez à sec.

Langue de bœuf au sang.

Faites-la cuire à la braise, lardez de gros lard. Fendez-la en deux, sans la séparer. Faites un appareil de la façon qui suit.

Entrée. Passez des oignons hachés avec un peu de lard fondu. A demi passés, mettez-y de la panne en dez, & du sang de cochon, d'agneau ou volaille, pourvu qu'il ne soit point caillé. Pour l'empêcher de cailler, il faut y mettre pendant qu'il est chaud le jus d'un citron ou un peu de vinaigre, & le bien remuer.

Assaisonnez votre appareil avec de fines herbes, sel, poivre, un peu d'épices à boudin. Quand le tout est froid, mettez une crépine dans une casserole ou plafond, de l'appareil dessus la langue. Remettez le reste de votre boudinaille. Recouvrez de votre crépine. Faites cuire au four. Que cela ait belle couleur. Egouttez bien, & servez avec une sauce à l'Espagnole ou blond de veau.

Cet appareil de boudin vous servira pour tout ce qui sera au sang.

Langue au miroton.

Faites la cuire à la braise. Etant froide, coupez par tranches bien minces. Passez des champignons, persil, ciboules, échalotes, le tout haché bien menu. Singez & mouillez avec du jus, & blond de veau. Laissez bien cuire & dégraissez. En finissant, mettez des capres hachées bien menues, une pointe de vinaigre. Jettez un peu de miroton dessus vos tranches de langues pour les chauffer, ensuite mettez-y le reste & servez chaud. Courte sauce.

Hors-d'œuvre.

Langue de bœuf aux concombres.

Entrée. Faites cuire à la braise, & faites un ragoût de la maniere qui suit. Epluchez des concombres, fendez-les en quatre. Otez-en la graine, & les coupez en dez gros comme le pouce. Faites les mariner avec du gros sel, un peu de vinaigre, quelques oignons entiers. Ensuite vous les pressez dans un linge, & les passez avec du lard fondu jusqu'à ce qu'ils commencent à prendre couleur. Singez un peu & mouillez avec jus ou bouillon. Faites-les mitonner & dégraissez. Quand ils sont bien cuits, liez-les avec un peu de blond de veau. Achevez de finir votre ragoût, & servez chaud.

Ce ragoût peut servir à tout ce qui se met aux concombres.

Langue de bœuf au naturel.

Quand elle est bien mortifiée, piquez-la de gros lard assaisonné à l'ordinaire, & la faites cuire dans la marmite avec la piéce de bœuf ou autre. Servez avec un peu de bouillon & du gros sel. *Entrée.*

Langues de bœuf sallées, fourées, sechées & enfumées.

Faites une saumure avec de l'eau bouillante, beaucoup de sel, un peu de salpêtre, coriandre, basilic, poivre long, gingembre, macis, géniévre, clous de gérofle, le tout bouilli un quart d'heure. Laissez reposer. Quand cela est froid, passez au clair. Mettez vos langues dedans. Quand elles sont bien échaudées l'espace de huit à dix jours, faites-les cuire dans un bon assaisonnement bien doux & gras & les servez chaudes ou froides. Tâchez de leur donner la dose juste de sel. *Entremêt froid.*

Si vous voulez les conserver, quand elles sont hors de la saumure, ressuyez-les bien & les pressez un peu. Faites-les sécher au plancher. Si vous voulez qu'elles soient enfumées, mettez-les dans des boyaux de bœuf, assaisonnés en dedans d'herbes aromatiques, & les mettez dans la cheminée, ou comme celles de Zurik. Brûlez dessous quelques herbes de senteur, pour que la fumée leur donne le goût.

On fait tout ce que l'on veut des langues de bœuf. Le principal est qu'elles soient bien cuites à la braise.

Palais de bœuf.

Le palais de bœuf doit être bien choisi, lavé, blanchi à l'eau bouillante. Otez la peau & le durillon du milieu. Coupez les extrémités. Faites-les cuire ensuite dans une braise légere, & l'employez.

Palais de bœuf au chingaras.

Etant cuits à la braise coupez

les en deux ou trois bien appropriés, faites suer autant de tranches de jambon nouveau qu'avez de morceaux de palais de bœuf ; étant sués prêts à faire le caramel, dressez vos palais de bœuf & votre jambon dessus, mettez dans votre même casserole un peu de bouillon & d'eau pour détacher le suc du jambon, un peu de vinaigre & d'échalotte hachée, faites bouillir un instant, servez chaud sur les palais de bœuf.

Palais de bœuf à la poulette.

Coupez-le en dez ou en quarré. Passez des champignons avec du lard fondu. Singez un peu & mouillez avec de bon bouillon. Mettez-y le palais de bœuf, un demi-verre de vin blanc qui soit bon. Laissez mijoter & réduire. Ensuite mettez-y une liaison de deux jaunes d'œufs, faites avec du bouillon, un peu de persil haché très-menu, la moitié, ou un pain de beurre entier. Liez votre sauce tout doucement. Mettez-y le quart d'un anchois bien lavé & bien haché. Jus de citron.

Palais de bœuf en hatereau.

Faites cuire à la braise & le coupez en deux. Fendez les deux morceaux bien minces. Mettez dessus chaque morceau un peu de farce très-fine & bien légere, roulez-les ensuite, que le tout soit bien joint ensemble. Laissez-le refroidir & le marinez avec du jus de citron, un peu de sel menu & persil entier. Ressuyez-le bien & faites le frire dans du sain-doux après l'avoir trempé dans une pâte faite avec de la farine, un peu de sel, un jaune d'œuf, de la bierre ou du vin blanc, le tout bien délayé. Mettez-y une cueillerée d'huile. Il faut que cette pâte soit bien consistante, sans

(Hors-d'œuvre.)

être trop épaisse. Il faut aussi que la friture soit chaude, ce qu'on voit lorsqu'elle fume un peu, ou que la ciboule ou le persil qu'on jette dedans se frit. Pour lors vous pouvez vous en servir. Ayez toujours attention que votre friture soit blonde, & servez chaud, si vous pouvez.

Palais de bœuf au Parmesan.

Coupez-le en filets quand il est bien cuit à la braise. Passez des oignons en tranches avec du lard fondu. Quand il est presque blond, singez un peu avec de la farine, & mouillez avec jus & blond de veau. Mettez-y votre palais de bœuf. Quand il est à demi-froid, vous le dressez dans le plat que vous voulez servir. Rapez du parmesan que vous mettez au fond avec de la mie de pain. Ayez de petits oignons blancs, blanchis & cuits dans du bouillon, bordez-en votre plat. Mettez par-deſſus un peu de la ſauce du palais de bœuf. Paſſez le tout avec du parmeſan rapé, mêlé d'un peu de mie de pain bien fine. Faites prendre couleur au four, qu'il ſoit bien blond & bien dégraiſſé. Servez.

Palais de bœuf au jambon.

Faites cuire à la braiſe. Paſſez des zeſtes de jambon avec un pain de beurre. Mouillez avec de l'eau. Laiſſez mijoter une demi-heure. En finiſſant mettez-y une pincée d'échalotes hachées bien menues, un peu de blond de veau & une pointe de vinaigre. Jettez deſſus votre palais de bœuf, & prenez garde au ſel.

Hors-d'œuvre.

Palais de bœuf à la Sainte-Menehoult.

Faites cuire & trempez dans une Sainte-Menehoult (voyez l'article des braiſes) faites prendre couleur. Servez avec telle

Entremêts.

sauce que vous jugerez à propos.

Palais de bœuf en allumettes.

Coupez les en petits filets comme des allumettes. Mettez mariner avec un peu de bouillon, & vinaigre, sel, poivre, basilic, clous de gérofle, quelques tranches d'oignon, un petit morceau de beurre manié dans un peu de farine, le tout bien chaud. Faites mariner deux heures. Laissez égoutter & trempez dans la pâte à bierre. Faites frire dans du sain-doux. Servez bien blond & chaud.

Vous pouvez les mariner dans du citron simplement, avec un peu de sel, brin de persil, & faites frire de même.

Palais de bœuf en menus-droits.

Coupez-les en filets, passez des oignons comme au parmesan, jettez vos filets dedans. En finissant un peu de moutarde & un petit filet de vinaigre.

Palais de bœuf en balottes.

Faites cuire à la braise, coupez-les minces de la largeur d'un écu de six francs. Faites-en autant de morceaux doubles, parce qu'il faut le dessus & le dessous. Les épluchures coupées minces vous serviront pour le dedans avec des foyes gras émincés, truffes émincées, ayez de la farce fine. (voyez l'article des farces) Faites un lit de farce, un lit de trufes, un lit de farce, un lit de palais de bœuf, un lit de farce, un lit de foyes gras. Suivez toujours de même jusqu'à ce que votre balotte soit formée. Recouvrez le tout. Enveloppez avec une crépine bien fine, passez légerement, & mettez au four. Servez dessous un blond de veau.

Hors-d'œuvre.

Palais de bœuf en hatelettes.

Coûpez-le en morceaux & les mettez dans un assaisonnement de persil, ciboule, champignons, échalotes, sel, poivre, du lard fondu en bon beurre, basilic en poudre, un peu de muscade, le tout passé ensemble. En finissant, un jaune d'œuf, un peu de blond de veau bien épais. Laissez refroidir à moitié. Embrochez avec de petites brochettes de bois ou d'argent. Passez légerement. Faites griller bien blond. Servez avec telle sauce que vous voudrez.

Palais de bœuf à l'Espagnole.

Coupez-les en morceaux longs comme le doigt, & gros comme le pouce. Faites frire des morceaux de pain dans l'huile de la même grosseur. Dressez sur le plat un morceau de palais de bœuf, & un morceau de pain. Jettez dessus une sauce à l'Espagnole.

Hors-d'œuvre.

Hors-d'œuvre. ou Entremêts.

Il y a bien d'autres façons d'accommoder les palais de bœuf, qu'il est aisé de diversifier pour peu qu'on soit entendu dans la cuisine.

Le palais de bœuf est peu de chose par lui-même, mais l'art de la cuisine le fait valoir, & le fait souvent préférer à des choses excellentes, & plus cheres.

Il sert dans les garnitures & à la pâtisserie.

Palais de bœuf aux fines herbes à l'Espagnole.

Vos palais de bœuf étant bien cuits dans une braise, vous les coupez en filets de la longueur du petit doigt. Vous pouvez y joindre du gras double bien nettoyé & bien cuit. Coupez-le de même en filets en travers pour en rendre la chair plus courte. Mettez dans une casserole deux pains de beurre, un demi-verre d'huile, avec champignons, persil, ciboule, échalottes (le tout haché bien menu) sel, poivre, fines herbes, & un peu de

Hors-d'œuvre.

muscade. Faites mariner vos filets dans cet appareil. Une demi-heure avant que de servir, vous les mettez sur des cendres chaudes à mijoter pour les servir : vous les égouttez sur un tamis, & vous mettez dans la casserole, où ils ont été, un peu de sauce à la carpe; faites bouillir & dégraissez bien. Dressez vos filets, & mettez la sauce dessus, avec un un jus de bigarrade dans le tems.

On peut mettre plusieurs sortes de filets à cette sauce. On fait aussi des palais de veau & de mouton de même.

Palais de bœuf à la Silvie.

Ayez de bon palais de bœuf, faites les blanchir, épluchez bien les extrémités, le dessus & le dessous, ensuite lavez les bien dans l'eau fraiche & les faites égoutter, coupez-les en deux, assaisonnez-les de sel, poivre mêlé, quelques morceaux de petit lard & zestes de jambon. Enfermez le tout dans un linge bien propre, & les mettez cuire dans le derriere de votre marmite, ou dans du bouillon à part, il faut qu'ils cuisent pendant cinq heures, vous les servez avec un peu de leur bouillon, & une sauce à part, tel que l'on jugera à propos.

Queue de bœuf à la Sainte-Menehoult.

Entrée. Coupez par morceaux une ou deux queues de bœuf. Trempez, faites blanchir & cuire aux trois quarts dans votre marmite. Ensuite remettez dans une braise. (voyez à l'article des braises) Ensuite panez, grillez, & servez avec telle sauce que vous voudrez.

Elle se met avec bien d'autres viandes à la braise, en terriné, en hochepot ou en pâté chaud. Le tout est qu'elle soit bien cuite &

de bon goût. Vous la mettez avec telle sauce & légume que vous jugez à propos.

Oreilles de bœuf à la Sainte-Menehoult.

Echaudez vos oreilles comme celles de veau, & faites-les bien blanchir : ensuite faites-les cuire dans le même assaisonnement que les pieds de cochon à la Sainte-Menehoult, & vous les finirez de même. Tenez-les bien douces. On peut encore les mettre à plusieurs autres sauces. La variété & l'œconomie de la table trouvent également leur compte à ces sortes de mêts, qui sont d'ailleurs de pure fantaisie. Je n'ai pas besoin d'observer que toutes les extrémités des animaux comestibles sont très-dures à cuire & très-coriaces : mais tout passe, quand on sçait l'apprêter, & il n'y a pas vingt ans qu'un fameux Traiteur fit

Entremêts. Hors-d'œuvre.

manger à des Seigneurs, (faute d'autres viandes) une vieille paire de gands de bufle, coupés & accommodés en menus droits, qu'ils trouverent excellens tant qu'ils ignorerent ce qu'ils mangeoient, & dont apparemment ils ne furent pas curieux de tâter une seconde fois.

Rognons de bœuf à l'oignon.

Passez de l'oignon dans une casserole, coupé en tranches avec un morceau de beurre. A moitié passé, jettez-y votre rognon de bœuf, que vous avez coupé bien mince : assaisonnez le tout avec sel & poivre. Faites cuire à petit feu. Ne mouillez qu'avec le jus que cela rendra. En finissant un filet de vinaigre ou de la moutarde.

Hors-d'œuvre.

Rognons de bœuf à la poêle.

Passez votre ragoût bien émincé dans une poêle avec persil, ciboule, échalottes, sel, poivre. Quand

Hors-d'œuvre.

Quand cela est cuit, ôtez vos rognons de la poêle. Jettez dans le restant de la sauce, un verre de vin & un peu d'eau. Faites ensuite une liaison de trois jaunes d'œufs avec du verjus ou vinaigre.

Rognons de bœuf à la paysanne.

Coupez deux rognons de bœuf bien minces. Otez les nerfs, & les mettez dans une terrine, avec quelques petits morceaux de lard gras ou maigre, dessus & dessous. Assaisonnez de sel, poivre, têtes de clou de girofle. Couvrez bien votre terrine, & la laissez sur des cendres chaudes pendant deux ou trois heures. Faites-les cuire doucement, comme le bœuf à la mode. Servez-les dans la terrine sans autre façon. Hors-d'œuvre.

Rognons de bœuf grillés.

Fendez-les en deux, & les passez dans un peu de beurre ou autre graisse, avec sel, poivre, Hors-d'œuvre.

Tome I.   H

persil, ciboule. Passez avec de la mie de pain, & faites griller à petit feu. Servez avec telle sauce que vous voudrez.

On peut les servir en pâté, en tourte, ou les faire cuire dans la braise, les émincer & les servir à l'oignon, aux concombres, à la chicorée & autres.

Gras-double grillé à la Bourgeoise.

Hors-d'œuvre. Lavez bien & faites blanchir. Coupez par morceaux larges de quatre doigts. Coupez-les en deux. Mettez dedans un petit morceau de beurre, persil, ciboule, sel, poivre, un peu de mie de pain, le tout pané & grillé. Servez avec un filet de vinaigre.

Gras-double en fricassée à la moutarde.

Hors-d'œuvre. Nettoyez & faites cuire. Coupez en dez, gros comme le pouce. Passez de l'oignon. Jettez-y votre gras-double, avec sel &

poivre. Mouillez avec un peu d'eau ou bouillon. Laissez mijoter. En finissant un peu de moutarde, & un filet de vinaigre.

Gras-double à la poulette.

C'est la même chose qu'aux palais de bœuf.

On peut le joindre avec des palais de bœuf, & le mettre aux fines herbes.

Hors-d'œuvre.

Gras-double sauce à la raye.

Faites la sauce à la raye comme il est marqué à l'article des sauces en gras, ayez du gras-double bien approprié, cuit à la braise. Coupez-le en filets, garnissez votre plat, & votre sauce par dessus, courte & bonne.

Graisse de bœuf.

On s'en sert pour toutes sortes de farces. Voici la façon de l'employer.

Prenez de la graisse de rognons bien épluchée de ses nerfs, & de ses petites peaux. Faites-la tremper dans de l'eau tiéde. Battez-la bien avec le poignet, pour la rendre bien maniable. Pour lors elle s'employe comme le beurre.

La moëlle sert à beaucoup de choses différentes.

Hors-d'œuvre. Les yeux de bœuf bien épluchés & bien dégorgés, se cuisent dans une braise. Vous les servez avec telle sauce que vous jugez à propos. La cervelle de même.

Les boyaux servent aux Chaircuitiers.

Tetine de vache à la poële.

Hors-d'œuvre. Cela se vend ordinairement chez les Tripières ; pour l'employer, il faut la couper par morceau, & la faire blanchir, ensuite la mettre égoutter, & faire une sauce à la poële, comme au foie de veau, qu'elle soit bien liée & bien relevée.

De la poitrine de Bœuf.

Poitrine de bœuf au sel.

Battez-la bien, & la mettez dans une saumure, (voyez à l'article des braises) laissez-l'y quatre ou cinq jours; ensuite faites la cuire dans de l'eau, & quelque assaisonnement. Servez au gros sel.

Grosse Entrée.

Tranches de bœuf aux fines herbes & autres.

Quand le bœuf est froid coupez-le en tranches bien minces. Mettez avec deux pains de beurre, persil, ciboule, échalotes, sel, poivre, champignons, le tout haché bien menu, avec un peu de basilic en poudre, un peu de blond de veau bien manié. Saucez chaque tranche dans le petit assaisonnement, & la mettez dans un papier bien enveloppé, un quart d'heure au four. Retirez-les ensuite du pa-

Horsd'œuvre.

pier, & les dressez dans un plat, avec un peu de blond de veau.

Vous pouvez mettre ces mêmes tranches de bœuf à la Sainte-Menehoult, avec une remoulade ou autre sauce; ou bien au jus simple, avec branche de ciboule.

Vous pouvez encore les mettre à la persillade, avec du jus & du gros poivre; ou bien avec une sauce-Robert.

Ou bien passez de l'oignon, & mouillez avec du bouillon. Mettez-y vos tranches coupées minces, avec sel & poivre. Laissez mitonner; en finissant, mettez une liaison de trois ou quatre jaunes d'œufs, avec de la muscade, & un filet de vinaigre.

Poitrine de bœuf fumée.

Laissez la dans une saumure environ dix ou douze jours. Retirez la, & l'essuyez bien. Mettez la dans une presse, pour faire sortir

Entre-mêt froid.

tout le jus. Faites la sécher dans la cheminée, pendant quinze jours ou trois semaines. Brûlez dessus quelques herbes odoriférantes, pour lui faire prendre le goût si vous l'aimez, sinon faites la fumer simplement. Faites la dessaler une demi-journée, lavez la, & la faites cuire dans un bon assaisonnement. Servez-la chaude ou froide.

Poitrine de bœuf à la braise.

Faites la cuire aux trois quarts dans votre marmite; moyennant quoi elle servira à faire votre bouillon. Retirez la, & achevez de la faire cuire dans une braise fortement assaisonnée, & la servez avec telle sauce que vous voudrez. Grosse Entrée.

Poitrine de bœuf en surprise.

Faites la cuire à la braise. Faites un grand trou au milieu, dans lequel vous mettez un fond de farce fine, avec un ragoût de pi- Grosse Entrée.

H iv

geons ou autres choses, que vous faites cuire, & bien lier auparavant. Recouvrez de la même farce. Passez le tout avec une Sainte-Menehoult, & mie de pain, & un peu de parmesan, si vous l'aimez. Sinon faites prendre une belle couleur au four à petit feu. Laissez la égoutter, & servez avec une sauce hachée, faite avec des champignons hachés bien menus. Passez avec du lard fondu. Singez & mouillez avec du jus & blond de veau, un verre de vin blanc. En finissant, un peu de capres hachées bien menues, un anchois & un peu de rocambole.

Roulade de flanchet de bœuf.

Entre-mêt froid. Prenez un flanchet. Battez le bien, & étendez sur une table. Faites des lardons de lard & jambon, des lardons de langue de bœuf, des œufs durs, des pistaches, le tout artistement arrangé. Assaisonnez de fines herbes, poivre, sel & fines herbes, un peu de rocambole. Cassez deux œufs pour dorer le tout avec un peu de farine, pour bien souder le tout ensemble. Roulez la, & la serrez bien dans une serviette. Attachez les deux bouts, & la ficelez bien. Faites la cuire dans une braise. Mouillez de vin blanc & de bouillon. Servez froid.

Cimier.

Est une piece de chair de la cuisse, qui contient plusieurs tranches. Chaque tranche contient trois morceaux. Le premier s'appelle la *piece ronde* ; le second, *la femelle* ; & le troisiéme, *le tendre*. Le derriere du cimier est contenu depuis les tranches, jusqu'à la queue, on le nomme *culotte*.

De la culotte de Bœuf.

Culotte de bœuf au sel.

Faites la cuire dans une marmite. Mettez la dans un assaisonnement

Grosse Entrée.

nement de bouillon, beaucoup de sel, tranches d'oignon, clous de girofle, branche de basilic. Laissez la mitonner pour lui faire prendre goût.

Quand elle sera froide vous en pouvez couper des tranches, & en faire le même usage que de la poitrine de bœuf.

Culotte de bœuf à la braise.

Lardez la de gros lard. Assai-
<small>Grosse Entrée.</small> sonnez de sel, poivre, muscade, basilic en poudre; faites la cuire à la braise, à très-petit feu. Mouillez la d'un peu de bouillon. Laissez la dix heures au feu, qu'elle mijote toujours sans discontinuer, afin qu'elle soit bonne & prenne du goût. Servez la dans sa sauce.

Culotte de bœuf au demi-sel.

Quand elle est mortifiée, salez
<small>Grosse Entrée.</small> la dans une terrine ou casserole, avec beaucoup de menu sel, & l'assaisonnement ordinaire, & l'y

laissez trois jours. Ensuite retirez la, & la faites cuire dans une braise ou assaisonnement léger.

Culotte de bœuf à l'écarlatte.

Laissez la mortifier, désossez la. Mettez dégorger votre piece de bœuf dans l'eau de puits. Lardez la de gros lardons. Assaisonnez de tout l'assaisonnement ordinaire, & du salpêtre pilé, & toutes sortes de fines herbes. Enveloppez la dans une nape neuve ou autre linge, avec tout son assaisonnement. Mettez la dans la terre, à deux pieds & demi de profondeur. Laissez la six jours, retirez & la mettez cuire avec de l'eau, bardes de lard ou autre nourriture, & oignon, carottes, & panais. Laissez la égoutter. Parez la bien, & vous en servez. Entremêt-froid.

Culotte de bœuf aux légumes.

Lardez de gros lard, & faites cuire à la braise, avec carottes, panais, navets & gros oignons. Grosse Entrée.

vous la servez avec toutes les légumes & racines, & le fond de la sauce au blond de veau.

Vous pouvez la mettre aux choux, avec des saucisses que vous faites cuire de même. L'on sert des tranches de bœuf, avec plusieurs légumes ou sauces différentes.

Culotte de bœuf à la Montreuille, à l'Espagnole.

Ayez une culotte de bœuf. Parez la bien, & la mettez dans un vaisseau, avec du sel fin, frottez la bien par tout, mettez aussi des fines herbes, cinq ou six gousses d'ail, & environ une livre d'huile. Laissez la mariner pendant deux ou trois jours, & ensuite faites la cuire avec deux bouteilles de vin de Champagne, de l'huile & les mêmes fines herbes qui ont servi à la mariner ; deux ou trois cueillerées de bouillon, le tout à petit feu. Servez avec une sauce à l'Espagnole.

(marginalia: Grosse Entrée.)

De l'Aloyau.

Aloyau à la braise.

LArdez & assaisonnez comme la culotte. Jettez une grande sauce dessus, ou un salpicon de champignons, cornichons, capres, anchois, échalotes, rocamboles & autres choses ; ou bien un grand ragoût de crêtes, ris de veau, champignons & autres garnitures.

Grosse Entrée

Aloyau en balon.

Otez-en les filets, & désossez entièrement. Faites un grand salpicon crû, composé de filets de ris de veau, de poularde, perdrix, jambon, & langues de bœuf. Le tout bien assaisonné de persil, ciboule, fines herbes, lard rapé, & lié de quelques jaunes d'œufs. Mettez le tout dans votre aloyau, ensuite troussez en balon, cousez le bien, & le rendez le plus long que vous pourrez. Mettez le cui re à la braise, & le servez avec la sauce que vous jugerez à propos.

Aloyau au four.

Grosse Entrée. Lardez de gros lard, & mettez dans une casserole le filet en dessous. Assaisonnez légérement. Couvrez bien : à demi cuit, mouillez avec une bouteille de vin du Rhin. Achevez de faire cuire, bouchez la casserole avec une pâte, & laissez huit heures au four. Dégraissez, & servez avec sa sauce.

Du filet de Bœuf.

Filet de bœuf à la Morguienne.

Entrée. PArez bien le filet, & le cizelez en quatre dans la longueur. Mettez dans chaque cizelure, du poivre, du sel, du persil, de la ciboule, de l'ail, avec du lard rapé & du basilic, le tout haché bien menu, & mêlé ensemble avec un jaune d'œuf. Marinez le filet dans de l'huile très-fine & tranches de citron. Ensuite embrochez & enveloppez de crépine double. Arrosez avec du vin blanc & de l'huile. Etant cuit aux trois quarts & demi, laissez le dans sa crépine. Mettez le sur des cendres chaudes bien couvert. Servez le avec le jus qu'il aura rendu.

Filet d'aloyau piqué en venaison. Entrée

Piquez le bien avec un lard bien rond & bien consistant. Mettez le mariner, avec moitié bouillon, moitié vinaigre, un peu de sel, basilic, tranches d'oignon, coriandre pilée, quelques clous de girofle. Marinez le tout six heures. Ensuite mettez à la broche, enveloppez de bardes dessous, & du papier par dessus le piqué. Servez avec une poivrade liée. Vous en trouverez la façon à l'article des langues de bœuf.

Filet de bœuf à l'oignon.

Hors-d'œuvre.

Otez bien les peaux & les nerfs. Coupez les par tranches très minces, battez un peu avec le dos du couteau : mettez les mariner avec un verre d'huile, & autant de tranches d'oignon que vous avez de filets, sel & poivre concassé. Foncez une casserole de bardes de lard, & petites bardes de veau très minces, une crépine par dessus. Mettez dessus la crépine un lit de tranches de bœuf, ensuite un lit de tranches d'oignon, & le reste de même. Recouvrez votre petite braise. Assaisonnez légérement. Mettez cuire sur des cendres chaudes, à petit feu. Quand vos filets sont cuits, prenez le fond de la sauce bien dégraissée, avec un peu de blond de veau. Jettez dessus vos filets.

Autres filets à l'oignon.

Faites les cuire à la broche,

émincez les bien. Passez de l'oignon blanc bien mince, avec du lard fondu. Quand ils commencent à être un peu roux & cuits, mettez les égoutter sur un tamis. Remettez les dans une casserole propre, avec du blond de veau. Faites les mijoter, & achevez de faire cuire. Quand ils sont bien cuits, & la sauce bien liée & douce, jettez-y vos filets. En servant une légere pointe de vinaigre.

Filets de bœuf à la poêle.

Piquez de gros lard. Faites les cuire dans une braise aux trois quarts. Ensuite hachez des champignons, persil, ciboule, échalotes, deux pains de beurre. Mettez vos filets dedans, deux gousses d'ail, la moitié du fond de votre braise bien tirée au clair. Faites mijoter le tout sur des cendres chaudes, bien étouffées. Dégraissez & servez avec la sauce.

Entrée.

Feuilleton de filets de bœuf.

Prenez un bon filet de bœuf, parez par dessus. Faites-le blanchir un bouillon dans l'eau. Ôtez-le, & le mettez à l'eau fraîche. Ressuyez le bien. Coupez le par rouëlles bien minces, sans les détacher. Que le filet se trouve entier. Hachez de l'oignon très-mince. Passez le un moment sur le feu. Ôtez-le, mêlez avec du lard rapé, sel, poivre, basilic en poudre, des filets d'anchois bien dessalés, deux ou trois jaunes d'œufs, le tout bien manié ensemble. Mettez de cet appareil entre chaque filet. Que le tout soit bien garni. Embrochez votre filet, enveloppé de crépines & de papier. Quand il est cuit, servez avec telle sauce que vous jugerez à propos.

Le filet d'aloyau se met à la broche, piqué avec toutes sor-

(marginalia: Hors-d'œuvre.)

tes de légumes que vous aurez fait cuire avec du bouillon. Laissez égoutter, & faites mijot- *Entrée.* ter avec du blond de veau un peu foncé, & bien consistant.

Vous pouvez le mettre avec plusieurs autres sauces différentes.

Filet de bœuf à la mariée.

Prenez un filet de bœuf. Otez les nerfs, la peau, la graisse, coupez-le en deux. Battez-le *Entrée.* bien entre deux linges. Faites les larges comme les deux mains. Piquez en travers de gros lard. Assaisonnez à l'ordinaire. Faites une farce de lard, ou tetine de veau. Hachez & pilez à crû, avec persil, ciboule, un morceau de beurre, quelques champignons hachés, sel, poivre, basilic en poudre, le tout bien pilé. Liez de trois jaunes d'œufs. Etendez de cette farce dessus vos filets. Dorez avec de l'œuf battu, & roulez vos filets enveloppés dans un linge bien propre. Faites cuire dans une braise bien foncée, & servez avec un ragoût de trufes.

Filet de bœuf à la Duchesse.

Entrée.
Piquez un filet de bœuf de gros lard assaisonné, & de gros filets d'anchois bien dessalés. Faites cuire dans une braise bien foncée douce, sur des cendres chaudes pendant huit heures. Quand il est cuit, passez le jus qu'il a rendu. Faites une sauce avec trois ou quatre pains de beurre, une poignée de capres, la moitié d'un citron. Singez un peu & mouillez avec de la crême & le jus, un peu de muscade. Tournez comme une sauce blanche, & servez chaud.

Entrée.
Filet d'aloyau à la Conty.

Ils s'accommodent de même que le filet de mouton.

Filet de bœuf à la Varsovie.

Ayez un filet de bœuf bien

mortifié, ôtez bien toutes les peaux & la graisse; coupez-le en travers, de l'épaisseur de quatre écus. Battez bien les tranches & les émincez. Ayez une farce légere, que vous étendez dessus : vous y mettrez quelques morceaux de moëlle de bœuf; roulez-les, & les marinez dans l'huile avec de fines herbes. Ensuite faites les griller, & les servez avec une sauce à l'Espagnole, ou une sauce demi pointue, dans laquelle vous mettrez un soupçon d'échalote haché bien menu. *Entrée.*

Filet de bœuf à la glace.

Ayez un filet bien mortifié, piqué-le de lard, & jambon bien assaisonnez, & le faites cuire dans une braise bien foncée. Ensuite laissez le refroidir dans sa cuisson pour le servir: vous le couperez par tranches bien minces: vous mettrez dans *Entrée.*

le plat où vous le devez servir, persil, ciboule, échalotes hachées bien menu, & poivre concassé. Ayez une glace en gelée de veau bien claire. Quand votre viande est arrangée sur le plat, vous y mettez de votre gelée tiéde. Vous faites prendre la glace, avant de servir. Vous pouvez renverser vos filets sur un autre plat, cela se trouvera glacé par tout. Vous trouverez la façon de faire la gelée de veau blonde, à l'article des braises.

Filet de bœuf à l'Indienne.

Votre filet de bœuf étant piqué de petit lard d'un côté, vous le cizelez de l'autre. Vous y faites entrer toutes sortes de fines herbes: ensuite vous le marinez dans l'huile, & le faites cuire à la broche, à petit feu, l'arrosant avec de l'huile & du beurre. Avant de l'ôter de la broche, vous panez le côté qui n'est point piqué avec mie de pain, & persil haché. Servez-le dans son jus ou avec sauce à l'Italienne, ou autre.

Charbonnées aux fines herbes.

Faites les cuire à la braise. Hachez champignons, persil, ciboule, échalotes, lard rapé, & deux pains de beurre, sel, poivre, basilic en poudre. Mettez vos charbonnées dedans, & les enveloppez dans du papier. Mettez les au four, à très-petit feu, ensuite ôtez le papier, & les servez avec du blond de veau, & toutes les fines herbes qui sont dans le papier.

Vous pouvez les faire griller comme des côtelettes de mouton. Parez, battez & les faites cuire dans leur jus, avec telle sauce que vous jugerez à propos.

Vous pouvez encore les mettre à la Sainte-Menehoult, remoulade chaude ou froide, à la bonne femme. Vous les faites bien cuire dans une braise, & les servez avec la sauce & un peu de blond de veau.

On peut les piquer & les glacer avec toutes sortes de légumes, & sauces différentes.

Carbonnade de bœuf à la Lyonnoise.

Entrée. Ayez des entre-côtes, laissez les mortifier. Désossez & coupez les carbonnades de l'épaisseur d'un travers de doigt. Otez bien les nerfs, & la graisse. Battez les un peu. Faites une farce avec tetines de veau, un petit morceau de veau, & un peu de lard, le tout un peu blanchi. Hachez & assaisonnez de sel, poivre, muscade & basilic en poudre. Pilez bien le tout avec un jaune d'œuf. Joignez aussi toutes les herbes de la ravigotte, qui sont cresson, pimprenelle, estagon, cerfeuil, civettes & corne de cerf. Ensuite mêlez de cette farce dessus & dessous

sous vos carbonnades, & faites les cuire dans leur jus, assaisonnées légerement ; on peut y mettre quelques bardes de lard & bardes de veau, le tout cuit fort doucement & servi dans la sauce bien dégraissée.

Du tendron de Bœuf.
Tendrons de bœuf au bouillon.

Levez les tendrons proprement, coupez-les de la largeur de trois doigts, faites-les tremper, blanchir & cuire dans du bouillon, avec toutes sortes de racines dans le tems, les servez avec du cerfeuil haché, & du même bouillon. On peut même un peu forcer la cuisson avec quelques morceaux de veau ou tranches de bœuf, & assaisonnez légerement. Grosse Entrée.

Tendrons de bœuf à la Flamande. Entrée.
Faites-les cuire dans une demi-braise avec des choux, saucisses,

quelques gros oignons, du petit lard, un peu d'huile, & servez avec un peu de leur bouillon.

Le gros bout ou tendron de bœuf bouilli, se sert pour grosse piéce.

Tendrons de bœuf en petit salé.

Entrée. Ayez des tendrons de bœuf, ôtez la chair de dessus & les peaux. Coupez-les proprement de telle grosseur que vous jugerez à propos. Faites une saumure à l'ordinaire suivant votre viande. Quand la saumure est bien clarifiée, passez-la; quand elle est froide mettez-y votre viande. Couvrez le baquet ou le pot, & l'y laissez quinze jours.

Si vous voulez en garder longtems, faites mijoter votre viande sur le feu dans de bon sain-doux nouveau pendant une demi-heure. Remettez votre viande dans un vaisseau propre, soit terrine ou pot. Remettez votre saindoux par-dessus, ensorte que la viande nage dedans. Toutes sortes de viande s'accommodent de même. Quand on veut l'employer, il faut la tirer du pot, en ôter le sain-doux, la mettre à l'eau chaude, & la changer deux ou trois fois d'eau chaude. Ensuite faites-la blanchir à l'eau bouillante, & la mettez dans une braise légere, ou autre assaisonnement simple. Vous la servez avec toutes sortes de ragoûts, de légumes, purées & autres sauces. On peut y mettre ce que l'on veut.

On peut mettre au sel de gros dindons vieux, oye ou autres grosses volailles que l'on veut conserver; & pour les servir, on fait la même chose que ci-dessus

La tranche ou noix de bœuf.

Piquez-la de gros lard en dedans, & de moyen lard en dessus. Assaisonnez le gros comme pour du bœuf à la mode. Grosse Entrée.

Faites cuire à la braise bien

douce, le moyen lard en dessus.

Quand elle est cuite, tirez un peu du fond de la braise, dont vous faites un caramel que vous mettez avec de la glace de veau. Quand le caramel est fini, mettez-y votre noix de bœuf. Faites prendre une belle couleur. Servez avec des légumes ou du fond de la braise. Faites-la cuire au four elle en sera mieux.

Bœuf à la mode chaud.

Entrée. Prenez du tendre de la tranche bien piquée. Faites cuire sur des cendres chaudes. Assaisonnez comme une braise, & servez avec la sauce.

Bœuf à la mode à la Paysanne.

Prenez de la tranche, coupez-la par petites griblettes ; mettez-les dans une terrine, un peu de lard maigre au fond, votre
Entrée. tranche par-dessus. Assaisonnez avec sel, poivre, clous de girofle, quelques feuilles de laurier,

Vous faites un lit de lard, un lit de bœuf, puis un lit d'assaisonnement, ensuite vous mettez un demi-verre d'eau, une cueillerée d'eau-de-vie. Bouchez bien vôtre terrine, & la mettez sur des cendres chaudes pendant huit ou dix heures. Servez dans la terrine.

Bœuf à la Royale.

Il se fait comme le bœuf à la mode, mais il se sert froid. *Entré*

Bœuf à la cendre.

Hachez une noix de bœuf avec *Entré* un morceau de lard & de jambon. Assaisonnez de sel, poivre, persil, ciboule, oignon haché bien menu, échalottes, une pointe d'ail. Coupez du lard & du jambon en petits dez. Maniez bien le tout ensemble. Mettez deux bardes, une dessus & l'autre dessous. Enveloppez de double papier bien ficelé & de pâte. Mettez cuire à la cendre chaude, ou four tiéde pendant six heures. Il ne faut point le développer qu'il ne soit froid. Faites-le chauffer si vous voulez le manger chaud.

Bœuf à la Payfanne à la coënne.

Entrée. Ayez un morceau de tranche bien tendre, mortifié. Coupez-en des griblettes en travers, larges comme le dedans de la main, épaisses d'un demi-pouce. Battez-les bien avec le dos du couteau. Assaisonnez de sel, poivre, têtes de clous de girofle en poudre, un peu de muscade. Ayez autant de morceaux de coënne de lard bien nouveau qui ne sente rien. Nettoyez & dégraissez bien. Arrangez dans une petite marmite ou terrine votre viande & vos coënnes l'une sur l'autre. Couvrez-les avec des morceaux de petit lard bien entrelardé. Couvrez le vaisseau & le bouchez-bien. Faites cuire à très-petit feu dans son jus pendant six heures.

Enfuite découvrez votre vaiffeau, & voyez fi le tout eft bien cuit & de bon goût. Vous le fervez dans le vaiffeau où il aura cuit, ou le dreffez dans un plat, & y jettez du blond de veau dans le fond de la cuiffon que vous faites bouillir un peu. Dégraiffez & fervez.

Haterau de bœuf.

Ayez un filet de bœuf bien mortifié. Emincez-le en feuillets bien battus. Etendez de la farce de foye gras & moëlle de bœuf, & petites herbes deffus. Roulez-les en hatereau, faites-les griller légerement. Arrofez-les d'huile ou les panez. Servez deffus une fauce piquante. *Hors-d'œuvre.*

Hachis de bœuf.

Prenez de la tranche tendre, hachez-la bien menu avec de la graiffe de bœuf & du lard, affaifonnez de fel & poivre, avec têtes de clous de girofle en poudre, un peu de mufcade, quatre jau- *Entrée* nes d'œufs & de l'échalotte hachée bien menue. Cela fait, empotez le tout dans une terrine bien couverte, & lutez avec une pâte, pour que la fumée ne s'évapore point. Faites cuire votre hachis pendant huit heures sur des cendres chaudes, ou dans un four doux, & le servez dans la terrine. Pour l'élégance, on y peut mettre une sauce hachée à l'Espagnole, ou telle autre que l'on jugera à propos.

Observation sur le choix du bœuf.

Il faut choisir celui qui est gras, bien couvert, dont la chair a la couleur rouge, foncée ou cramoisi.

Pour le manger bon, dans l'automne & l'hyver, il lui faut quatre ou cinq jours de mortification. On doit se régler sur le tems. Le Printems & l'Eté, deux ou trois jours suffisent. Si on le garde davantage, on risque de le perdre. Il se séche, perd son goût & sa bonne mine. Il y a des parties dans le bœuf qui se conservent mieux les unes que les autres. Toutes ces circonstances méritent attention, ainsi que l'exposition des vents.

Le bœuf est bon toute l'année. Il en vient d'Auvergne, de Normandie, du Cottentin & autres pays.

Il faut quatre ou cinq jours de mortification pour la langue de bœuf.

Le palais de bœuf s'employe le plus frais & le plus nouveau que l'on peut. Il faut le choisir bien épais & sans durillons, si cela se peut; ceux qui sont minces & jaunâtres par le bout, sont ordinairement de vache.

Le gras double doit être très-épais & bien gras.

La graisse de bœuf doit être employée très-fraîche.

I v

DU VEAU.

De la tête de Veau.

Tête de Veau au naturel.

Entrée. DEsossez-la & la faites dégorger un jour entier. Faites blanchir & la mettez cuire avec de l'eau ou du bouillon assaisonné de sel, clous de girofle & basilic. Quand elle est cuite, mangez-la avec une sauce au vinaigre.

Tête de veau en saucissons.

Entrée. Echaudez & désossez bien. Prenez la peau, étendez-la dessus la table. Coupez la langue en filets avec des filets de poularde, du lard rapé, persil, ciboule, échalotes, sel, poivre, basilic en poudre, trois ou quatre jaunes d'œufs, la cervelle pilée avec quatre jaunes d'œufs durs, une mie de pain trempée dans la crême & desséchée sur le feu. Assaisonnez comme ci-dessus, & mêlez bien le tout ensemble, étendez sur votre peau, roulez-la & l'enveloppez de crépines, & dans un linge bien propre, ferré & ficelé. Mettez-la cuire dans une braise, & la servez avec telle sauce que vous jugerez à propos.

On en fait un balon avec la même composition, & on la ficelle tout autour, comme une bourse à jetton.

Tête de veau à la Ste-Menehoult.

Echaudez-la avec sa peau. Faites cuire au naturel. Séparez la peau au milieu, & ôtez la cervelle. Faites une farce très-fine, dans laquelle vous mettez la cervelle. Farcissez la tête & les oreilles. Masquez le tout avec une Sainte-Menehoult & la panez. Faites-lui prendre belle couleur au four, & la servez avec telle sauce que vous voudrez. *Entrée.*

Tête de veau à la braise.

Elle se met à telle sauce qu'on veut, comme sauce à l'Italienne, *Entrée.*

sauce au porc frais & autre sauce.

Tête de veau frite.

Entrée. Faites-la cuire aux trois quarts dans une braise blanche, coupez les deux bajoues, faites-les mariner avec du bouillon, un peu de citron ou vinaigre, sel, poivre, basilic & clous de girofle. Faites frire panée ou avec une pâte. Servez avec du persil frit.

La cervelle se frit de même.

De la cervelle.

Cervelle de veau à la Provençale.

Hors-d'œuvre. AYez plusieurs têtes de veau. Otez-en les cervelles & la petite peau qui les enveloppe. Faites-les dégorger une demi-journée à l'eau tiéde, & les changez souvent. Faites-les blanchir & cuire avec bardes de lard ou crépines. Assaisonnez à l'ordinaire, joignez-y un verre de vin de Champagne & un peu d'huile. achevez de faire cuire. Faites une sauce avec persil, ciboule, échalottes hachées, deux gousses d'ail blanchies & hachées, un peu de beurre & de mie de pain bien fine, sel & gros poivre, un demi-verre de vin de Champagne, un peu de bouillon; faites bouillir deux ou trois bouillons. Jettez dessus vos cervelles après les avoir fait égoutter. Mettez jus d'orange & un peu de chapelure de pain.

Cervelles de veau en matelotte.

Faites cuire comme dessus sans huile. Joignez-y petits oignons, aîlerons de poularde & autres petites garnitures. Servez avec une sauce à la carpe ou à l'Espagnole & croutons. Hors-d'œuvre.

La cervelle, quand elle est bien cuite & blanche, se met à telle sauce qu'on veut.

Cervelles de veau à la crême.

Prenez les cervelles de deux ou trois têtes de veau. Faites-les tremper & dégorger. Ensuite Hors-d'œuvre vous les faites cuire dans des bardes de lard, avec un peu de sel & tranches de citron, un peu de bon bouillon. Faites-les égoutter. Etant froides, vous les coupez en filets ou les laissez entieres. Vous les dressez sur le plat & les tenez chaudes ; en servant, vous mettez dessus une sauce à la crême.

Cervelles de veau en marinade.

<small>Hors-d'œuvre.</small> Faites-les cuire comme ci-devant. Vous les coupez & marinez pendant deux heures avec du vinaigre ou du citron. Ensuite vous les égouttez, trempez dans des œufs battus, panez de mie de pain, & faites frire. On peut la tremper dans une pâte.

Cervelles de veau au parmesan &
à la moutarde.

<small>Hors-d'œuvre.</small> Coupez-les comme ci-devant, sans les mariner. Mettez chaque morceau sur des rôties de pain de la même grandeur. Faites fondre deux ou trois pains de beurre, &

y mettez un peu de moutarde fine, sel, poivre, & une cueillerée de blond de veau. Remuez bien le tout avec un doroir. Dorez vos cervelles de cet appareil. Panez de mie de pain & parmesan. Faites prendre belle couleur au four, & servez avec une sauce à la moutarde.

Les cervelles d'agneau peuvent s'accommoder de même.

Cervelles en hatereau grillées.

C'est la même composition que ci-dessus. Vous les trempez dans un peu de bon beurre & fines herbes, & les panez de mie de pain. Vous les faites griller légerement, & les servez avec jus d'orange ou autre sauce. *Hors-d'œuvre.*

Mufles de veau au naturel.

Coupez les mufles de six têtes de veau. Faites-les échauder proprement. Faites-les cuire dans du bouillon, & les servez avec telle sauce que vous jugerez à propos. *Hors-d'œuvre.*

Ces mufles se peuvent changer; si on veut; on peut les mettre en tourte, à la Sainte-Menehoult, au parmesan, & en quantité d'autres façons différentes.

Langue de veau.

Hors-d'œuvre.

Les langues de veau s'accommodent comme celles de bœuf.

Les yeux au naturel.

Hors-d'œuvre.

Faites-les cuire dans une petite braise, & les servez avec telle sauce que vous voulez. On peut les faire frire, en les panant avec de la mie bien fine. Quand ils auront été trempés dans des œufs battus, on peut les mettre à la Sainte-Menehoult, ils entrent aussi dans les matelottes.

Oreilles de veau en croquet.

Hors-d'œuvre.

Etant bien échaudées, faites-les cuire dans une petite braise blanche. Farcissez-les avec une farce fine. (Voyez à l'article des farces.) Trempez-les dans des œufs battus. Panez avec une mie de pain très-fine. Faites-les frire bien blondes, & servez avec persil frit.

Oreilles de veau au gratin. Hors-d'œuvre.

Faites-les cuire, & tâchez qu'elles soient bien blanches. Faites un gratin au fond du plat & y mettez les oreilles avec un blond de veau.

Oreilles de veau à l'Espagnole. Hors-d'œuvre.

Faites-les cuire bien blanches, égoutter & ressuyer, & servez avec la sauce à l'Espagnole.

Oreilles de veau a la Polonnoise. Hors-d'œuvre.

Etant cuites & blanches, faites une sauce avec deux pains de beurre, persil, ciboule, échalottes, une pincée de mie de pain, un peu de gingembre rapé, un verre de quinte-essence, un verre de vin blanc, le tout bouilli deux bouillons. Jettez dessus vos oreilles, avec un jus d'orange & quelques zestes.

Oreilles de veau au Parmesan. Hors-d'œuvre.

Faites cuire & mettez dedans un peu de farce, panez-les avec un peu de beurre ou lard fondu, moitié parmesan & moitié mie de pain. Faites prendre belle couleur au four.

Mettez dans le fond du plat que vous devez servir, un peu de blond de veau, du parmesan rapé. Faites un petit gratin, sur lequel vous mettez vos oreilles. Quand elles seront bien ressuyées, vous mettrez encore un peu de blond de veau dans le plat.

Oreilles de veau en menus droits.

Entremêts.

Elles s'accommodent de même que les palais de bœuf.

Oreilles de veau en Panachine.

Entremêts.

Faites cuire & fendez en deux comme une oreille de cochon que l'on appelle panage. Trempez dans du sain-doux bien nouveau, beurre ou lard. Panez-les, faites griller, & servez avec telle sauce que vous voudrez. On peut mettre une sauce à demi pointue, avec un peu d'échalotte.

On peut les mettre à bien d'autres sauces différentes. Il n'est question que de sçavoir faire le mélange à propos.

Oreilles de veau aux pois.

Faites cuire vos oreilles à l'ordinaire, & qu'elles soient bien blanches. Ayez des pois fins & de bonne acabie, bien frais écossés. Passez-les sur le feu avec un petit morceau de beurre, un peu de sel, un bouquet dans lequel vous mettez deux clous, & un peu de sarriette. Quand les pois sont presque cuits, & qu'ils ont été fort doucement ; vous les singez légerement. Vous y mettez de bon bouillon, ou de l'eau, & vous les laissez réduire. Avant de servir, vous y mettez vos oreilles. Cette façon d'accommoder les pois en ragoût est fort simple, & c'est la meilleure.

Entrée.

Du foye de Veau.

Foye de veau en crépines.

Hachez bien votre foye de veau, ôtez les nerfs. Passez de l'oignon bien mince. Singez & mouillez avec de la crême. Assaisonnez de sel, poivre, & l'assaisonnement de boudin, de la pane coupée en dez, le tout bien mêlé ensemble. Mettez une crépine dans une casserole de la grandeur d'un foye. Mettez votre appareil dedans. Recouvrez & mettez cuire au four à très-petit feu. Servez avec un blond de veau.

De cette même composition, vous faites de petites crépines que vous panez, & faites frire bien blondes.

Foye de veau à la poële.

Coupez-le par tranches bien minces, ôtez les nerfs. Passez-le dans du lard fondu pour le blanchir des deux côtés. Mettez les tranches mijoter dans une poële, & servez avec la sauce bien dégraissée, ou avec telle sauce que vous voulez.

Hors-d'œuvre.

On le met à l'oignon, aux concombres. (Voyez langues de bœuf aux concombres.)

On le met à la bourgeoise, en le coupant par tranches que vous passez dans une poêle avec du beurre, du persil, ciboule, sel, poivre, un verre de vin blanc, un peu d'eau. Vous faites une liaison avec quatre jaunes d'œufs & du verjus.

Hors-d'œuvre.

Vous pouvez le piquer de lard & le mettre à la broche avec une sauce piquante.

Quand il a été cuit à la broche, on peut le bien émincer & l'énerver, & le mettre à la chicorée & autre sauce.

Le foye de veau se met à la Maconnoise. Vous le coupez par tranches passées à la poêle avec une poignée d'échalottes hachées, sel, poivre. En finissant, une pointe de vinaigre. Il ne faut point d'autre sauce que celle qu'il rend,

Si vous voulez le mettre à la Lyonnoise, passez de même. Mettez-y une poignée de rocamboles, avec deux ou trois champignons hachés, sel, poivre. Singez & mouillez avec un verre de vin blanc. En finissant, le jus d'un citron ou filet de vinaigre.

Foye de veau en crépinettes.

Coupez de petites tranches de veau, ôtez les nerfs. Etendez des morceaux de crépines dessus. Mettez un peu de farce & des tranches de foye que vous aurez mis mariner dans deux païns de beurre, persil, ciboule hachée, champignons ou truffes, dans le tems, sel, poivre & basilic en poudre, formez vos crépinettes, panez, & faites griller dans leur jus.

Foye de veau en popie.

Accommodez comme ci-devant, roulez les popies & les embrochez comme des hatereaux. Enveloppez de bardes de lard &

de papier. Lorsqu'elles sont cuites, faites prendre couleur. Servez dessous telle sauce que vous jugerez à propos. On peut les faire cuire au four dessus une tourtiere.

Hors-d'œuvre.

Foye de veau en matelotte.

Coupez votre foye de veau en tranches épaisses, de quatre écus. Otez les nerfs, faites fondre du beurre dans une poële. Mettez dedans vos morceaux de foye. Quand ils sont cuits d'un côté vous les retournez de l'autre. Vous les assaisonnez de sel, poivre. Ensuite vous les tirez de la poële & mettez dans le beurre, persil, ciboule, échalottes hachées. Faites cuire un peu & y mettez un peu de farine. Mouillez avec deux ou trois verres de vin rouge. Faites bouillir un instant. Mettez-y votre foye. Remuez le tout ensemble, & y jettez une pincée de capres hachées. Dressez tout de suite sur

Entrée.

le plat que vous devez servir.

On fait du boudin de foye de veau quand il est bien gras.

De la Fraise de Veau.

Fraise de veau au naturel.

Hors-d'œuvre.

Faites-là dégorger & blanchir. Faites-la cuire dans du bouillon. Mettez une barde de lard, un bouquet de persil & ciboule, du sel, un petit morceau de beurre manié; & servez chaud.

Fraise de veau à l'Italienne.

Hors-d'œuvre.

Faites-la cuire & la coupez en filets. Dégraissez, & passez quelques champignons hachés bien menus avec un peu de beurre. Singez & mouillez avec d'excellent bouillon, une cueillerée d'huile bien fine, un verre d'essence d'ail, du sel, du poivre. Quand la sauce est réduite & un peu consistante, mettez-y vos filets. En servant grand jus de citron & un peu de sauce.

Fraise

Fraises de veau en rissollettes.

Quand elle est bien cuite, coupez-en des morceaux longs comme le doigt. Marinez tous ces morceaux avec deux pains de beurre, persil, ciboule, échalotes hachées bien menues, sel, poivre, un peu de basilic en poudre, un peu d'huile. Quand le tout a mariné deux heures, & que cela est tiéde, roulez tous ces morceaux de fraise les uns après les autres avec les fines herbes, de maniere que cela forme un morceau gros comme le bout du pouce. Laissez refroidir, & marinez encore une fois avec le jus d'un citron. Ensuite faites frire dans une pâte, & servez chaud.

Fraise de veau en marinade.

Faites cuire & coupez comme ci-dessus. Marinez avec un peu de bouillon, sel, clous, un peu de basilic, quelques tranches d'oignon, un filet de vinaigre,

Hors-d'œuvre.

Hors-d'œuvre.

le tout environ deux heures. Faites-la égoutter & frire avec une pâte à l'ordinaire.

Fraise de veau en boudinade.

Faites cuire & coupez par petits morceaux. Passez un oignon ou deux, coupez en dez très fins. Mettez-y vos petits morceaux de fraise, avec sel, poivre, persil, ciboule, échalotes, basilic en poudre, une pincée d'épices à boudin, un morceau de panne coupée en dez, une mie de pain mitonnée dans la crême, un peu de farce générale, deux jaunes d'œufs, le tout bien mêlé ensemble. Etendez des morceaux de crépine. Formez-en des boudinades, panez légérement, & faites prendre couleur dans un four tiéde. Servez avec un blond de veau ou à sec. On peut les faire frire.

Hors-d'œuvre.

Fraise de veau en surprise.

Faites cuire & coupez par petits morceaux. Passez des oignons, coupés en tranches très-minces, avec du lard fondu ou bon beurre. En finissant, singez un peu & mouillez avec un peu de blond de veau. Otez de dessus le feu, laissez refroidir. Mettez-y vos morceaux de fraise, du lard rapé, deux jaunes d'œufs, du sel, du poivre, un peu de fenouil en poudre. Maniez bien le tout ensemble. Faites un gratin au fond du plat. Mettez votre appareil dessus. Entremêlez de quelques filets d'anchois bien dessalés. Couvrez avec une crépine, mettez au four, dégraissez & servez avec une sauce blonde.

Fraise de veau à la Suisse.
Passez de l'oignon comme pour faire une sauce-Robert, jettez-y votre fraise. Faites cuire des oignons blancs entiers. Faites un gratin au fond du plat avec du fromage de parmesan ou gruyere, un jaune d'œuf, un peu de blond

de veau & de mie de pain. Mettez votre appareil dessus. Garnissez le tour du plat en dedans de morceaux de pain & petits oignons. Faites fondre deux ou trois pains de beurre. Délayez dedans un peu de moutarde & de blond de veau. Maniez bien le tout ensemble. Masquez la fraise, le pain & les oignons, & panez avec fromage & mie de pain. Faites prendre couleur, dégraissez & servez.

Vous pouvez la servir avec sauce à l'Espagnole, ou sauce piquante ou autre.

On en fait des petits pâtés & des tourtes, des andouilles, & autres.

De la freſſure ou mou de veau fricaſſé.

Hors-d'œuvre. Coupez-la en petits morceaux, faites blanchir long-tems, passez de l'oignon en tranches avec du lard fondu. Mettez-y votre freſſure ou mou, assaisonnez de sel, poivre, un bouquet. En finissant une pointe de vinaigre.

Vous pouvez la mettre en fricassée de poulets.

Rognons de veau grillés.

Les rognons se servent grillés, avec une sauce piquante, ou bien on les passe à l'oignon, le tout coupé bien mince. Hors-d'œuvre.

Des pieds de Veau.

Pieds de veau marinés.

PRenez des pieds de veau, fendez-les en deux. Otez-en les gros os, faites-les bien dégorger & cuire comme la fraise. Marinez & faites frire dans une pâte & du sain-doux, de même que la fraise. Hors-d'œuvre.

Pieds de veau en canon.

Désossez vos pieds sans les écorcher. Otez bien les petits os, étendez-les dessus une table bien propre. Mettez un peu de farce générale bien liée. Passez par- Hors-d'œuvre.

dessus un peu d'œufs battus, roulez vos pieds, & formez un canon. Ayez autant de morceaux de linge bien fin que de pieds. Roulez une seconde fois vos pieds dedans le linge. Ficelez bien les deux bouts. Faites cuire dans une braise légere. Mettez-les égoutter, & servez dessus une sauce à l'Espagnole.

Pieds de veau au laurier.

Entremêts. Désossez & faites cuire dans du bouillon. Bardez de lard ou pane, mettez un peu d'eau-de-vie, de la coriandre, sel, clous, feuille de laurier. Faites mijoter le tout doucement sur des cendres chaudes, & faites cuire à petit feu. A demi froids, mettez-les égoutter, panez-les avec le dégraissé de votre braise, & les faites griller comme les pieds de cochon.

Entremêts. Les pieds de veau en menus droits s'accommodent comme les palais de bœuf.

Les pids de veau à la poulette, comme la fricassée de poulets, & les pieds de veau au naturel se servent avec une sauce au vinaigre. — Hors-d'œuvre.

Pieds de veau à la Polichon.

Faites-les cuire, laissez égoutter & faites mijoter dans un verre d'huile avec deux tranches de citron, un morceau de beurre manié, & un verre d'excellent bouillon. Remettez-les égoutter, & dégraissez bien ce dernier assaisonnement. Faites une sauce. Mettez-y une cüeillerée de sauce à l'Espagnole, un pain de beurre manié. Tournez sur le feu, que la sauce soit consistante. En finissant, mettez un anchois bien haché & bien fondu dans la sauce. Jus de citron. — Hors-d'œuvre.

De la queue de Veau.

Queues de veau au gratin.

Faites échauder & cuire dans une braise. Formez votre — Hors-d'œuvre.

gratin. (voyez à l'article des braises) Mettez vos queues dessus, & servez avec du blond de veau bien fait.

Queues de veau au caramel.

Faites-les cuire aux trois quarts, piquez & garnissez bien de lard.

Entrée. Faites-les cuire avec du bouillon, un bouquet, quelques bardes de veau. Otez-les & dégraissez votre caramel. Faites réduire au point qu'il soit bien blond. Saucez vos queues dedans en les tenant avec deux fourchettes. Servez avec telle sauce ou légume que vous jugerez à propos.

Hatereau de queues de veau.

Hors-d'œuvre. Faites échauder & cuire dans une demi-braise. Etant cuites & bien égouttées, levez la peau sans l'écorcher. Vous en coupez des morceaux larges de deux doigts, & longs de trois pouces, sur lesquels vous étendrez un peu de farce de volaille ou autre bien fine. Roulez-les, & faites de même à tous. Quand ils sont froids, pressez-y le jus de deux citrons pour les mariner. Ensuite vous les essuyez bien & les saucez dans de bon beurre ou lard fondu, dans lequel vous aurez mis un ou deux jaunes d'œufs, du sel & de fines herbes, vous les panez & mettez chaque hatereau sur une petite rôtie de pain. Faites prendre couleur au four; & servez avec une sauce légere.

Vous pouvez les tremper dans une pâte à bierre, & les faire frire.

En général, quand la queue de veau est bien cuite en braise, vous pouvez la mettre en terrine, en pâté, à la Sainte-Menehoult, au parmesan, à la moutarde, & autres sauces.

Du Ris de Veau.

Ris de veau à la Françoise.

Faites blanchir & cuire cinq ou six ris de veau dans d'ex-

Entremêts, ou Hors-d'œuvre. cellent bouillon. Dressez-les dessus le plat que vous voulez servir. Jettez dessus deux verres de quinte-essence bien claire, avec un peu de persil blanchi.

Ris de veau en escaloppe.

Entremêts, ou Hors-d'œuvre. Faites-les blanchir & les coupez minces. Faites fondre deux pains de beurre avec persil, ciboule, échalotes, deux ou trois champignons, le tout haché bien menu, avec une cueillerée d'huile, du sel, du poivre, un peu de basilic en poudre, le tout bien manié ensemble. Arrangez dessus un grand plat ou casserole, & mettez dessus des cendres chaudes, parce qu'il faut que le ris soit bien cuit. Tirez-les & mettez dans le restant de la sauce un peu de quinte-essence ou blond de veau, un demi-verre de vin. Souflez l'huile & servez avec jus de citron, si vous l'aimez.

Ris de veau à la Conty.

Cizelez-les par-dessous. Mettez des morceaux de truffes, joignez-y des morceaux de petit lard que vous aurez fait cuire auparavant, & de la farce. Mettez-les cuire dans une excellente braise bien fine. Servez avec telle sauce que vous jugerez à propos, & glacez dans le fond de la braise. *Hors-d'œuvre.*

Ris de veau à la Dauphine.

Faites-les piquer, mettez une farce dans le milieu ou un salpicon. Faites-les cuire comme des fricandeaux avec d'excellent bouillon. Glacez avec un beau caramel, & servez avec telle sauce que vous voudrez en légume. *Hors-d'œuvre.*

Ris de veau à la poële.

Faites blanchir, & les mettez dans une casserole avec deux pains de beurre, persil, ciboule, échalotes, deux gousses d'ail entiéres; dans l'une un morceau de fenouil; dans l'autre un clou, un *Hors-d'œuvre.*

morceau de veau blanchi. Le tout mis sur une cendre chaude, laissez mijoter. En finissant un peu d'excellent bouillon ou blond de veau, & servez chaud.

Ris de veau au persil.

Piquez-les avec des branches de persil en travers. Mettez-les cuire avec des bardes de lard assaisonnées, & deux tranches de citron. Servez dessus une sauce au persil, faites avec deux verres de quinte-essence, un pain de beurre manié, des feuilles de persil blanchi légerement, parce qu'il faut que la sauce porte son goût.

Hors-d'œuvre.

Ris de veau à la Polonnoise.

Faites blanchir & cuire avec bardes de lard. Laissez-les refroidir, & les coupez en deux ou trois. Maniez un morceau de beurre avec sel, poivre concassé, persil, ciboule, échalotes, un peu de gingembre rapé, de la mie de pain, le tout manié ensemble.

Hors-d'œuvre.

Mettez dessus chaque tranche un lit de cette farce. Remettez vos tranches de même que si le ris de veau étoit entier. Dressez-les dans le plat que vous voulez servir. Mettez sur le feu avec un verre de quinte-essence, un demi-verre de vin de Champagne. Faites-les bouillir cinq à six minutes. En finissant, un jus d'orange.

Ris de veau frit.

Quand ils sont cuits, vous les ôtez de leur sauce & les marinez. Pour les faire frire, vous les trempez dans une pâte, ou les panez ou farinez. *Entremêts.*

Le ris de veau se met au blanc, à la Bourgeoise.

En ragoût.

En hatelettes.

Il sert à garnir dans les ragoûts.

Il se met à la Hollandoise.

A la Provençale, &c.

Ris de veau velouté.

Ayez des ris de veau bien dégor- *Entremêts.*

gés, faites-les blanchir à l'eau bouillante, ensuite à l'eau fraîche, & les faites cuire dans de bon bouillon, avec une barde de lard, & quelques tranches de citron. Quand ils sont cuits, faites-les égoutter & les dressez. Servez dessus une sauce veloutée.

Des amourettes de veau.

Amourettes de veau au citron.

AYez des amourettes qui soient bien levées sans être déchirées. Coupez-les de la longueur du doigt. Faites-les blanchir un peu, ensuite les marinez au citron ou au vinaigre, le tout bien légerement. Mettez égoutter, & faites frire avec une pâte à l'ordinaire qui soit bien blonde.

Rôties d'amourettes.

Prenez une certaine quantité d'amourettes. Faites-les blanchir à l'eau bouillante. Sur le champ, mettez-les à l'eau fraîche. Faites égouter & fortir l'espece de moelle qui est dedans. Faites un petit appareil de crême avec une cuillerée de farine, deux jaunes d'œufs délayés avec un demi-septier de lait. Faites-le cuire sur le feu, de maniére qu'il soit un peu consistant. Mettez-y un peu de sucre, deux biscuits de Savoye, quatre biscuits d'amandes ameres, un peu de fleur d'orange grillée, ou rapure de citron, le tout bien pilé. Mêlez le tout ensemble avec vos amourettes, deux blancs d'œufs fouettés. Ayez des rôties de pains ordinaires, aufquelles vous aurez fait prendre couleur dans du fain-doux. Faites autant de petites caisses de papier que vous avez de rôties. Frotez vos caisses de beurre, mettez de votre appareil dedans fans les emplir. Mettez cuire au four à petit feu. Quand cela est monté & cuit, ôtez le papier, glacez vos rôties, & servez chaud.

Entremêts.

Matelottes d'amourettes de veau & autres.

Hors-d'œuvre. Faites-les blanchir & cuire avec des bardes de lard entiéres. Ayez des amourettes de coq & des alimelles d'agneau cuites de même, le tout bien blanc. Faites aussi blanchir & cuire des oignons blancs dans du bouillon, vin de Champagne, un bouquet de persil, ciboule, deux clous de girofle, une feuille de basilic, quelques bardes de lard. Quand les oignons sont presque cuits, mettez-y toutes vos amourettes. Mettez-les égoutter & dressez sur votre plat. Jettez dessus une sauce à la carpe ou à l'Espagnole. Garnissez de petits croutons de pain bien fris dans de l'huile. Vous pouvez y mettre des laitances de carpe & queues d'écrévisses, & autre garniture.

Amourettes composées à la crême.

Prenez de petits boyaux de cochons de lait ou de dindon, nettoyez-les bien légerement en les retournant, ratissez-les un peu, & faites-les dégorger à l'eau froide, ensuite vous soufﬂez dedans pour voir s'ils ne sont point percés. Ayez le blanc d'une poularde ou d'un poulet cuit à la broche que vous hachez bien menu avec de la tetine de veau blanchi, un peu de lard aussi haché, sel, poivre, un peu d'échalote, de basilic en poudre & de muscade. Faites une préparation de crême, ainsi qu'il suit. Passez dans une casserole avec un peu de bon beurre, quelques champignons coupés en deux, un bouquet à l'ordinaire, & une tranche de jambon. Vous singez un peu & mouillez de bon bouillon, & laissez bouillir le tout un moment. Quand vous voyez que cela s'épaissit, vous ôtez ce qui est dans la casserole, c'est-à-dire, les champignons, le bouquet, le jambon, & vous y mettez un demi-septier de bonne crême. Vous faites bouillir jusqu'à ce que le tout soit un peu épais. Après l'avoir fait refroidir, vous avez un petit entonnoir avec lequel vous emplissez vos boyaux de cette composition. Puis vous les faites blanchir un bouillon, & vous les faites cuire dans des bardes de lard. Pour les servir, vous les dressez dans un plat, & vous les masquez avec une sauce à la crême. Pour un plat honnête, il faut au moins une aune ou deux de boyaux, on les laisse entiers, & on peut les faire frire. Pour cela on leur donne un doigt de longueur, on les ficele & on les fait cuire de même. Ensuite on les laisse refroidir, on les trempe dans une pâte à bierre, & on les sert garnies de persil. On peut en faire usage de quelque autre façon, selon son goût.

Du quartier de Veau.
Quartier de veau à la créme.

AYez un quartier de veau fin, gras & blanc. Lardez-le de gros lard, assaisonnez de sel, poivre, basilic en poudre, persil & ciboule. Mettez-le mariner avec deux pintes de lait, un bon morceau de beurre, du sel, clous, basilic, laurier, tranches d'oignon, trois ou quatre citrons coupés par tranches. Laissez mariner le tout une journée entiére sur des cendres chaudes, pour qu'il prenne du goût. Vous pouvez le mariner avec du bouillon & vinaigre, & le même assaisonnement que ci-dessus. Ensuite vous le mettez à la broche bien couvert de crépines de veau & papier beurré. Observez qu'il soit bien blanc. Faites une sauce à la créme de la façon qui suit.

Mettez dans une casserole d'ex-

Grosse entrée.

cellent beurre, persil, ciboule, échalottes, sel, poivre, muscade & un peu de farine délayée avec de la crême, & tournez sur le feu ; que la sauce soit consistante : en finissant une ou deux rocamboles bien hachées, avec la moitié d'un anchois. Mettez votre quartier de veau dessus.

Vous pouvez y mettre une poivrade à demi piquante de la façon qui suit.

Vous mettez dans une casserole du blond de veau, deux tranches d'oignon, deux clous de girofle, une feuille de basilic, un peu de vinaigre, trois ou quatre tranches de citron. Faites bouillir un demi-quart d'heure. Passez la sauce & vous en servez au besoin.

Quand on se sert de papier à la cuisine pour couvrir la viande, il faut observer de le faire sécher au feu auparavant, pour lui ôter le goût de colle.

Quartier de veau en crépines.

Faites cuire votre quartier de veau à la broche. Levez toutes les chairs du cuisseau & de la longe en dessus. Composez-en une farce bien liée & consistante. (voyez l'article des farces) Mettez le quartier de veau sur le plat. Garnissez le dessus de farce. Laissez une place dans le cuisseau pour mettre un ragoût, soit de pigeons, cailles, allouettes, ou autres choses.

Grosse entrée.

Ayez une douzaine de pigeons à la cuillere. Echaudez & troussez les pattes en dedans. Passez avec des ris de veau, champignons, truffes, & mouillez avec de bon bouillon. En finissant un peu de blond de veau. Laissez refroidir, mettez-les dans votre cuisseau & sur le filet de la longe. Recouvrez bien de farce, passez la main par dessus, trempée dans du blanc d'œuf. Remettez la crépine par-dessus & panez avec une mie de pain bien fine. Faites prendre couleur au four, & servez dessous une sauce au porquet dont voici la façon.

Passez dans une casserole cinq ou six tranches d'oignon blanc, avec un verre d'huile, une petite tranche de jambon. Quand l'oignon commence à prendre un peu de couleur, tirez-le avec le jambon. Vous le mettez ensuite dans une casserole avec du blond de veau, autant qu'il en faut pour une sauce. Achevez de faire cuire l'oignon avec deux tranches de citron, une gousse d'ail piquée d'un clou. Dégraissez, passez la sauce, & vous en servez au besoin.

Quartier ou longe de veau au naturel.

Grosse entrée.
Faites piquer la longe de menu lard, & le cuisseau de gros lard assaisonné. Mettez à la broche & couvrez le flanchet de papier. Faites cuire à propos. Panez le

cuisseau de mie de pain très-fine. Faites prendre couleur au rognon piqué, mettez un jus clair, & servez.

Cuisseau de veau glacé.

Ayez un bon cuisseau de veau, ôtez la peau de dessus, coupez le bout du manche. Piquez-le de lard bien serré. On peut mettre un ragoût dedans si on veut. Ensuite vous le faites cuire dans une braise bien douce, le lard en dessus. Quand il est cuit retirez-le & passez le caramel. Formez une glace bien blonde. Mettez-y votre cuisseau, faites-lui prendre belle couleur sur des cendres chaudes, & servez avec telle sauce ou légume que vous jugerez à propos. Grosse entrée.

Quartier, longe, cuisseau ou épaule à l'esturgeon.

Piquez de gros lard, & assaisonnez de sel, poivre, épices, persil, ciboule. Ficelez-bien & mettez dans une marmite ou braisière, bardes de lard, tranches d'oignon, Grosse entrée.

clous, basilic, laurier, carottes, panais, sel, poivre, une pincée de coriandre. Mouillez avec du bouillon, une bouteille de vin de Champagne, & faites cuire à petit feu. Etant cuit glacez-le avec le même caramel que ci-devant. Servez dessous une sauce au porquet ou poivrade liée.

Rognon de veau au saucisson.

Coupez le rognon au-dessous du quasi, désossez-le entiérement; ôtez une partie des chairs. Mettez sur la table le rognon & la graisse avec quelques tetines, du lard, persil, ciboule, échalotes, sel, poivre, basilic en poudre & Grosse en-muscade. Hachez-bien le tout & trée. pilez avec six jaunes d'œufs Etendez la peau de votre rognon, mettez un lit de farce, ensuite un lit de tranches de truffes, de filets de poularde crue, de tranches de foies gras. Recouvrez avec de la farce, & soudez-bien avec des œufs

œufs battus. Tournez votre saucisson bien serré, enveloppé de crépines dans un linge bien blanc & propre. Faites cuire comme le veau à l'esturgeon, & servez froid avec de la gelée. On peut en former une galantine si l'on veut, en y mettant plusieurs sortes de couleurs.

Jarret de veau à l'estoufade.

Coupez un jarret de veau un peu au-dessous du joint. Faites-le bien degorger & blanchir. Piquez-le de lard dans la chair. Assaisonnez légerement. Mettez-le cuire avec bardes de lard & de veau. Assaisonnez de sel, poivre, clous, basilic, le tout bien couvert. Mettez-y un verre d'eau & bouchez bien votre marmite. Laissez cuire à petit feu sur des cendres chaudes. Quand il sera cuit, dégraissez & servez avec le restaurant de la sauce.

Cuisseau de veau à la daube.

Gros Entremets froid.

Otez l'os du cuisseau, & laissez l'os du jarret. Piquez de gros lard. Assaisonnez de sel, poivre, épices, basilic, muscade. Frotez avec un peu d'ail l'assiette où vous mettez les lardons. Faites cuire comme le veau à l'esturgeon. Foncez-le un peu plus de viande, pour que cela vous rende une belle & bonne gelée. On le sert froid.

Cuisseau de veau à la broche.

Grosse Entrée.

Il faut le piquer de gros lard, assaisonnez de sel, poivre, un peu d'ail, persil, & un peu de mie de pain. Maniez-le avec du beurre ou lard. Embrochez, & servez avec une sauce pointue, ou poivrade liée.

Vous pouvez le faire piquer de menu lard.

Veau à la Bourgeoise.

Entrée.

Coupez des morceaux d'une rouelle de veau en tranche, de l'épaisseur du petit doigt, lardez-les bien de gros lardons; assaisonnez de sel, poivre, persil, ciboule, muscade & basilic, ou têtes de clous de girofle écrasés, ensuite étouffez votre veau dans une terrine ou casserole, avec quelques petits morceaux de lard. Faites suer le tout sur des cendres chaudes. Ensuite faites prendre couleur des deux côtés, ôtez-les de la terrine; mettez un peu de farine, faites un petit roux léger, & mouillez avec un peu d'eau; mettez sel, poivre, un bouquet. Remettez votre veau dedans; faites cuire le tout à petit feu. En finissant, une liaison de deux jaunes d'œufs faite avec du verjus.

De l'épaule de veau.

Epaule de veau à l'estouffaite.

Grosse Entrée.

AYez une belle épaule de veau. Piquez-la de lard assaisonné, faites-la mariner dans une demi-bouteille de vin d'Espagne, une roquille de vinaigre blanc, un morceau de bon beurre, tranches d'oignon, clous, basilic, un verre de quinte-essence. Mettez le tout sur des cendres chaudes pour lui faire prendre goût. Mettez votre épaule au four dans une terrine ou autre vaisseau de la forme de votre épaule, si cela se peut. Mettez-y l'assaisonnement. Couvrez & bouchez avec de la pâte, que l'air n'en sorte point. Mettez au four l'espace de quatre heures à petit feu, ôtez-la, mettez le restaurant dessous après l'avoir passé & dégraissé. En servant jettez dessus un peu de chapelure de pain avec du persil haché bien menu.

Epaule de veau de plusieurs façons

Grosse tréc. On peut mettre l'épaule de veau à la broche, à la braise, en blanquette, la moitié rôtie. Pour cet effet vous faites cuire l'épaule à la broche. Quand elle est refroidie, levez la peau & toute la chair de dessus. Coupez-la bien menue. Otez le nerf dur. Passez des champignons avec un morceau de beurre ou lard fondu. Singez fort & mouillez avec du bouillon. Jettez vos filets, assaisonnez de sel & poivre. Mettez une liaison de quatre œufs, faite avec du bouillon, un pain de beurre manié dans la farine, un peu de muscade & un filet de vinaigre. Ensuite dressez votre blanquette dessus votre épaule que vous aurez tenu chaude. Remettez la peau par-dessus, & servez.

Epaule de veau en balon.

Désossez une épaule de veau sans la déchirer. Etendez-la dans une casserole avec des bardes de lard dessous. Ayez plusieurs sortes de filets, de viande ou volaille. Assaisonnez de sel, poivre, basilic, muscade. Mettez d'abord dans le fond de votre balon, un lit de farce générale bien liée, en-

Grosse Entrée.

suite un lit de filets, puis un lit de farce, quelques truffes, filets de jambon & autres, jusqu'à ce que votre balon soit formé. Vous le fermez avec une ficele que vous passez autour de l'épaule. Vous la tirez comme les cordons d'une bourse. Vous recouvrez ensuite votre balon de bardes de lard, & veau ; assaisonnez à l'ordinaire. Mettez dedans un verre de vin de Champagne & un verre de bon bouillon. Couvrez & mettez cuire au four. Dégraissez la sauce, & servez chaud.

De la poitrine de veau.
Poitrine de veau farcie à la Bourgeoise.

AYez une poitrine de veau bien blanche. Faites un trou par le bout d'en bas. Farcissez votre poitrine. Cousez-la ou l'arrêtez avec une brochette. Faites-la cuire dans une petite braise, &

servez avec sa sauce, ou un ragoût de morilles, mousserons, champignons, ris de veau, crêtes, petits œufs, ris d'agneau, pointes d'asperges ou autres choses, suivant la saison. Ce ragoût se fait de la façon qui suit.

Passez dans une casserole avec du lard fondu, des champignons, morilles, ou mousserons. Singez un peu & mouillez avec du jus de veau, sinon avec la cuisson de votre poitrine. Ensuite mettez-y un bouquet de persil, ciboule, deux clous de girofle; vos ris de veau ou d'agneau bien blanchis & les crêtes cuites. Mettez le tout ensemble mitonner, dégraissez. En finissant, mettez vos petits œufs que vous aurez fait blanchir légerement, & dont vous aurez épluché la petite peau. Il ne faut pas que les petits œufs bouillent dans le ragoût. Vous liez votre ragoût avec du blond de veau ou une liaison de jaunes d'œufs.

Poitrine de veau farcie glacée.

Entrée.

Faites blanchir légerement, & accommodez comme ci-devant, piquez de lard, & la mettez cuire dans une braise, & la glacez comme à l'ordinaire. Servez avec telle sauce ou légume que vous jugerez à propos.

Poitrine de veau farcie à la broche.

Entrée.

Après l'avoir piquée & farcie, embrochez-la & la couvrez de bardes de lard par-dessous & de papier par-dessus. Faites-la cuire bien blonde, & la servez avec une sauce à l'Espagnole.

Surtout de poitrine de veau.

Entrée.

Faites-la cuire à la braise, levez la peau de dessus les tendrons. Dressez sur un plat. Faites un bord de farce autour de votre poitrine de la hauteur d'un pouce. Faites un ragoût comme ci-devant, composé de toutes sortes de garnitures, & bien lié. Laissez refroidir, & mettez dessus vos tendrons & les recouvrez de farce fine de volaille. (voyez l'article des farces.) Dorez la farce avec des œufs pour la rendre plus unie. Ensuite panez de mie de pain bien fine. Faites prendre couleur au four. Dégraissez, mettez un peu de blond de veau autour du plat, & servez.

Poitrine de veau au Soleil.

Faites cuire à la braise. Levez la peau de dessus les tendrons, faites-la mariner avec sel, poivre, oignon, basilic, citron, ciboule entiere, persil entier, du vinaigre, un peu de bouillon, le tout pendant deux heures. Mettez-la ensuite égoutter. Trempez dans une omelette, panez, & faites frire avec du sain-doux. Vous pouvez y mettre une pâte.

Poitrine de veau au Pere-Douillet.

Après l'avoir fait dégorger & blanchir, faites-la cuire dans une

Entrée. braisiere avec vin de Champagne, bon bouillon, carottes, panais, oignon, laurier, du verjus en grains, du sel, un bouquet de persil, ciboule, dans lequel vous mettez deux clous de girofle, deux gousses d'ail, une pincée de coriandre. Faites cuire à petit feu, & servez avec un peu du même bouillon.

Poitrine de veau au persinet.

Entrée. Etant blanchie, vous ôtez la peau de dessus qui couvre les tendrons. Faites-la cuire aux trois quarts à la braise, laissez-la refroidir. Embrochez-la dans une brochette de fer & la couchez sur la broche. Ayez un bon morceau de beurre, dans lequel vous mettrez du sel, poivre & une bonne pincée de persil blanchi entier. Maniez bien le tout ensemble. Couvrez-en votre poitrine & l'enveloppez de crépines de cochon & papier. Faites cuire une heure à petit feu, & la servez au naturel avec un peu de jus de veau.

Poitrine de veau au persinet.

Ayez une poitrine de veau; faites-la tremper dans l'eau, blanchir & approprier, levez la peau qui est dessus, faites cuire le tout dans une braise blanche. Mettez refroidir sa peau, ensuite émincez-la pour la mettre dans une sauce au persil bien lié, dressez le tendron, sur le plat que vous devez servir le mincé par-dessus; couvrez d'une crépine, panez de mie de pain, faites prendre couleur au four, ou sous un couvercle de tourtiere, servez avec le fond de la braise ou autre sauce.

Poitrine de veau aux truffes.

Vous faites la même chose que ci-dessus. Mais au lieu de persil vous y mettez de belles tranches de truffes crûes. Vous la servez avec une sauce aux truffes.

Entrée.

Du tendron de veau.

Tendrons de veau au demi-verd.

Entrée.

Coupez les tendrons de veau de l'épaisseur du petit doigt, passez-les avec un peu de beurre, un bouquet de persil, ciboule, une gousse d'ail. Singez un peu & mouillez avec du bouillon & vin de Champagne. En finissant, une liaison de deux jaunes d'œufs délayés avec le jus d'un citron & du jus de bled vert.

Tendrons de veau à la poêle.

Hors-d'œuvre.

Coupez-les comme ci-devant. Faites-les bien blanchir. Mettez-les dans une poêle. (Voyez les filets de bœufs à la poêle.) Il faut que cette poêle ait un peu de consistance.

Tendron de veau glacé.

Entrée.

Laissez la poitrine entiere, faites-la bien blanchir. Levez la peau de dessus le tendron. Faites bien piquer avec du lard qui soit sain. Faites cuire votre tendron avec du bouillon, un bouquet de persil & ciboule, deux clous, une branche de basilic, deux ou trois bardes de rouelles de veau ou de la glace, si vous en avez de faite. Faites-le bien blond, & le servez avec telle sauce ou légume que vous jugerez à propos.

Tendron de veau mariné.

Faites cuire à la braise. Faites mariner comme la poitrine au soleil. Faites frire avec une pâte, ou panez. *Entrée.*

Tendron de veau au pois.

Faites cuire à la braise. Passez des pois fins & frais, avec un morceau d'excellent beurre, un bouquet de persil & ciboule, un clou dedans avec un peu de sariette, le tout à petit feu. Singez un peu & mouillez avec un peu de jus & de blond de veau lié. Faites mijoter sur des cendres chaudes. Mettez-y vos tendrons un moment sur le *Entrée.*

feu. Servez chaud, courte sauce.

Plusieurs Hors-d'œuvre. Le tendron de veau étant bien cuit, se peut mettre à plusieurs sauces & légumes différentes, comme au blanc, à la crême, en fricassée de poulets, à l'oseille, aux épinars, aux laitues, aux raves, aux cardes, &c. (Voyez à l'article des légumes, la façon de faire ces ragoûts.)

Du quarré de veau.

Quarré de veau à la mode.

Entrée. PArez & l'accommodez proprement. Piquez-le de moyen lard, assaisonnez à l'ordinaire. Faites-les cuire comme le bœuf à la mode. Servez-le avec sa sauce, & un peu de blond de veau, si vous voulez.

La côtelette s'accommode de même.

Quarré de veau aux fines herbes.

Entrée. Accommodez & piquez comme ci-devant. Marinez avec perfil, ciboules, échalottes, champignons, le tout haché bien menu. Assaisonnez de sel, poivre, muscade, basilic en poudre, un verre d'huile, un pain de beurre, une branche de fenouil, le tout mariné pendant deux heures. Mettez-le sur la broche enveloppé de crépine & de papier. Quand il est cuit, ôtez le papier, & jettez dessus la crépine un morceau de beurre fondu, dans lequel vous aurez délayé un jaune d'œuf. Panez de mie de pain dessus & dessous, & le servez avec telle sauce que vous jugerez à propos.

Quarré de veau piqué à la broche ou glacé.

Faites-le bien piquer. Mettez-le à la broche, ou glacé à la casserole comme le tendron de veau. Vous les servez l'un & l'autre avec telle sauce que vous jugez à propos.

Quarré de veau au chevreuil.

Parez & piquez de lard, comme ci-devant. Marinez-le avec un petit morceau de beurre, deux verres de vinaigre, tranches d'oignon, clous de girofle, basilic, laurier, sel, poivre, coriandre, un peu de bouillon, le tout sur des cendres chaudes. Embrochez-le & l'arrosez de sa marinade, & servez avec une poivrade liée.

(Voyez langues de bœufs.)

Quarré de veau en canapé.

Prenez un quarré de veau, parez les deux bouts. Levez-en le filet. Ficelez les ossemens du quarré, & le faites cuire dans le pot. Otez-le, & faites ensorte qu'il soit bien entier. Faites une farce avec le filet bien épluché & énervé avec de la graisse de bœuf, du lard ou tétine de veau, le tout passé un moment sur le feu. Assaisonnez à l'ordinaire, un peu de mie de pain trempé dans la crê-

Hors-d'œuvre.

Entrée.

me, le tout bien haché & pilé avec trois jaunes d'œufs. Ensuite vous mettez à la place du filet que vous aurez levé un lit de farce, un lit de truffes bien minces, un lit de farce, un lit de foies gras, un lit de farce, un lit de filets, d'anchois bien dessalés, le tout bien couvert, & le dessus des côtés garni. Panez légerement, & faites prendre couleur au four. Vous pouvez le mettre dans une caisse de feuillage ou de papier, le tout à petit feu. Servez en mettant dessous un blond de veau bien léger.

Des côtelettes de Veau.

Côtelettes de veau à l'estoc.

FAites mariner des côtelettes dans de l'huile avec deux gousses d'ail, deux feuilles de laurier, le tout pendant deux heures. Mettez dans une casserole avec de l'huile, deux verres de vin de Champagne, deux verres de quinte-essence, deux truffes coupées en dez. Faites mijoter le tout sur des cendres chaudes. Quand les côtelettes sont cuites, faites-les égoutter, dégraissez-bien la sauce. Jettez dedans un pain de beurre manié dans la farine, une pincée de cerfeuil blanchi & concassé. Tournez le tout, & jettez dessus vos côtelettes le jus d'un citron. Il faut que la sauce soit un peu consistante.

Côtelettes de veau en redingotes.
Parez vos côtelettes, & les faites mariner, avec persil, ciboule, échalottes, champignons, le tout haché bien menu, avec sel, poivre, basilic en poudre, un morceau de beurre, ou lard rapé, un jaune d'œuf. Ayez un peu de pâte brisée. Faites autant de morceaux de pâte que de côtelettes, enveloppez-les dedans avec tout l'assaisonnement. Dorez & faites

dessus telles façons que vous voulez. Faites-les cuire au four à petit feu. Quand elles sont cuites, découvrez entierement la côtelette, & ne laissez que le dessous de pâte. Servez un peu de blond de veau à chacune, & jus de citron.

Côtelettes de veau en papillottes.

Vous les accommodez de même que ci-dessus, & les enveloppez dans du papier, avec une sauce dessous. *Hors-d'œuvre.*

Côtelettes de veau aux fines herbes.

C'est la même chose qu'en papillottes. Vous enveloppez chaque côtelette dans une belle barde de lard que vous trempez ensuite dans une omelette. Vous la panez proprement des deux côtés & la faites cuire au four, ou sous une couverte de tourtiere. Faites prendre belle couleur, dégraissez & servez avec du blond de veau. *Hors-d'œuvre.*

Côtelettes de veau en surprise.

Prenez un quarré de veau, levez le filet. Faites cuire les os dans la marmite. Faites une farce avec le filet, composée de même que la farce générale, qu'elle soit un peu liée. Faites de petits tas de cette farce sur un plafond. Faites un trou au milieu & mettez dans chaque trou un peu de salpicon froid. (Voyez au chapitre des ragoûts.) Recouvrez votre salpicon avec un peu de farce. Tirez les os de vos côtelettes. Mettez-en un à chaque tas de farce. Formez-en une côtelette avec des œufs battus, le tout bien pané & frit dans du sain-doux, ou bien au four.

Hors-d'œuvre.

Côtelettes de veau grillées.

Parez-les & les trempez dans du beurre, persil, ciboule. Assaisonnez à l'ordinaire. Panez légerement. Faites griller de belle couleur. Servez dessous telle sauce que vous voulez.

Hors-d'œuvre.

Côtelettes de veau en caisson.

Piquez-les de moyen lard, assaisonnez à l'ordinaire. Faites cuire dans une petite braise. Etant cuites aux trois quarts, faites-les égouter, marinez-les ensuite comme les côtelettes aux fines herbes. Formez autant de caisses de papier que de côtelettes. Il faut que le caisson soit haut d'un pouce & plus. Mettez dedans vos côtelettes avec les fines herbes dessus. Mettez un peu de farce ordinaire un peu liée. Recouvrez avec un morceau de crépine. Panez légerement. Faites cuire au four à petit feu. Faites prendre belle couleur. Dégraissez & mettez dans vos caissons un peu de sauce à l'Espagnole. *Hors-d'œuvre.*

Côtelettes de veau à la poêle.

Mettez vos côtelettes dans une casserole avec du lard fondu, ou beurre de Vanvres ou autres, qui soit excellent, avec quelques *Entrée ou Hors-d'œuvre.*

champignons hachés, échalottes, un bouquet de persil, ciboule, quelques gousses d'ail, deux clous de girofle, un peu de fenouil, quelques morceaux de rouelle de veau blanchis, une tranche de jambon, un peu de sel, le tout bien couvert. Faites cuire à petit feu sur des cendres chaudes, ensuite ôtez les côtelettes, le veau & le bouquet. Mettez dans votre poêle un peu de quinte essence, & de blond de veau. Faites bouillir un bouillon. Dégraissez & servez sur vos côtelettes.

Côtelettes bourgeoises à la poêle.

Entrée. Battez vos côtelettes. Faites fondre du beurre avec des morceaux de petit lard bien mince. Jettez dedans vos côtelettes, que le feu soit doux. Retournez-les souvent. Assaisonnez de sel, & poivre. Quand elles sont cuites retirez-les, ôtez un peu de la graisse, & jettez dans votre poêle une pincée de persil haché. Mouillez ensuite avec de l'eau, ou bouillon & vin blanc. En finissant, une liaison avec du vinaigre ou verjus. Remettez dedans vos côtelettes, & servez le tout ensemble.

Côtelettes de veau à la Provençale.

Piquez vos côtelettes de lardons, d'anchois & de cornichons. Assaisonnez vos côtelettes, & les faites mariner dans de l'huile & de l'ail haché. Faites-les cuire dans des bardes de lard, & vous ferez une sauce telle qu'elle est ici marquée. Mettez dans une casserole deux pains de beurre, sel, gros poivre, persil, échalottes. Singez un peu, & mouillez avec un peu de quinte-essence, de l'huile & de l'ail haché. Tournez le tout sur le feu avec le jus d'une bigarade. Il faut que la sauce soit courte, & que les côtelettes soient seulement masquées.

Entrée ou Hors-d'œuvre

Côtelettes de veau glacées.

Entrée. Piquez-les de menu lard. Faites-les cuire dans une casserole où il y ait moitié bouillon & moitié eau. Mettez un bouquet, quelques bardes de veau, ou de la glace de veau, un oignon, carottes & panais, le tout à petit feu. Quand elles sont cuites, laissez-les égoutter. Faites réduire votre glace, & formez un beau caramel. Mettez-y vos côtelettes, le lard en dessous sur des cendres chaudes. Elles se glaceront. Servez avec telle sauce ou ragoût que vous voulez.

Quand elles sont à la braise, vous les accommodez de même.

Côtelettes de veau en crépinettes.

Hors-d'œuvre. Ayez des côtelettes de veau bien blanches. Prenez-en les chairs & en ôtez les nerfs. Gardez les côtes. Ayez de la chair entre-lardée qui se prend sur la poitrine du cochon. Hachez le tout ensemble
ble

ble avec un peu de tetine de veau, sel, poivre & épices à saucisse. Le tout étant bien manié, vous étendez de cet appareil dessus des morceaux de crépine. Mettez-y l'os de la côtelette. Avec l'un & l'autre vous formez une côtelette de veau bien enveloppée dans la crépine. Panez de mie de pain bien fine, & faites griller à petit feu. Servez avec de la moutarde ou autre sauce.

Crépinettes de veau à plusieurs sauces.

Vous les accommodez de même que ci-dessus.

On peut les mettre griller ou bien les faire cuire dans des bardes de lard ou braise, & les servir comme les saucisses avec plusieurs sauces, aux truffes, au vin de Champagne, au parmesan, en matelotte, frites, au citron & autres sauces.

Hors-d'œuvre.

Tome I. M

Des filets de veau.

Filets de veau en blanquette.

Hors-d'œuvre.

ILs s'accommodent de même, que les autres blanquettes.

Filets de veau mignons.

Hors-d'œuvre.

Levez proprement les petits filets qui se trouvent sous le rognon jusqu'au quasi. Piquez-les de lard bien fin ; & les glacez comme les côtelettes, ci-devant.

Filets mignons en Canélon.

Hors-d'œuvre.

Piquez-les de lard assaisonné. Il faut prendre une lardoire qui ne soit pas trop grosse, & les piquer dans la longueur. Mettez-les cuire dans une braise bien foncée. Assaisonnez légerement. Mettez un demi-verre de vin dans un peu d'excellent bouillon. Laissez mijoter le tout sur des cendres chaudes. Quand ils sont cuits, servez-les avec le fond de la sauce.

Vous pouvez les laisser refroidir dans leur cuisson, & les servir froids avec la sauce qui doit être gelée.

Etant froids, vous pouvez les mariner avec la graisse de la braise, des truffes hachées. Assaisonnez légerement avec persil, ciboule, un peu de basilic en poudre. Ensuite vous les enveloppez dans une pâte brisée. Soudez l'un avec l'autre, & que cela forme le canelon. Faites frire, & servez.

Canelons de veau au cellery glacé.

Coupez minces des tranches de veau, de la largeur de la main. Battez-les bien, & mettez dessus une farce fine bien liée. Roulez-les en canelons bien soudés avec des œufs. Etouffez-les dans une braise bien nourrie & douce. Mettez-y autant de pieds de cellery blanchis coupés de la même longueur. Quand le tout est cuit, faites égoutter, & passez le fond de la sauce que vous ferez réduire en caramel, pour glacer chaque

Entrée.

pied de cellery. Arrangez vos canelons & vos morceaux de cellery entre deux. Mettez deſſous un petit ragoût de criſte-marine.

Filets de veau glacés aux fines herbes.

Hors-d'œuvre. Faites cuire à la broche, de la longe ou de la cuiſſe de veau. Quand il eſt froid, coupez-le bien mince. Mettez dans un plat du perſil, de la ciboule, échalottes hachées bien menues, ſel & poivre concaſſé. Arrangez vos tranches deſſus. Enſuite verſez du jus de veau bien conſommé. Faites prendre à la glace & renverſez dans un autre plat pour ſervir.

Filets de veau à la Provençale.

Hors-d'œuvre. Coupez en tranches du veau cuit à la broche. Mettez-les dans une caſſerole avec deux pains de beurre, perſil, ciboule, échalottes, un peu d'ail, ſel & poivre concaſſé, un demi-verre de bonne huile. Remuez le tout ensemble sur le feu, & y mettez le jus d'une bigarrade. Mettez-y vos filets de veau sans faire bouillir. Il ne faut pas que l'on voye l'huile.

De la Rouelle de Veau.

Rouelle de veau à la daube.

PRenez un cuisseau de veau bien blanc. Otez le jarret, désossez le reste. Piquez votre rouelle entiére de lard. Assaisonnez de sel, poivre, basilic en poudre, muscade, une pincée d'épices. Frottez l'assiette où vous mettez votre lard avec un peu d'ail, mais bien légerement. Mettez aussi un peu de mie de pain, mêlez le tout ensemble. Piquez bien par-tout & que cela soit bien garni dans le filet de la viande, pour qu'on le coupe à travers quand il est cuit. Mettez cuire dans une bonne braise, assaisonnez d'un peu de coriandre, de

Entremêt froid.

Pagination incorrecte — date incorrecte

NF Z 43-120-12

Pagination incohérente
Texte complet

laurier & autres ingrédiens. Mouillez avec de bon vin de Champagne, & d'excellent bouillon. Faites cuire fort doucement. Couvrez bien la marmite, afin que la fumée ne s'évapore point. Laissez ensuite refroidir dans son assaisonnement, & servez froid avec de sa gelée.

Rouelle de veau à la Bourgeoise.

Entrée. Prenez une belle rouelle de veau épaisse de deux doigts, lardez-la de gros lard, assaisonnez de sel, poivre, basilic en poudre, persil, ciboule, muscade. Mettez la cuire dans une casserole avec quelques bardes de lard dessous. Assaisonnez dessus à l'ordinaire. Recouvrez-la de quelques bardes de lard, ou de quelque épluchure de viande. Recouvrez avec du papier & un couvercle. Mettez-y un peu de bouillon ou d'eau. Bouchez bien le couvercle avec de la pâte. Faites cuire sur des cendres chaudes, dégraissez, & servez.

Cela s'appelle faire cuire la viande entre deux plats, on y peut mettre tout ce que l'on veut.

Rouelle de veau glacée.

Coupez comme la rouelle à la Bourgeoise, & piquez de menu lard comme le fricandeau. Faites cuire & glacez de même. Vous la mettez à toutes sortes de sauces & ragoûts.

Fricandeaux à la Bourgeoise.

Coupez un morceau de rouelle de veau de telle épaisseur que vous voudrez. Piquez-la de menu lard, & la faites cuire dans une casserole ou terrine, le lard en dessus, avec un bouquet de persil & ciboule, dans lequel vous mettrez deux clous de girofle. Mettez-y un peu de bouillon de votre marmite, avec quelques champignons, ris de veau, foyes gras, ou autre garniture que vous mettrez cuire à petit feu. Ayez soin de retirer ce qui se trouvera cuit avant les fricandeaux. Etant cuit & la sauce diminuée, & prête à se tourner en caramel, vous retournez vos fricandeaux & les menez doucement sur des cendres chaudes. Quand ils sont glacés bien blonds, vous les tirez sur une assiette, & remettez votre casserole sur le feu. Mettez-y un peu de lard fondu. S'il n'y est point resté de graisse, vous y mettez un peu de farine selon la quantité de sauce que vous voulez faire, & avec une cueillere de bois, vous tournez tout autour de la casserole, & détachez bien le gratin. Quand cela aura une petite couleur blonde, & que la farine sera cuite, vous mouillerez avec du bouillon ou de l'eau, & délayerez bien le tout. Vous ferez bouillir à petit feu, & remettrez dedans vos garnitures pour leur faire prendre goût. Dégraissez & servez ce ragoût sous vos fricandeaux.

On peut les servir sans ragoût, ni garniture.

On peut y mettre de l'ozeille, épinars, ou autres légumes.

De la noix de Veau.
Noix de veau glacées.

PRenez les deux noix d'un cuisseau. Otez bien les peaux de dessus. Battez-les entre deux linges. Faites-les piquer d'un lard un peu fort, gros & bien garni. Faites-les cuire & y mettez moitié bouillon & moitié eau. Finissez-les, & les glacez de même que le tendron de veau glacé. Servez avec telle sauce que vous voudrez.

Noix de veau à la Dauphine glacées.

Mettez une farce dans le milieu. Faites-les cuire dans une

braise, le lard en-dessus, & les glacez avec le fond de la braise, & un peu de glace de veau.

Vous les mettez à la broche; quand le veau est blanc & tendre. Vous les faites piquer d'un lard qui ne soit pas si gros & bien farci.

Noix de veau à la Polonnoise.

Entrée. Piquez deux belles noix de veau, de filets, de cornichon, de lard & de jambon. Assaisonnez légerement. Faites-les cuire dans une braise, & les servez avec une sauce à la Polonnoise. On peut les glacer avec le fond de la cuisson réduite au caramel.

On peut les servir piquées de truffes & les servir glacées avec une sauce aux truffes.

De différentes sortes d'Entrées, Entreméts & Hors-d'œuvres que l'on peut faire avec du Veau.

Grenade de veau froide.

FAites une bonne gelée de veau transparente qui n'est autre chose qu'une bonne braise de veau bien foncée. Assaisonnez comme à l'ordinaire. Quand elle a sué, mouillez avec un peu de jus de veau bien clair & bien doux. Laissez mijoter sur des cendres chaudes. Quand la gelée est faite, passez-la au clair, laissez refroidir, & vous en servez au besoin.

Entremét froid.

Vous ferez piquer quatre fricandeaux tirés de la noix avec du lard. Vous les ferez glacer, comme si c'étoit pour servir chaud. Il faut qu'ils soient larges de quatre grands doigts chacun. Faites cuire un chapon ou poularde dans une espece de daube sans être piqué. Laissez refroidir. Vous ferez de même d'une petite noix de veau que vous ferez cuire ensemble.

Pour former votre grenade, il faut avoir une grenadine ou moule à pommes d'amour, ou paupetonniere, ou casserole. Beurez-la par-tout avec d'excellent beurre. Mettez dans le milieu de quoi former la queue. Ensuite étendez vos fricandeaux le lard en-dessous; mettez à chaque côté des fricandeaux, des filets de chapon, & entre les filets de chapon, de la gelée. Faites la même chose des quatre côtés. Il faut couper les fricandeux en pointe pour qu'ils se rejoignent du côté de la queue. Quand le contour de la grenade est fait, il faut couper en dez la noix de veau & le restant de votre chapon, quelques truffes que vous aurez fait cuire auparavant. Mêlez le tout ensemble avec le reste de la gelée & le mettez ensuite dans la grenade. Recouvrez avec d'autres bardes de veau cuit à la daube. Ensuite vous la mettez à la glace légerement. Quand vous la voulez servir, faites chauffer de l'eau. Faites tremper votre grenade dedans & la renversez sur le plat que vous voulez servir.

Savattes de veau à la paysanne.
Coupez des morceaux de rouelle de veau. Piquez de lard assaisonné à l'ordinaire. Mettez-les dans une terrine avec un peu de lard. Faites-les refaire à petit feu. Assaisonnez-les d'un peu de sel, poivre, clous, & laurier. Arrangez-les dans la terrine, un lit de savattes, un lit de coënne de lard bien épluchée. Faites de même jusqu'à ce que votre terrine soit pleine. Mettez-y un peu d'eau

couvrez-bien votre terrine, & la laissez sur des cendres chaudes pendant quatre à cinq heures. Servez-la comme elle est sans la dégraisser.

Savattes de veau à l'orange.

Coupez une belle noix de veau en travers pour que la viande en soit plus courte. Otez-bien les peaux & les nerfs, battez légerement vos morceaux qui doivent être larges de quatre doigts & épais du travers d'un doigt. Faites-les refaire dans un pain de beurre. Mettez-les dans une casserole avec un peu de beurre dans le fond, ensuite des savattes, puis des champignons hachés bien menus, un peu d'huile, ensuite des savattes, des champignons hachés, un peu de sel, un pain de beurre. Couvrez le tout, & faites aller doucement. Quand les savattes sont presque cuites, mouillez-les avec du blond de

Hors-d'œuvre.

veau, un demi-verre de vin de Champagne. Mettez un jus d'orange & servez.

Savattes de veau à l'esturgeon.

Coupez-les de la même épaisseur que ci devant. Faites-les mariner dans l'huile. Mettez-y un peu d'échalottes hachées, persil, ciboule, sel, poivre, basilic en poudre. Ensuite faites-les griller à petit feu. Il faut les retourner à mesure qu'elles cuisent. Mettez-y un peu d'assaisonnement & de la mie de pain. Il n'est pas nécessaire qu'elles ayent de la couleur, le principal est qu'elles soient tendres & ayent du goût. (Hors-d'œuvre.)

Mettez un grand jus d'orange, un peu de jus de veau, ou quinte-essence & du gros poivre, & servez.

Savattes de veau & jambon.

Ayez de belles tranches de jambon, autant de tranches de noix de veau coupées en travers. Bat- (Hors-d'œuvre.)

tez-les avec le dos du couteau. Assaisonnez de sel, poivre, persil, ciboule, échalottes, champignons, truffes hachées. Mettez dessus chaque morceau de veau, une tranche de jambon. Trempez un autre morceau dans des œufs, & remettez par-dessus de façon que le jambon soit enfermé. Faites cuire dans des bardes de lard. Mouillez d'un peu de vin blanc, & servez avec une sauce légere.

Semelle de veau à la moelle.

Hors-d'œuvre. Ayez un filet de veau, ôtez bien les nerfs, coupez-les en deux, levez les semelles bien minces, & battez-les avec le dos du couteau. Faites-le à tous. Ayez du lard rapé, persil, ciboule hachée; un peu d'échalottes, sel, & poivre concassé; un peu de mie de pain, le tout pilé ensemble, un peu de basilic & muscade, étendez de cette appareille sur vos semelles, & de la moelle de bœuf. Coupez en filet, recouvrez d'une autre semelle, & soudez-bien le tout avec des œufs. Laissez refroidir, ensuite trempez dans un peu de beurre & fines herbes, & les panez. Faites griller légerement, servez chaud avec telle sauce que vous voudrez.

Balotine de veau.

Coupez douze petites rouelles de veau de la rondeur de deux écus, & de l'épaisseur d'une lame de couteau, & deux douzaines de la rondeur d'un écu. Coupez de même de grosses truffes & des foyes gras. Ayez un peu de farce fine, pour les composer. Il faut d'abord mettre une rouelle large, ensuite un peu de farce, puis de la truffe, ensuite de la farce, puis de petites rouelles de veau. Assaisonnez à chaque lit d'un peu de sel, poivre, persil haché & un peu de basilic, de la farce, ensuite du foye gras. Continuez de même

Hors-d'œuvre.

jusqu'à ce que votre balotine soit formée. Recouvrez avec une rouelle de veau. Enveloppez bien le tout d'une crépine légere. Faites cuire dans une petite braise bien doucement. Ensuite ôtez la crépine, & servez en mettant dessous une sauce que vous composerez ainsi.

Hachez deux ou trois champignons, de l'échalotte, passez avec un pain de beurre. Mouillez avec le fond de la cuisson de vos balotines. Dégraissez bien. Mettez un peu de quinte-essence, un demi-verre de vin, un peu de blond de veau. En finissant, jus d'orange. Que la sauce soit courte & bonne.

On fait des balotines de toutes sortes de viandes.

Grenade jaspée.

Prenez une paupetonniere. Garnissez-la de bardes de lard. Arrangez des écrévisses dont vous aurez ôté les petites pattes & que vous aurez fait cuire auparavant. Mettez-en d'abord quatre en croix, une truffe au milieu, & des choux-fleurs autour. Arran- *Entrée.* gez toujours de même des écré- visses en remontant jusqu'au haut de la poupetonniere. Ensuite fai- tes un rang de choux-fleurs à moi- tié cuits, un rang de truffes & des filets de jambon entre les blancs, le tout soudé avec des œufs & de la farce bien liée. Mettez dans le fond de votre grenade telle ragoût que vous voudrez. Recou- vrez-la de la farce, de bardes de lard & papier. Faites-la cuire au four. Renversez-la le plus pro- prement que vous pourrez. Ser- vez dessous une sauce à l'Espa- gnole.

Poupeton de veau.

Hachez deux livres de rouelle *Entrée.* de veau avec de la graisse de bœuf, un morceau de lard, per- sil, ciboule, échalottes, sel, poivre, basilic en poudre, une mie de pain mollet, mitonnée & desséchée dans la crême, le tout haché. Foncez une poupetonniere de bardes de lard. Mettez de votre farce l'épaisseur d'un pouce, & tel ragoût que vous voudrez. Recouvrez avec de la farce, & dorez avec un œuf battu. Faites cuire au four à petit feu. Quand il est cuit, renversez & dégraissez. Faites un trou au milieu. Versez dedans du blond de veau, & le jus d'un citron. Servez chaud.

On fait des poupetons de toutes sortes de volaille, gibier & autres. Toute la différence ne vient que de la viande que vous mettez dedans. Il faut toujours se servir du même godiveau, & dresser de même.

Hatereau au fenouil.
Ayez de petites tranches de veau de la largeur d'un pouce, & longues comme le petit doigt.

Coupez-les en travers dans une noix de veau bien minces & bien battus. Otez les nerfs, & marinez dans un peu d'huile, sel, poivre, persil, ciboule hachée, un pain de beurre, le tout un peu refait sur le feu. Quand cela est froid, ayez une petite farce faite avec deux ou trois foyes gras, de la moelle de bœuf, deux ou trois jaunes d'œufs frais qui soient durs, & deux jaunes d'œufs cruds, sel, poivre, un peu de persil haché, le tout bien pilé. Etendez de cette farce sur chaque hatereau, avec deux petits cœurs de fenouil que vous aurez fait blanchir auparavant. Roulez-les & les mettez à de petites broches de bois. Attachez-les & les enveloppez de papier bien beurré. Quand ils sont cuits, ôtez le papier, arrosez-les d'excellent beurre que vous aurez fait fondre. Quand ils sont cuits, panez-les avec de la mie de

Hors-d'œuvre.

pain très-fine, ôtez-les de la broche, & servez chaud avec une sauce que vous faites avec deux pains de beurre que vous faites fondre avec persil, ciboule, échalottes, sel, poivre, un peu de quinte-essence, & le jus d'un citron.

On fait des hatereaux piqués, glacés dans le même goût. On fait piquer le veau, & on le glace comme les fricandeaux, & vous les servez avec telle sauce que vous voulez.

Vous pouvez faire cuire les hatereaux dans une braise légere. Ensuite vous les marinez avec du citron. Vous les trempez dans une pâte de bierre, & les faites frire bien blonds. Vous les servez avec du persil frit.

Vous pouvez les tremper dans une omelette, les paner, & les faire frire de même.

On fait des hatereaux de toutes sortes de volailles.

Poupiettes de veau.

Elles se font de même que les hatereaux, excepté que vous faites les morceaux de veau plus longs, plus larges, & la sauce un peu plus consistante. Vous les mettez à la broche, ou piqués, glacés, panés, ou grillés, avec une sauce à l'orange, ou autre sauce suivant le goût. *Hors-d'œuvre.*

Bresolles de veau à l'huile.

Coupez de petits morceaux de la noix de veau en travers de la largeur d'un gros écu, bien mince & bien battu; marinez avec persil, ciboule, échalottes, truffes & champignons hachés, sel, poivre, un peu d'ail, de l'huile. Quand ils sont assez marinés, vous arrangez vos bresolles dans une grande casserole, de maniere qu'elles ne soient pas les unes sur les autres. Mettez-les sur un grand feu. Quand elles sont refaites d'un côté, vous les retournez de *Hors-d'œuvre.*

l'autre. Laissez-les égoutter, & mettez dans le restant de la sauce, un demi-verre de vin, un peu de consommé ou quinte-essence. Faites bouillir un ou deux bouillons. Dégraissez, remettez vos bressolles dedans, sans les faire bouillir. En finissant, jus de citron.

Bressolles de veau à la braise.

Hors-d'œuvre.

Elles se font de même que ci-dessus. Quand elles sont un peu refaites sur le feu, vous foncez une casserolle de bardes de lard & de veau. Vous y arrangez vos bresolles les unes sur les autres. Assaisonnez légerement, & recouvrez avec bardes de lard & veau. Faites cuire à petit feu. Quand elles sont cuites tirez-les & les servez avec la même sauce, pourvu qu'elle ne soit pas trop forte.

Cascalope de veau.

Hors-d'œuvre.

Prenez de petits morceaux de veau comme pour des hatereaux, mais qui ne soient pas si longs. Concassez-

Concassez-les dans un mortier. Mettez-les dans une casserole, avec une demi-livre de petit lard coupé en petits dez, un bouquet de persil, ciboule & deux clous, une branche de basilic, deux pains de beurre. Laissez suer le tout ensemble, & remuez de tems en tems. Mouillez avec un peu de bon bouillon. Laissez mijotter. Faites une liaison de trois jaunes d'œufs, délayez avec un peu de bouillon. Liez vos cascalopes, & mettez jus de citron. Pochez des œufs dans du lard fondu, ou de l'huile. Faites-les frire de belle couleur, bien ronds, & bien mollets, & mettez-les dessus vos cascalopes.

Griblettes de veau à l'Orange.

Prenez une noix de veau. Coupez en travers cinq ou six griblettes, de l'épaisseur de deux écus, & larges de quatre doigts. Battez-les bien, & les marinez avec persil,

Hors-d'œuvre.

ciboule, échalotes, deux pains de beurre, du sel, du poivre, un peu de basilic en poudre. Faites-les refaire sur le feu. Ensuite vous mettez chaque griblette sur une caisse de papier de la même grandeur, sur le gril à petit feu, avec tout leur assaisonnement. A mesure qu'elles cuisent, jettez-y un peu de mie de pain bien menu. Assaisonnez de persil, & un peu de sel. Quand elles sont cuites, vous les dressez sur le plat, avec tout leur assaisonnement, du jus d'orange dessus, sans autre sauce.

On fait la même chose avec du bœuf, & du cochon.

Quasi de veau à la marmotte.

Entrée.
Prenez un beau quasi de veau, piquez-le de lard & jambon. Assaisonnez de toutes sortes de fines herbes hachées. Faites-les cuire dans une terrine comme du bœuf à la mode, avec de fines herbes,

de gros oignons lardés d'anchois, & bardes de lard & veau. Etouffez-le bien. Etant cuit, dressez-le avec les oignons, & mettez dessus la sauce bien dégraissée.

Salpiconti.

Prenez deux grosses noix de veau bien mortifiées & blanches, & une noix de jambon nouveau. Coupez-les en gros dez. Lardez les dez de veau, avec des anchois. Marinez le tout deux heures, avec de l'huile & fines herbes hachées. Vous pouvez aussi y mettre des trufes. Etouffez bien le tout avec bardes de lard, & veau assaisonné à l'ordinaire. Quand le tout est cuit, faites égoutter, & servez avec le fond de la cuisson, dans lequel vous aurez mis un peu de vin de Champagne, & consommé.

Entrée.

Blanquette de veau.

Coupez du veau cuit bien min-

Hors-d'œuvre

ce. Passez des champignons. Singez un peu, & mouillez avec du bouillon. Laissez mijotter. Mettez-y votre veau, avec sel & poivre. Liez la sauce avec quatre jaunes d'œufs, persil haché bien menu, un peu de muscade, un pain de beurre, si vous l'avez. En finissant, jus de citron, ou vinaigre, ou verjus dans la saison.

Blanquette à l'huile.

Hors-d'œuvre

Prenez du veau rôti, du filet de longe ou de l'épaule, coupez-le mince, ôtez les nerfs. Passez de l'oignon haché bien menu, avec quelques champignons coupés minces, un peu de lard fondu ou beurre. Singez d'un peu de farine, & mouillez de bouillon. Assaisonnez de sel, poivre, un bouquet de persil, ciboule, fines herbes, & clous de girofle. Mettez-y votre veau. Faites une liaison de quatre jaunes d'œufs, & y mettez du persil, de l'échalote,

rocambole, le tout haché très-
menu, un peu de muscade, délayée avec de la crême. Jettez-y
un verre d'huile, & jus de citron.
Remuez toujours; il ne faut pas
que l'huile paroisse.

Observations sur le choix du veau.

POur que le veau soit bon, il
faut qu'il ait six semaines ou
deux mois, qu'il soit gras & blanc.
Plus fort, il est dur, & n'est pas si
delicat. Plus petit, il n'a ni suc,
ni goût, ni saveur. On en trouve
quelquefois de bons quand ils
sont d'une certaine force, & qu'ils
ne viennent pas de loin, on les
appelle veaux de lait. Il y a des
veaux qui se corrompent tout
d'un coup, il y en a d'autres qui
sans être gâtés ni corrompus, sentent un vilain goût. Ces mauvais
goûts viennent de ce que dans les
grandes chaleurs, on leur donne à
boire du lait, & on les expose au
soleil, ou on les fatigue trop. Le

lait se tourne, se caille & s'aigrit. On tue sur le champ le veau qu'on achette, & la viande prend le goût du lait aigri. Il faut y prendre garde.

Pour le manger bon, il ne faut dans un tems moderé, que trois ou quatre jours de mortification. Dans l'hyver on peut le garder plus long-tems.

Pour les issues, il faut les employer le plutôt qu'on le peut. La tête pour être blanche, ne veut point être assommée.

Le bon veau vient de Rouen, des environs de Pontoise, de Montargis, de Caën.

Le veau de lait vient des environs de Paris.

Pain de veau.

Entrée. Coupez des bardes de veau bien minces. Battez-les bien, & foncez une poupetonniere de bardes de lard. Arrangez-les de manière qu'elles posent les unes sur les autres. Vous les frotez d'œufs pour les faire tenir. Mettez-y du godiveau ou farce, faite avec du veau crud, de la graisse de bœuf, du lard, de la mie de pain trempée dans la crême, sel, poivre, persil, ciboule, quatre jaunes d'œufs, le tout haché & pilé. Vous pouvez mettre dans le fond un ragoût de pigeons innocens, ou un salpicon. Recouvrez de farce & de bardes de veau. Faites cuire au four à petit feu. Etant cuit vous renversez proprement, dégraissez, & servez avec du blond de veau ou autre sauce.

Timbales de veau.

Les timbales se font de même, ou bien vous foncez une casserole d'une pâte brisée, & vous mettez dedans de la farce, & tel ragoût que vous jugez à propos. Etant cuites, vous les renversez, & faites un petit trou au millieu, par lequel vous faites couler avec

Hors-d'œuvre.

un antonnoir du blond de veau, ou autre sauce, suivant l'espece de viande qui est dans la timbale.

On en fait de toutes sortes de viande, volaille, gibier & autres.

Pain de veau à l'Allemande.

Formez le pain comme ci-devant. Prenez deux ou trois cœurs de choux cuits dans une braise, avec de petites saucisses longues, comme la moitié du petit doigt, des morceaux de petit lard. Quand le tout est bien cuit, vous le mettez dans une casserole, avec un peu de sauce à l'Espagnole. Laissez refroidir, & mettez le tout dans votre pain, artistement arrangé. Recouvrez, & faites cuire au four. Servez avec une sauce à l'Espagnole.

Pain ou grenade de veau.

Faites piquer cinq beaux fricandeaux de veau bien minces, composez votre grenade comme un pain de veau, le lard en des-

Hors-d'œuvre.

Entrée.

tous. Soudez-les bien avec des œufs. Mettez la queue de la grenade dans le milieu du fond de la casserole. Garnissez le dedans de godiveaux, & mettez un ragoût dedans de tout ce que vous voudrez. Recouvrez de farce & bardes de veau. Faites cuire au four & glacer. Servez avec telle sauce que vous voudrez.

Si la queue de la grenade n'est pas formée, relevez la pointe de vos fricandeaux.

Pain en côtes de melon.

Prenez des queues de veau, de mouton, d'agneau, ou de cochon bien cuites à la braise, & de petits oignons blancs, cuits de même. Otez la mie d'un pain d'une demi-livre par dessous, & le remplissez d'un salpicon. Rebouchez-le. Faites un gratin au fond avec un peu de blond de veau, de mie de pain, & de parmesan, & un jaune d'œuf. Mettez votre pain dessus. Formez votre pain de manière que les queues ayant la pointe en haut, & les oignons soient entre les queues & un oignon dans le haut du pain. Faites fondre deux pains de beurre avec un jaune d'œuf, du blond de veau, & un peu d'ani pilé. Masquez par tout votre pain & le panez avec du parmesan. Faites prendre belle couleur au four, dégraissez, & servez avec un peu de blond de veau.

Si la couleur ne prenoit pas, il faudroit y jetter un peu de lard fondu ou autre graisse fondue. Cela fait revenir la couleur blonde en général sur tout ce qui est pané.

Poutinade au ris.

Faites cuire dans trois demi-septiers de lait, un quarteron de ris. Etant bien cuit & refroidi, vous y mettez six œufs, du sucre, un peu de sel, de la muscade,

Entremét.

un demi verre de vin d'Espagne. Mêlez bien le tout ensemble. Dressez sur le plat, & le bordez d'un cordon de pâte. Faites cuire au four à petit feu pendant trois quarts d'heure. Glacez & servez.

Poutinade de pain.
Façon Angloise.

PRenez la mie d'un pain de deux livres. Faites-la tremper dans une pinte de bonne crême. Etant bien trempée, vous y mettez six œufs frais, un peu de sucre, un peu d'eau de fleur d'orange, quelques biscuits d'amande, un verre de vin d'Espagne. Mariez bien le tout ensemble. Beurrez une serviette bien blanche qui ne sente rien. Mettez votre appareil dedans, & l'attachez avec une ficelle. Faites cuire dans une marmite avec de l'eau pendant une demi-heure. Servez avec une sauce faite avec de bon beurre, vin d'Espagne, & du sucre.

On peut mettre dans cette composition de poutinade, de la graisse de bœuf hachée, & de la moëlle.

Rissolettes.

Hors-d'œuvre.

Elles se font avec toute sorte de viandes cuites, hachées bien menues, avec un peu de graisse de bœuf ou veau, du lard, sel, poivre, persil, ciboule, échalotes, trois jaunes d'œufs. Dressez de cet appareil sur des petites rôties de pain. Panez, & faites prendre couleur sous un couvercle de tourtiere. Servez chaud.

Skeneffes à la Piémontoise.

Hors-d'œuvre.

Passez dans une casserole avec un morceau de beurre fin, persil, ciboule, un petit oignon blanc haché bien menu. Cassez huit œufs dedans, & y mettez une poignée de mie de pain bien fine. Faites cuire sur le feu comme des œufs brouillés. Formez des boulettes, & les roulez dans des feuilles des poirée blanchies. Frotez le plat avec un peu de beurre, arrangez-y vos Skeneffes & les faites cuire fur des cendres chaudes comme des œufs au miroir. Servez deffus une liaifon de deux jaunes d'œufs, faite avec un peu de boullion & de mufcade, que vous tournez fur le feu jufqu'à ce qu'elle foit liée.

Skeneffes à la poulette.

Accommodez-les, & les faites cuire comme ci-deffus, & les fervez avec une fauce à la poulette. Hors d'œuvre.

Printannieres.

Faites blanchir un morceau de graiffe de bœuf ou de veau, du lard haché bien menu. Mettez-y cerfeuil, eftragon, pimprenelle, petit creffon, perfil, ciboule, le tout haché bien menu. Melez bien enfemble, & y joignez la mie d'un pain d'une livre, trempée dans la crême, fel, poivre, bafilic en poudre, un peu de Hors d'œuvre muscade, quatre jaunes d'œufs durs, & trois jaunes d'œufs cruds, le tout bien manié ensemble. Formez-en de petits gâteaux larges de deux écus, que vous dorez de beurre fondu, dans lequel vous aurez mis un jaune d'œuf, panez de mie de pain très-fine. Faites cuire au four de belle couleur. Servez avec une ravigotte froide dessous, ou avec une sauce verte ou autre.

On peut les servir avec toutes sortes de ragoûts, de légumes & sauces différentes.

On en fait aux trufes.

On fait en maigre la même chose.

Du Mouton.

La tête de Mouton.

ON n'en fait pas grand usage. Les Tripieres les vendent toutes cuites à Paris, on en ôte les langues. On pourroit pourtant la manger à la braise. On employe le palais comme celui de bœuf.

Langues de mouton. — Hors-d'œuvre.

Faites-les blanchir dans l'eau bouillante, épluchez-les proprement, & les faites cuire dans du bouillon avec un peu de sel.

Vous pouvez les faire cuire dans une braise légere. (Voyez l'article des braises.)

Langues de mouton glacées.

Epluchez-les proprement. Otez le cornet. Faites-les piquer de lard bien fin, & les faites cuire avec des tranches de veau, un peu de jambon, un bouquet. Mouillez-les avec moitié bouillon, & moitié glace de veau. — Hors-d'œuvre.
Quand elles sont cuites, mettez-les égouter, passez votre bouillon, & le faites réduire à un caramel bien blond & bien consistant. Mettez-y vos langues, le lard en dessous, & les mettez sur des cendres chaudes. Elles se glacent d'elles-mêmes. Vous servez dessous telle sauce que vous voulez

Langues de mouton grillées.

Hors-d'œuvre.

Faites-les cuire à la braise, & les fendez en deux. Faites fondre un peu de beurre ou lard, assaisonné de persil, ciboule, sel, poivre, basilic. Panez avec de la mie de pain très-fine. Faites griller légérement. Mettez dessous une sauce piquante. (Voyez à l'article des langues de bœuf à la broche,) ou bien une sauce au verjus, dans la saison.

Ou bien vous passez des champignons hachés bien menus, avec de l'échalote. Vous singez & mouillez avec du bouillon, vous laissez mijotter, & faites une liaison avec deux jaunes d'œufs, du persil haché bien menu, un peu de muscade & du verjus; vous liez votre sauce, & servez avec vos langues.

Langues de mouton piquées à la broche.

Hors-d'œuvre.

Piquez-les, & les mettez dessus une brochette de fer. Attachez-les, & les enveloppez de crépines, & papier par-dessous. Quand elles sont cuites, faites prendre couleur, & servez dessous une sauce à l'Espagnole.

Langues de mouton aux trufes.

Epluchez, & piquez vos langues, avec des lardons de trufes tout au travers. Marinez avec du persil, ciboule, échalotes, trufes hachées, & un verre d'huile. Mettez-les cuire dans des bardes de lard, avec tout leur assaisonnement. Quand elles sont cuites, jettez dessus un blond de veau, dans lequel vous aurez mis quelques tranches de trufes. Hors d'œuvre.

Langues de mouton à l'Allemande.

Faites-les cuire à la braise. Hachez des champignons, persil, ciboule, échalotes. Passez de belles tranches d'oignon dans un peu d'huile. Jettez-y votre persil & ciboule hachée. Singez & Hors d'œuvre.

mouillez avec du vin blanc, & du blond de veau. Faites mitonner vos langues dedans. Quand la sauce est faite, dressez vos langues, & servez la sauce, avec une pointe de vinaigre, & quelques croutons.

Langues de mouton en crépines.

Hors-d'œuvre. Faites-les cuire à la braise. Passez dans une casserole, avec du beurre, des oignons blancs coupés bien minces. Mettez-en une certaine quantité, parce qu'ils fondent beaucoup, laissez-les cuire doucement. Etant refroidies, mettez-y du lard rapé, du sel, du poivre, un peu de fenouil haché bien menu, du persil & de l'échalote hachée. Maniez bien le tout ensemble. Mettez-y une douzaine de filets d'anchois. Etendez des morceaux de crépines, de la longueur des langues. Mettez de l'appareil, ensuite une langue, puis de l'appareil. Enveloppez bien vos langues. Panez légérement, faites prendre couleur au four, & servez dessous un peu de blond de veau, ou autre sauce.

Langues de mouton en canelons.

Faites cuire à la braise, laissez refroidir. Faites une petite farce légere, avec de la moëlle de bœuf, des foies gras, persil, ciboule, des jaunes d'œufs durs, sel, poivre, basilic, le tout bien pilé. Enveloppez vos langues de farce, puis les mettez dans des morceaux de pâte brisée de la longueur des langues. Que le tout soit bien soudé. Ensuite faites-les frire dans du sain-doux, qu'elles soient de belle couleur. Servez chaud.

Hors-d'œuvre.

Langues de mouton en redingote.

Piquez-les de lard & trufes. Enveloppez-les de la même farce qu'aux canelons. Mettez-les dans des bardes de veau bien minces & bien battues. Soudez avec de

Hors-d'œuvre.

l'œuf battu. Faites-les cuire dans une crépine & des bardes de lard. Servez dessus un peu de la sauce qu'elles auront rendue, & du blond de veau.

Langues de mouton aux fines herbes.

C'est le même assaisonnement. Vous les mettez dans du papier, c'est-à-dire en papillotes, & vous les faites cuire au four. Servez à sec.

Vous pouvez les mettre à la Saint-Geran, en sur-tout, coupées en filets. Vous faites un lit de langues dans le fond du plat. Vous avez des champignons hachés avec persil, ciboule, échalotes, sel, poivre, basilic, deux ou trois pains de beurre, le tout manié ensemble avec du blond de veau. Mettez un lit de ces fines herbes, ensuite un lit de langues, puis un lit de fines herbes. Faites de même jusqu'à la fin. Panez le tout légérement.

Hors-d'œuvre.

Garnissez le tour du plat de filets de pain, & faites prendre couleur au four. Dégraissez, & servez chaud.

Langues de mouton à la poële.

Piquez-les de lard, mettez-les dans une casserole, avec un peu lard fondu ou beurre, persil, ciboule, & champignons hachés, une tranche de jambon, une demi-livre de rouelle de veau blanchi & coupé en morceaux, deux gousses d'ail entières, un brin de fenouil. Laissez mijotter le tout ensemble pendant une heure. Dégraissez, & y mettez un peu de blond de veau, & un peu de quinte-essence. Goûtez & servez chaud.

Hors-d'œuvre.

Langues de mouton à la Bourgeoise.

Epluchez-les, & les fendez en deux. Mettez sur le gril : pendant qu'elles cuisent, passez des champignons avec un peu de lard ou beurre. Vous mouillez

Hors-d'œuvre.

avec de l'eau ou bouillon. Quand cela est cuit, liez la sauce avec deux jaunes d'œufs, un peu de muscade, & du vinaigre, & jettez sur vos langues.

Balotines de Langues de mouton.

Ayez une petite farce fine de foies gras & moëlle de bœuf, des tranches de trufes, de foies gras, & de langues de mouton coupées minces. Et formez ainsi vos balotines.

<small>Hors-d'œuvre.</small>

Vous mettez un peu de crépine dessous & dessus la farce, un lit de langues, un lit de trufes, un lit de foies gras, ensuite de la langue & de la farce. Renversez la crépine & trempez dans une omelette. Panez avec de la mie de pain bien fine. Faites de même à toutes les autres. Faites-les frire de belle couleur.

Langues de mouton en hatelettes.

<small>Hors-d'œuvre.</small>

Vous les faites cuire à la braise, & les coupez en morceaux, passez-les dans des fines herbes, champignons hachés, & lard fondu. Embrochez-les à une hatelette de bois ou d'argent. Panez & faites griller.

On met la langue avec toute sorte de ragoûts.

Langues de mouton à la Servante.

Etant grillées à l'ordinaire, vous les servez avec du verjus dessous, un peu de sel & poivre, échalotes hachées bien menues. Une autre fois, vous mettrez dans une casserole un morceau de beurre qui soit bon, gros comme un œuf, avec deux jaunes d'œufs, sel, poivre & muscade. Vous délayez cela avec un peu d'eau ou bouillon, & deux cueillerées à bouche de verjus. Tournez sur le feu, comme sauce blanche ordinaire, ne la quittez pas jusqu'à ce qu'elle ait la consistance qu'il convient ; c'est-à-dire, qu'elle soit bien liée.

Hors-d'œuvre.

Des Pieds de Mouton.

Pieds de mouton en fricassée.

Hors-d'œuvre.

Epluchez-les, ôtez les ergots, & enlevez le poil qui se trouve dans la jointure. Faites blanchir dans l'eau bouillante, mettez-les dans du bouillon ou à la braise. Passez des champignons avec un bouquet, singez avec un peu de farine, & mouillez avec du bouillon. Mettez vos pieds dedans. Quand ils sont cuits, vous ôtez les os, laissez mijotter, & assaisonnez de sel, & poivre. Liez la sauce avec deux jaunes d'œufs, du verjus ou vinaigre, un peu de muscade, & un pain de beurre, le tout bien relevé.

Pieds de mouton farcis.

Hors-d'œuvre.

Faites cuire à la braise, désossez & mettez dedans une farce de volaille bien fine. Panez avec du lard fondu ou beurre, & faites prendre couleur au four.

Ou bien vous les faites frire, après les avoir trempées dans une omelette, & les avoir panées.

Pieds de mouton à la Ste-Menehoult.

Faites cuire & farcir comme ci-devant. Passez-les dans une Sainte-Menehoult. (Voyez l'article des farces) Ensuite vous les panez. Faites griller légerement & bien blonds. Servez avec jus de citron. Hors-d'œuvre.

Pieds de mouton en hatereau.

Faites-les cuire dans une bonne braise. Désossez-les, prenez les plus entiers que vous mettez sur une serviette. Vous étendez dessus une petite farce de moëlle de bœuf, foyes gras, & fines herbes. Roulez-les bien, faites-les mariner dans du citron. Faites-les égoutter & ressuyer. Trempez-les dans une pâte de bierre. Faites les frire, & servez avec du persil frit. Hors-d'œuvre.

Pieds de mouton à l'Espagnole.

Faites-les cuire à la braise. Fai- Hors-d'œuvre.

tes frire dans l'huile autant de morceaux de pain que vous avez de pieds, & de la même forme. Envelopez le pain frit avec vos pieds, & jettez dessus une sauce à l'Espagnole.

Pieds de mouton au gratin.

Hors-d'œuvre.

Faites cuire à la braise, & faites un gratin au fond du plat. Mettez un peu de farce dans les pieds. Arrangez-les dessus le plat. Faites mijoter & attacher doucement. Dégraissez, & servez dessus telle sauce que vous voulez.

Pieds de mouton en surtout.

Hors-d'œuvre.

Quand ils sont cuits, passez des champignons avec un morceau de beurre. Singez avec un peu de farine & mouillez avec du bouillon. Mettez dans ce ragoût des crêtes, si vous en avez, des ris de veau & autre garniture. Mettez-y vos pieds, assaisonnez légerement. En finissant, jettez-y un peu de sauce à l'Espagnole. Que le tout soit bien lié. Laissez refroidir & dressez dans le plat que vous voulez servir. Mettez par-dessus une petite farce bien fine & bien liée. Rendez-la unie. Panez avec de la mie de pain bien fine. Faites prendre couleur au four, & servez.

Vous pouvez y mettre du parmesan, & servir de même.

Pieds de mouton à la moutarde.

Etant cuits, passez de l'oignon bien mince avec du lard fondu. Quand l'oignon est cuit, jettez vos pieds dedans. Mettez-y un peu de blond de veau avec de la moutarde, du sel, du poivre. Servez avec peu de sauce. Il faut que l'oignon domine. Mettez une légere pointe de vinaigre, & servez chaud. <small>Hors-d'œuvre.</small>

Pieds de mouton aux crêtes.

Faites blanchir & cuire. Otez les os. Passez des champignons avec un morceau de beurre fin. Singez & mouillez avec de bon <small>Hors-d'œuvre.</small>

bouillon. Assaisonnez de sel, poivre, & un bouquet à l'ordinaire. Mettez-y de grosses crêtes que vous aurez fait cuire auparavant. Faites-y une liaison de quatre jaunes d'œufs, un peu de persil haché bien menu, & de muscade. Délayez avec de la crême. En finissant, jus de citron. Il faut que la sauce soit un peu de haut goût, sans être trop salée.

Pieds de mouton en canettes.

Hors-d'œuvre. Faites-les cuire à la braise. Otez tous les petits os. Farcissez & marinez dans de petites herbes avec un peu de bon beurre, sel & poivre. Enveloppez chaque pied dans un morceau de pâte brisée. Soudez bien, faites frire & servez.

Pieds de mouton en cartouche.

Hors-d'œuvre. Faites cuire à la braise. Marinez avec persil, ciboule, champignons hachés, un peu de beurre ou lard fondu, sel, poivre, basilic. Mettez chaque pied sur un morceau de feuilletage, avec trois ou quatre grains de verjus, dont vous ôtez les pepins. Faites ensorte que cela soit bien enveloppé. Mettez aux deux bouts une fleur-de-lys. Dorez & faites cuire au four.

Le pied de mouton bien épluché & blanchi, se peut mettre à plusieurs sauces différentes, à qui l'on donne le nom qu'on veut.

Oreilles de mouton.

Elles se mettent à plusieurs sortes de sauces, comme celles de veau.

De la queue de Mouton.

Queues de moutons au Parmesan.

EPluchez-les & les faites dégorger & blanchir à l'eau bouillante, faites-les cuire à la braise. Trempez-les dans une Sainte-Menehoult, & les panez avec du parmesan & un peu de mie de pain. Faites-leur prendre

Hors-d'œuv.

couleur au four, & servez avec une remoulade, ravigotte ou autre sauce.

Vous pouvez les faire frire.

Queues de moutons à la moutarde.

Hors-d'œuvre. Faites cuire à la braise. Ayez des croutons de pain de la longueur des queues. Faites-les frire dans l'huile. Mettez dans le plat que vous devez servir un peu de blond de veau, du parmesan & de la mie de pain. Arrangez vos queues & vos morceaux de pain les unes après les autres. Faites fondre un peu de beurre, dans lequel vous délayez de la moutarde. Dorez vos queues & votre pain. Panez légerement, & faites prendre couleur au four. Faites ensorte qu'il se trouve un gratin au fond. En servant, dégraissez & rafraîchissez vos queues avec un peu de blond de veau, dans lequel vous avez mis un peu de moutarde. Servez chaud.

Queues de moutons au ris.

Faites cuire vos queues à la braise. Ayez du ris bien épluché & lavé. Faites-le cuire à petit feu dans une petite marmite avec du bouillon, qui soit un peu gras. Quand le ris est cuit, & froid, enveloppez-en vos queues, panez & faites frire, ou faites prendre couleur au four. On peut ne les point paner & leur laisser prendre couleur au four. Il se fait une croute dessus qui est fort bonne. Servez avec un peu de blond de veau. *Hors-d'œuvre.*

Queues de moutons aux choux à l'Allemande.

Faites-les cuire à la braise. Prenez des choux blancs que vous couperez en quatre, que vous ferez blanchir & cuire dans une marmite avec du bouillon, un verre d'huile, deux ou trois oignons, une demie douzaine de petites saucisses faites exprès, de *Entrée.*

la longueur du petit doigt, & grosses comme le pouce, des morceaux de petit lard, le tout bien cuit & doux. En finissant, un peu de fenouil haché, & une petite pointe de vinaigre. Il faut qu'il y ait fort peu de sauce. On peut y mettre des croutons. Arrangez le tout artistement dessus le plat, & servez chaud.

Ou bien faites cuire vos queues à la braise, ensuite hachez bien menu des cœurs de choux de Milan, & les mettez dans une casserole avec du petit lard nouveau en dez, un morceau de bon beurre. Couvrez bien le tout, que cela bouille à petit feu. Remuez de tems-en-tems. Mouillez avec du blond de veau, & laissez mijoter & réduire comme de la farce. Prenez garde de mettre trop de sel, car le choux par lui-même est un peu acre. Mettez vos queues au fond du plat avec un peu de

Hors-d'œuvre.

blond de veau. Couvrez chaque queue de farce aux choux, & servez chaud.

On peut mettre la queue de mouton à bien d'autres sauces.

Queues de moutons frites.

Faites-les cuire à la braise. Trempez-les dans une petite omelette. Assaisonnez, panez, & faites frire de belle couleur. Hors-d'œuvre.

Queues de moutons à la Sainte-Menehoult.

Faites cuire à la braise, trempez vos queues dans une Sainte-Menehoult. Panez, faites griller, & servez dessous une remoulade, ravigotte ou autre sauce. Hors-d'œuvre.

Du rognon de mouton.

Rognons de moutons tôt prêts.

PRenez une douzaine de rognons de mouton ou plus, fendez-les en deux. Otez la petite peau. Embrochez-les à chaque petite brochette de bois. Assai- Hors-d'œuvre.

sonnez de sel & poivre, & un peu d'échalottes hachées bien menues.

Arrangez-les dans une terrine, plat ou casserole que vous frotterez d'un peu de beurre, lard ou graisse. Couvrez-les bien, & les mettez un instant sur le feu ou cendres chaudes, feu dessus & dessous. Il ne faut qu'un instant pour les cuire. Otez les brochettes & les mettez sur le plat que vous devez servir, parce qu'ils rendront encore du jus. Mettez un peu d'eau dans la casserole où ils ont cuit, un peu de mie de pain, sel, poivre & une pointe de vinaigre. Jettez dessus vos rognons & servez. Il ne faut pas que le rognon bouille pour être cuit.

Rognons au Concombre.

Hors-d'œuvre. Ayez une certaine quantité de rognons, prenez garde qu'ils ne sentent point le bélier. Faites-les cuire dans des bardes de lard, &

les laissez refroidir. Ensuite vous les émincez bien, & vous les mettez dans un ragoût de concombres au roux, ou à la bechamel.

Vous faites le même usage du rognon de mouton que de celui de bœuf.

Rognons de moutons glacés.

Ayez des rognons de moutons, faites-les piquer d'un lard très-fin, sans ôter la petite peau. Ensuite les embrochez dans des petites brochettes de bois, de fer, ou d'argent, attachez-les sur la broche avec un papier beurré dessus l'endroit qui n'est pas piqué. Faites-les cuire à propos, & les servez avec une sauce à l'Espagnole, ou autre. *Hors-d'œuvre.*

Du Gigot de Mouton.

Gigot de mouton à la mode.

PIquez-le de lard, & l'étouffez dans une braise bien foncée, *Entrée.*

laissez-le cuire sur des cendres chaudes sans le mouiller, & le servez chaud avec sa sauce bien passée & dégraissée.

Gigot de Mouton à l'ail.

Entrée. Prenez un gigot de mouton mortifié. Battez-le & le piquez partout de gousses d'ail. Faites-le cuire à la broche ou au four. Mangez-le dans son jus, ou avec quelques légumes. On peut le piquer aussi avec de gros filets d'anchois bien nouveaux.

Gigot de mouton au Chevreuil.

Grosse entrée. Choisissez-le qui soit tendre. Faites-le piquer de menu lard. Ensuite marinez avec du vinaigre, une bouteille de vin du Rhin, de l'eau, des oignons, de l'ail, du clou, de la muscade entiere, un citron dont vous aurez ôté la peau, thin, laurier, basilic, de la coriandre écrasée dans le mortier. Faites bien chauffer cette marinade. Mettez-y votre mouton & l'y laissez un jour entier. Embrochez-le & l'arrosez de sa mirinade dans une léchefrite qui soit propre. Vous le servirez avec une poivrade liée ou bien de la sauce que vous aurez tirée de la léchefritte, & que vous ferez bouillir avec deux ou trois pains de beurre. Vous la passez à l'étamine, & la mettez dans une sauciere.

Gigot de mouton à l'Angloise.

Faites-le cuire dans l'eau avec du sel. Faites une sauce avec un morceau de beurre, de la farine, sel, poivre, muscade, & un peu de bouillon. Tournez votre sauce, mettez-y une pointe de vinaigre, six jaunes d'œufs durs hachés bien menus, & une pincée de capres. Jettez dessus votre gigot, & servez chaud.

Étant cuit de cette façon, vous pouvez le servir avec des navets cuits dans l'eau, & y mettre une sauce blanche, dans laquelle vous mettrez de la moutarde, en finissant.

Gigot à la Polonnoise.

Entrée. Ayez un gigot bien mortifié, désossez-le, faites-le cuire aux trois quarts dans une braise à l'eau ou bouillon. Laissez-le égoutter. Etant à demi-froid, coupez-le en large par-dessous, sans séparer les morceaux. Maniez un morceau de beurre avec persil, ciboule, échalottes, du gingembre en poudre, du sel, du gros poivre & mie de pain. Vous en mettez une couche à chaque tranche. Mettez-le dans une casserole de la maniere qu'il doit être servi, avec un peu de la braise où il a cuit, & un verre de vin de Champagne, le tout bien étouffé pendant une demi-heure, feu dessus & dessous. En finissant, jus d'orange.

Gigot à l'Espagnole.

Faites-le cuire dans une bonne braise bien douce, & bien nour- *Entrée.* rie, & jettez dessus une sauce à l'Espagnole.

On peut le piquer de gros lardons assaisonnés, & le mariner dans de l'huile, sel & fines herbes pendant vingt-quatre heures, & le faire cuire ensuite dans une braise avec du vin de Champagne & de l'huile.

Gigot à l'Allemande.

Faites-le cuire à la braise. Piquez-le de lard, quand il est cuit, *Entrée.* jettez dessus une sauce à l'Allemande. (Voyez langues de mouton à l'Allemande.)

Gigot de mouton à la Portugaise.

Ayez un gigot mortifié, désossez-le, & ne laissez que le bout *Entrée* du manche. Lardez-le de gros lard, assaisonné à l'ordinaire. Mettez-le dans une terrine ou casserole. Mettez-y des oignons de Portugal si vous en avez, sinon d'autres entiers avec de petites saucisses, une demi-bouteille de vin d'Espagne. Mettez-le cuire au four à petit feu. Couvrez-le simplement de papier. Quand il est à moitié cuit, retournez-le & achevez de faire cuire. Dégraissez, & le servez avec la sauce qu'il a rendue. Mettez-y le jus de cinq ou six oranges de Portugal.

Gigot de mouton à la Moscovite.

Entrée. Ayez un gigot mortifié & bien battu. Assaisonnez & lardez à l'ordinaire. Mettez-le cuire au four. Etant cuit aux trois quarts, mettez-le sur un petit fourneau. Mouillez-le avec une chopine d'eau-de-vie la meilleure. Quand il commence à bouillir, mettez-y le feu, remuez toujours tant que le feu brûlera. Ensuite mettez un peu de blond de veau. Laissez mijoter, dégraissez & servez chaud.

Gigot à l'eau.

Etant mortifié & battu, lardez- le de trufes. Mettez-le cuire dans de l'eau, du sel, quelques oignons & racines, un peu de bouillon, & l'écumez. Etant cuit aux trois quarts, passez le bouillon, & le remettez cuire tout doucement. Laissez-le égoutter. Faites un caramel de la cuisson du gigot, que vous y mettez ensuite, afin qu'il se glace tout doucement sur une cendre chaude. Servez avec un peu de blond de veau. *Entrée.*

Gigot aux racines.

Foncez une braise, mettez-y votre gigot avec toute sorte de racines bien épluchées & blanchies. Faites suer à petit feu, & mouillez avec un peu de bouillon. Quand le tout est bien cuit, & bien consommé, laissez égoutter le gigot & les racines. Arrangez le tout proprement sur le plat, & jettez dessus le fond de la cuis- *Entrée.*

son. Faites attention que cela soit bien doux.

Gigot de mouton en mortadelle ou saucisson.

Entremêt froid. Prenez un gigot, désossez-le entierement, ôtez les trois quarts de la chair en dedans. Lardez le reste avec du gros lard bien assaisonné à l'ordinaire. Coupez en filets la chair de votre gigot, du jambon nouveau & tendre, des cornichons, des trufes, des champignons & du lard, vingt ou trente gousses d'ail, que vous aurez fait blanchir auparavant. Assaisonnez le tout, & mettez du lard rapé, quatre jaunes d'œufs crus, le tout bien manié ensemble. Formez votre saucisson. Enveloppez-le bien, & le faites cuire dans une bonne braise. Mouillez avec du vin blanc, un demi-verre d'eau-de-vie. Quand il est cuit, laissez-le refroidir dans sa braise, & le servez froid.

Si on veut le servir chaud, l'assaisonnement doit être plus léger & sans ail.

En général un gigot bien cuit à la braise, peut se servir avec telle sauce, ragoût & garniture qu'on juge à propos. On peut le piquer & le glacer.

On peut le mettre à la daube, ainsi que les autres viandes.

On le met aussi au four, ainsi que l'épaule.

De l'Epaule de Mouton.

Epaule de mouton en canon.

Levez la palette de l'épaule, & le gros os qui va jusqu'au manche, le tout proprement, sans offenser la peau. Levez la chair de l'épaule en filets avec des filets de langues de bœuf crud, des filets de jambon crud, & des filets de petit lard, le tout assaisonné un peu fort. Arrangez tous ces filets les uns après les autres sur

Entremêts froids.

la peau de l'épaule, le tout bien soudé avec des œufs. Tournez votre épaule & l'enveloppez dans un boyau de bœuf, comme une langue de bœuf. Faites une demi-saumure avec de l'eau, du sel, un peu de salpêtre, clous de girofle, laurier, thin, basilic, geniévre, fenouil. Faites bouillir un demi-quart d'heure. Avant que de la tirer, jettez-y un peu d'eau-de-vie. Passez-la. Quand elle est tiéde, jettez-y votre épaule & la laissez pendant deux jours. Faites faire un bouillon à votre saumure soir & matin, ensuite vous faites cuire comme le gigot ci-devant.

Epaule de mouton braisée & panée au four.

Entrée. Battez votre épaule & la lardez de lard. Faites cuire dans une bonne braise, panez, & faites prendre couleur au four, dégraissez & servez avec telle sauce que vous voudrez.

Epaule de mouton au ris à la Polonnoise.

Faites cuire du ris dans de bon bouillon, avec un morceau de lard un peu maigre. Quand il est froid, mettez du ris au fond du plat & l'épaule de mouton dessus, que vous aurez fait cuire à la braise. Tailladez votre épaule des deux côtés, recouvrez-la ensuite avec du ris & du raisin de Corinthe mêlés ensemble. Panez le tout avec un peu de parmesan. Mettez au four, & faites prendre couleur tout doucement. Servez avec un peu de blond de veau.

Entrée.

Epaule de mouton au sang.

Décharnez votre épaule sans la déchirer. Faites entrer par le gousset une espece de boudinaille. Faites cuire ensuite votre épaule à la braise, & servez avec une sauce au porc frais.

Entrée.

On peut la mettre à la broche, quand on est sûr qu'elle est tendre.

Epaule de mouton au four.

Entrée. Battez bien votre épaule. Assaisonnez de sel & poivre. Piquez-la de lardons bien assaisonnés. Mettez-la dans une terrine ou autre vaisseau. Garnissez le fond de tranches d'oignon ou autres légumes. Faites-la cuire & la servez avec sa sauce qui est un peu de bouillon que vous mettez dans le fond de la terrine pour la faire cuire.

Epaule de mouton à l'eau.

Entrée. Elle s'apprête de même que le gigot de mouton. Vous la dégraissez bien, ensorte qu'elle ne sente point le suif.

Du Quarré de Mouton.

Quarré de mouton glacé.

Entrée. Otez les peaux & les nerfs, parez les os qui sont dessous le filet. Piquez-le de moyen lard, & le faites cuire comme un fricandeau. Glacez de même, & le servez avec telles légumes, graines & racines que vous jugerez à propos. (Voyez à l'article des légumes en ragoût.)

Quarré de mouton à la bonne femme.

Appropriez votre quarré, & le mettez dans une terrine avec des bardes de lard, de veau, & jambon, un bouquet de persil, ciboule, deux clous, un peu de basilic, de sel, & poivre, le tout cuit fort doucement. Aux trois quarts de la cuisson, mettez-y un peu d'eau ou bouillon, achevez de faire cuire, & servez avec sa sauce bien dégraissée. — Hors-d'œuvre.

Quarré de mouton à la Brie.

Ayez un quarré bien mortifié, piquez-le de persil, ensorte qu'il en soit tout couvert. Mettez-le à la broche, & ne l'arrosez pas, que le persil ne soit un peu sec. Servez-le avec son jus, du gros poivre, & un peu d'échalotes. — Entrée.

Quarré de mouton à la Villeroy.

Hors-d'œuvre.
Piquez un quarré de lard, jambon & anchois. Assaisonnez de fines herbes. Etouffez dans une braise, & servez dessus une sauce à l'Italienne, blanche & claire.

Quarré de mouton au naturel.

Entrée.
Prenez un beau quarré de mouton, parez-le à l'ordinaire, faites-le cuire à la broche à moitié. Ensuite achevez de le faire cuire dans le pot. Quand il est presque cuit & moëlleux, tirez-le & le servez avec un ragoût de chicorée ou autre légume.

Quarré de mouton au sang.

Entrée.
Ayez un ou deux quarrés de mouton. Piquez-les avec des filets d'oignon, lard & jambon assaisonnés. Faites-les cuire dans une bonne braise. Laissez-les égoutter & refroidir. Passez dans une casserole de petites tranches d'oignons bien minces avec du lard fondu. Etant presque cuit, jettez-y toutes

tes sortes de fines herbes, & y mettez du sang assaisonné comme le boudin. Faites cuire de même. Etendez un morceau de crépine sur le plat où vous les voulez servir. Mettez dessus de votre appareil de sang, ensuite les quarrés. Renversez du sang, recouvrez de crépines. Renversez pour que les quarrés se trouvent sur le bon côté. Panez légerement, & faites prendre couleur au four. Dégraissez & servez avec une sauce à l'Espagnole, ou du blond de veau.

Des côtelettes de Mouton.

Côtelettes de mouton grillées.

COupez vos côtelettes proprement. Trempez-les dans un peu de beurre ou lard, avec sel, poivre, persil haché. Panez avec de la mie de pain très-fine. Faites-les cuire dans leur jus, servez dessous un peu de jus, du blond de veau, ou verjus.

Hors-d'œuvre

Tome I. P

Côtelettes de mouton aux navets en purée.

Vos côtelettes étant grillées, faites une purée de navets de la façon qui suit.

Hors-d'œuvre.

Prenez des navets bien tendres. Coupez-les en dez & faites blanchir. Laissez-les égoutter Passez-les dans une casserole avec du lard fondu sur un petit fourneau pendant une demi-heure. Quand ils commencent à prendre couleur, singez un peu & mouillez avec du bouillon & blond de veau. Laissez mijoter doucement jusqu'à ce qu'ils soient cuits. Passez votre purée dans une passoire & la servez sous vos côtelettes.

On en peut mettre sur toutes sortes de viandes.

Côtelettes de mouton aux racines.

Entrée. Faites-les cuire à la braise, & jettez dessus un ragoût de racines.

Côtelettes de mouton à la poêle.

Passez vos côtelettes dans du

lard fondu sur un fourneau dans une casserole un peu grande. Retournez-les de tems en tems. Quand elles sont presque cuites, assaisonnez de sel, poivre, persil, ciboule, échalottes hachées. Faites-les égoutter. Mettez dans votre casserole un peu de bouillon. Jettez une liaison de deux jaunes d'œufs délayés avec du verjus, & un peu de muscade. Remettez vos côtelettes dedans. Retournez-les dans la sauce, & servez chaud.

Après les avoir fait cuire dans la poële, vous pouvez jetter dans le restant du lard fondu une pincée d'échalottes hachées. Mouillez avec du vin rouge. En finissant un filet de vinaigre.

Côtelettes de mouton a la poële au fenouil.

Faites-les cuire aux trois quarts dans une petite braise. Mettez-les dans une casserole avec deux pains de beurre, persil, ciboule, champignons hachés, échalottes, un bouquet fait avec deux gousses d'ail, deux clous, une branche de fenouil. Faites mijoter le tout avec deux bardes de veau blanchies. En finissant un peu de quinte-essence ou consommé, & un peu de blond de veau. Dégraissez, servez chaud & doux.

Côtelettes de mouton à la Jardiniere.

Hors-d'œuvre. Parez & accommodez vos côtelettes proprement. Piquez-les de moyens lardons, assaisonnez, & du persil en branche. Faites-les suer dans une casserole avec quatre pains de beurre, assaisonnez de sel, poivre, une branche de sarriette & zestes de jambon. Quand le tout est presque cuit, faites-le égoutter & le mettez dans une autre casserole avec les zestes de jambon, de petites carottes, panais blanchis, de petits oignons blancs que vous aurez passés un peu à l'huile, du bouillon, un verre de vin de Champagne, une poignée de persil haché. Faites mijoter jusqu'à parfaite cuisson. Dressez vos côtelettes & mettez par-dessus vos racines, oignons & zestes de jambon, & du jus de citron dans la sauce.

Côtelettes de mouton aux fines herbes.

Faites-les cuire à la braise, & les piquez de petits lardons de lard & jambon. Hachez persil, ciboule, champignons, échalottes. Mettez le tout dans une casserole avec deux ou trois pains de beurre ou lard fondu, sel, poivre, basilic, muscade. Mettez-y vos côtelettes & les étouffez sur des cendres chaudes pendant une demi-heure. Mettez-les égoutter & jettez dans la casserole du blond de veau. Faites bouillir, dégraissez & servez sur vos côtelettes. Hors-d'œuvre.

Côtelettes de mouton en crépines.

Faites cuire des côtelettes dans

une petite braise. Mettez-les égoutter. Passez des oignons blancs coupés en tranches, bien minces, avec deux pains de beurre. Laissez cuire. Etant refroidies, mettez dedans du sel, du poivre, un peu d'anis pilé, & du lard rapé. Maniez le tout ensemble, étendez un morceau de crépine. Mettez dessus de votre appareil avec des filets d'anchois bien lavés. Mettez une côtelette, & remettez des oignons & des filets d'anchois. Recouvrez avec la crépine. Faites la même cérémonie à toutes les autres. Panez un peu & mettez au four. Faites prendre couleur, & servez avec du blond de veau.

Côtelettes de mouton en haricots.
Entrée. Passez vos côtelettes dans du lard ou beurre. Otez-les & y passez vos navets coupés. Quand ils ont couleur, ôtez-les, essuyez-les bien. Mettez-les dans une petite marmite avec les côtelettes, un

bouquet de fines herbes, sel & poivre. Faites un roux avec ce qui reste dans votre poêle. Mouillez avec de l'eau, jus, ou bouillon. Laissez mijoter votre haricot sur des cendres chaudes. En finissant dégraissez, mettez des croutons bien séchés, une pointe de vinaigre.

Les haricots de poitrine se font de même.

Côtelettes de mouton à l'oignon.

Coupez les côtelettes d'un petit mouton bien minces. Foncez une petite marmite de bardes de lard. Arrangez un lit de côtelettes. Mettez dessus de belles tranches d'oignon. Assaisonnez de sel, poivre, basilic en poudre, un peu de muscade. Faites de même à toutes vos côtelettes. Recouvrez le tout avec des bardes de veau, & bardes de lard. Mettez dedans quelques clous de girofle. Couvrez, & faites suer sur des cendres

Hors-d'œuvre

chaudes. Mettez-y un verre de bon bouillon & laissez mijoter jusqu'à parfaite cuisson. Mettez-les égoutter, sans les séparer les unes des autres. Dégraissez la sauce, & y mettez un peu de blond de veau. Quand elle est réduite, jettez dessus vos côtelettes.

Côtelettes de mouton en surprise.

Hors-d'œuvre. Faites cuire un quarré de mouton à la broche ou dans le pot. Otez les côtelettes & hachez la viande avec du sel, du poivre & autre assaisonnement, un peu de lard & graisse de bœuf cuit dans le derriere du pot, un peu de pain trempé dans la crême, trois ou quatre jaunes d'œufs, le tout bien haché. Ensuite vous avez un morceau de crépine sur lequel vous mettez de votre farce, & un os de la côtelette, de façon que l'un tienne dans l'autre. Vous la recouvrez de crépine, la panez avec de la mie de pain très-fine. Faites-la griller comme à l'ordinaire, ou bien faites-lui prendre couleur au four. Servez dessous un peu de blond de veau.

Côtelettes de mouton à la pluche verte.

Ayez des côtelettes de mouton cuites aux trois quarts dans une braise. Mettez-les dans une casserole avec un bouquet, un morceau de veau blanchi, une tranche de jambon, trois gousses d'ail, un demi-verre d'huile, un verre de vin de Champagne & autant de bon bouillon. Laissez mijoter le tout jusqu'à parfaite cuisson. Laissez égoutter les côtelettes, passez la sauce & la dégraissez, jettez dedans un pain de beurre manié dans la farine, & tournez sur le feu. En finissant, mettez gros comme le pouce de persil haché, & blanchi & le jus d'un citron. Il faut que la sauce soit consistante comme de la crême double. Jettez-la dessus les côtelettes.

Hors-d'œuvre.

Les côtelettes se mettent aussi à l'Allemande, ainsi que les langues de mouton. Il faut toujours qu'elles soient cuites aux trois quarts dans une braise.

Filets de mouton en Cartouche.

Hors-d'œuvre. Ayez des quarrés mortifiés. Levez-en les filets que vous parez bien de leur peau, graisse, & nerfs. Coupez-les de la longueur du doigt du milieu. Piquez les de lard & jambon. Assaisonnez à l'ordinaire. Faites-les cuire dans une braise. Laissez-les refroidir. Ayez une farce de foyes gras, fines herbes, tetine de veau blanchie, lard blanchi, sel, poivre, & l'assaisonnement ordinaire, lié de quatre jaunes d'œufs. Enveloppez vos cartouches de cette farce & les roulez dans une belle barde de lard qui soit bien levée & bien épaisse. Panez le tout à deux fois. Faites prendre couleur au four, & servez dessous un peu du fond de la braise avec un peu de blond de veau.

Filets de mouton au Chevreuil

Faites piquer vos filets avec du menu lard. Marinez-les avec du vinaigre, de l'eau, des tranches d'oignon, laurier, sel, basilic. Faites-les cuire à la broche de belle couleur. Servez dessous une poivrade liée ou sauce au porc frais. *Hors-d'œuvre.*

Bressolles de mouton aux concombres.

Coupez un filet de mouton bien mince & large comme un écu, battez-le avec le dos du couteau. Assaisonnez de sel, poivre, persil, ciboule, un peu de champignons, avec deux pains de beurre, un peu de lard fondu, le tout bien manié ensemble. Foncez une casserole de quelques bardes de lard. Arrangez vos bressoles avec tout leur assaisonnement. Recouvrez-les de quelques bardes de lard & d'un peu de veau. Assaisonnez dessus légerement, & faites cuire *Hors-d'œuvre.*

P vj

sur des cendres chaudes. Faites-les égoutter, & servez dessus un ragoût de concombres.

On peut les servir avec le fond de la sauce bien dégraissé.

Bressoles de mauton aux truffes.

Hors-d'œuvre. Coupez votre filet comme ci-devant, & marinez de même avec autant de petites tranches de truffes, le tout bien arrangé dans la casserole où on les fait cuire à petit feu. Vous les servez avec le fond de la sauce, & un peu de blond de veau, & le jus d'un citron.

Quand les bréfolles sont bien faites, on les sert avec telle sauce qu'on veut.

Filets mignons de mouton à la moëlle.

Hors-d'œuvre. Prenez de petits filets de mouton sous la graisse du rognon que vous levez proprement, & coupez en petites tranches bien minces, vous les battez avec le dos du couteau. Ensuite vous faites fondre de la moëlle, dans laquelle vous mettez vos tranches de mouton, avec perſil, ciboule, échalotes, champignons, & des truffes dans le tems, le tout haché bien menu, avec ſel, poivre, baſilic en poudre, un peu de muſcade. Remuez bien dans l'aſſaiſonnement, tandis qu'il eſt un peu chaud. Arrangez toutes les tranches dans un grand plat ou caſſerole. Finiſſez-les comme les eſcalopes à l'ordinaire.

On peut mettre ſur chaque petite tranche un peu de farce fine, faite avec de la volaille ou veau cuit. Vous les roulez comme des hatereaux, & les faites cuire dans leur ſauce ſur des cendres chaudes. Enſuite vous les mettez dans la caſſerole avec un peu de coulis, blond de veau ou de réduction. Dégraiſſez, faites bouillir ; en ſervant, jus de citron.

Filets de mouton à l'oignon, à la crême.

Hors-d'œuvre.

Ayez des filets de mouton cuits à la broche. Quand ils sont froids, vous les parez bien de toute leur peau & nerfs : ensuite vous les émincez, & les marquez dans une casserole. Vous aurez des oignons blancs, hachés minces, que vous passerez dans une casserole avec deux pains de beurre, le tout à petit feu; pour que l'oignon cuise bien, vous le singez, & le mouillez de bon bouillon. Vous le faites bouillir un peu, ensuite vous y mettez un demi-septier ou chopine de crême qui soit bonne & bien nouvelle. Faites bouillir à petit feu, mettez-y du sel & du poivre. Quand l'oignon est bien cuit, & la sauce bien consistante, vous la mettez dans vos filets, & il ne faut plus qu'ils bouillent, servez chaud.

Différentes sortes d'Entrées & Hors-d'œuvres, qu'on peut faire avec le mouton.

Rôt de bif de mouton glacé.

COupez la moitié du mouton jusqu'à la premiere côte, tenez les peaux longues. Croisez les bouts des gigots l'un dans l'autre. Appropriez bien le tout. Levez la peau du rôt de bif dessus le filet que vous ferez piquer d'un lard bien rond, pour soutenir la cuisson. Vous piquerez les cuisses de lardons assaisonnés, & de lardons de truffes. Vous mettrez cuire le tout dans une grande braisiere ou casserole ovale bien nourrie de lard & bardes de veau, jambon & autre assaisonnement. Vous mettez le lard en-dessus, & faites cuire à petit feu. Mettez égoutter. Couvrez le lard avec du papier. Panez les cuisses avec de

Grosse entrée.

la mie de pain. Faites prendre couleur au four. Retirez & glacez le lard avec un caramel de veau. Vous le dreffez dans le plat, & le fervez avec telle fauce que vous voudrez.

Rôt de bif de mouton à la Sainte-Menehoult.

Groffe entrée. Coupez comme ci-devant, lardez de lard, affaifonnez à l'ordinaire. Faites cuire dans une bonne braife. Panez avec mie de pain ou parmefan. Dégraiffez & fervez chaud avec du blond de veau.

Rôt de bif de mouton aux fines herbes.

Groffe Entrée. Prenez un rôt de bif qui foit tendre. Levez la peau du dos le plus proprement que vous pourrez. Ayez du lard rapé avec un morceau be beurre, perfil, ciboule, truffes, échalottes hachées bien menues, fel, poivre, bafilic, mufcade, un peu de mie de pain, le tout manié enfemble. Mettez entre la peau & la chair du rôt de bif. Remettez la peau, attachez-la avec de petites brochettes. Embrochez votre rôt de bif. Couvrez-le de papier, & le faites cuire dans son jus.

Noix de mouton glacées.

Levez les noix d'un gigot de mouton comme vous faites celles de veau. Faites-les piquer de même, & les faites cuire dans une braise de veau bien foncée, le lard en-dessus. Faites prendre couleur, & glacez avec le caramel qu'elles auront rendu. Servez avec telles légumes que vous jugerez à propos. On peut les piquer en dedans de gros lard assaisonné. *Entremêts.*

Carbonnade ou rouelle de mouton.

Coupez de même que la rouelle de veau en travers du gigot de l'épaisseur d'un pouce. Piquez de même, & servez avec telle sauce que vous voulez. On peut mettre ces carbonnades à la poêle, à la bonne femme ou autre sauce. *Entremêts.*

Hachis de mouton.

Hors-d'œuvre. — Faites cuire un gigot ou une épaule. Laissez refroidir, & ôtez les nerfs. Hachez bien menu, & mettez dans une casserole avec du blond de veau, un peu d'échalottes hachées & de sel. Faites-le chauffer, & servez avec des croutons de pain frits dans du lard ou sain-doux.

Hachis à la Bourgeoise.

Hors-d'œuvre. — Hachez votre viande, & faites fondre dans une terrine un peu de lard avec des oignons hachés très-menus. Laissez-les cuire tout doucement. Mettez-y un peu de farine, & mouillez avec un peu de bouillon ou de l'eau. Achevez de faire cuire l'oignon. Jettez-y votre viande, & assaisonnez de sel, poivre, & muscade.

Selle de mouton à la Barbarine.

Grosse Entrée. — Ayez un mouton bien tendre. Coupez-en la selle depuis la derniere côte jusqu'à la moitié du gigot. Levez-en la peau proprement. Cizelez le filet des deux côtés, à un pouce de distance. Ayez des tranches de petit lard, de truffes, de foies gras, de filets d'anchois, des tranches d'oignons d'Espagne. Mettez dans chaque cizelure une tranche de ce qui est ci-dessus. Ayez du lard rapé, de la moëlle de bœuf, assaisonnez de persil, ciboule, échalottes, sel, poivre, basilic & muscade, le tout pilé ensemble avec six jaunes d'œufs durs, & trois jaunes d'œufs cruds. Couvrez votre selle avec tout cet appareil. Remettez la peau par-dessus ou une crépine. Faites cuire dans une braise le filet en-dessus. Quand elle est cuite, dressez-la sur son plat. Dégraissez, glacez avec une glace de veau faite exprès, & servez avec sa sauce bien dégraissée.

Cascalopes de mouton à l'huile. Hors-
Coupez les filets comme pour d'œuvre

les brésoles. Marinez-les avec du sel, poivre, basilic, de la muscade, du persil, de la ciboule, de l'échalotte, un peu d'ail, deux champignons, le tout haché bien menu, & un verre d'huile. Marinez le tout ensemble l'espace d'une heure. Arrangez-les dans une grande casserole, mais qu'ils ne soient pas l'un sur l'autre. Mettez-les dessus un grand feu. Quand ils se détachent de la casserole, vous les remuez un peu. Quand le mouton est tendre, il ne faut qu'un instant pour les faire cuire. Faites-les égoutter. Jettez dans le restant de la sauce un demi-verre de vin de Champagne, un peu de quinte-essence, consommé, ou bouillon, avec un peu de blond de veau. Faites bouillir un instant, dégraissez & servez avec courte sauce, & jus de citron.

Profiterolle de mouton.

Ayez deux noix de mouton Hors-prises dans le gigot. Parez-les & d'œuvre. les coupez en tranches bien minces, larges comme deux gros écus. Faites-les mariner pendant une heure avec toutes sortes de fines herbes, comme les bréfolles. Formez une espece de petit pain. Mettez d'abord une tranche, sur laquelle vous mettrez un morceau de farce à l'ordinaire. Vous la recouvrez avec d'autres tranches. Vous faites de même aux autres, & les faites cuire comme les bréfolles. Vous avez autant de profiterolles dont vous ôtez la mie par-dessous. Vous mettez à la place les petits pains de mouton dedans. Vous faites un gratin de foyes gras au fond du plat que vous voulez servir. Arrangez vos profiterolles dessus. Faites mitonner & attacher avec du fond de la braise. Dégraissez & servez avec du coulis, ou blond de veau.

Poitrine de mouton a la Ste-Menehoult.

Hors-d'œuvre.

Coupez les tendrons de deux poitrines de mouton, de la largeur de quatre doigts. Faites-les cuire à la braise, & les panez avec une Sainte-Menehoult. Faites prendre belle couleur, & servez avec du blond de veau, ou quelque autre ragoût de légume.

En général la poitrine sert à faire des haricots, & bonne bouillie au pot, grillée, dans les hochepots, dans des terrines, mêlée avec autres choses.

Collets de mouton à la moutarde.

Faites cuire au pot ou à la braise. Panez-le avec un peu de beurre, sel, poivre, basilic en poudre. Faites griller de belle couleur.

Hors-d'œuvre.

Passez de l'oignon avec du lard fondu ou beurre. Singez & mouillez avec un peu de jus ou bouillon, sel & poivre, quand l'oignon est cuit, la sauce est faite. Mettez-y de la moutarde, & passez le tout au travers d'un tamis. On peut y laisser l'oignon si on veut, comme à une sauce Robert.

Collet de mouton aux petits oignons.

Faites-le cuire aux trois quarts dans une braise ou dans la marmite. Mettez-le dans une casserole, avec de petits oignons blancs bien blanchis, & épluchés de leur premiere peau. Faites-les cuire à moitié dans de bonne huile, Laissez-les égoutter, & les mettez avec votre collet de mouton, deux gousses d'ail, une bonne cuéillerée de bon bouillon, un verre de vin de Champagne, une pincée de persil haché, & une petite tranche de jambon, Faites mijoter sur le feu jusqu'à parfaite cuisson, & que le tout soit réduit à la quantité d'une sauce, dégraissez, mettez un pain de beurre manié dans un peu de farine, & du jus de citron. Dressez votre collet, les oignons dessus, & mettez la sauce dessus. Servez chaud.

Hors-d'œuvre.

Le collet étant cuit à la braise, ou au pot, se peut mettre avec plusieurs sauces & légumes différentes, sur des potages, dans des terrines, en haricots & autres.

Animelles à l'Italienne.

Entremêts. Etant bien nettoyées & blanchies, vous les émincez, & vous les passez avec un pain de beurre, un peu d'huile, sel & poivre, & le jus d'un citron. Pour les servir vous jettez dessus une sauce à l'Italienne, & des croutons.

Animelles frites au citron.

Entremêts. Il faut prendre garde qu'elles soient bien saines, ce qui se voit quand elles sont blanchies, & les deux peaux ôtées. Le dedans doit être bien blanc & n'avoir point de durillons. Sur-tout qu'elles ne sentent point le belier. Vous les coupez en deux & les faites mariner avec du sel, & le jus de deux citrons. Ressuyez-les & les faites frire dans l'huile aux trois quarts

quarts. Etant froides, vous les coupez en filets, & les faites mijoter dans une sauce à l'Espagnole.

On peut servir des animelles à plusieurs sauces différentes.

Carbonnade de mouton à la Languedocienne.

Ayez une terrine de terre de la grandeur proportionnée, pour ce que vous voulez mettre de viande dedans. Coupez des rouelles de mouton d'un bon gigot, épaisses d'un doigt. Mettez au fond de la terrine du lard entrelardé, ensuite des grosses tranches d'oignon. Mettez dessus les carbonnades, remettez du lard & des tranches d'oignon. Assaisonnez le tout de sel, poivre, un clou. Couvrez bien votre terrine, faites cuire sur des cendres chaudes l'espace de huit heures. Découvrez votre terrine, dégraissez & servez avec le fond de la sauce. On peut y mettre un peu de blond de veau.

Les palais de mouton se mettent à plusieurs sauces, comme les palais de bœuf & de veau.

Observation sur le mouton.

Le mouton, pour être bon, doit être gras en dedans, & avoir la chair noire. Il est ordinairement bon quand il est de bon acabit, qu'il est jeune, & n'a point souffert. Il lui faut quatre à cinq jours de mortification dans un tems frais. Dans l'été, on le conserve autant qu'on le peut, & on le préserve des mouches à ver. L'hiver on le garde tant qu'on veut. Cependant il ne faut pas le laisser geler, cela lui ôte le goût.

L'hiver est la saison où l'on mange le meilleur mouton, à cause de la facilité de le pouvoir transporter des meilleurs cantons.

Dans le printems, jusqu'au mois

de Juin, on mange les moutons engraissés, de Beauvais & de Reims, les gros Flamans & d'autres pays.

Dans l'été, nous avons les moutons de pâture qui sont excellens quand ils ont pâturé dans les champs après la levée des grains, à cause des petites herbes fraîches, serpolet & autres qu'ils mangent.

Dans l'automne & l'hiver, nous avons les moutons de Beauvais, de Reims, Préfalé, Cabour, Dieppe, Gand & autres lieux circonvoisins, des Ardennes & Normandie.

Les abatis de mouton se vendent ordinairement par les Tripieres, mais il faut prendre garde qu'ils ne sentent point de mauvais goût, toujours les employer le plutôt que l'on pourra.

De la Chévre, Chevreau ou Cabril.

La Chévre n'est bonne que pour le lait.

Le Chevreau a la chair tendre & délicate. Il est d'un goût excellent, quand il est mangé aux environs de quatre à cinq mois.

On en fait le même usage que de l'agneau. Les plus gras sont les meilleurs.

De l'Agneau.

Tête d'Agneau au persil.

Entrée. PRenez une ou deux têtes d'agneau. Faites-les échauder, sinon ôtez la peau le plus proprement que vous pourrez. Désossez les deux bajoues. Coupez le bout de la tête jusqu'aux yeux. Faites-les dégorger & blanchir à l'eau bouillante. Faites-les cuire simplement dans du bouillon, un verre d'huile & un verre de vin blanc, deux bardes de lard, un peu de sel.

Pour la sauce, vous prenez de la quinte-essence bien faite, dans laquelle vous faites infuser une pincée de persil en branche. Mettez égoutter ce persil. Mettez dans votre quinte-essence un pain de beurre manié, que vous tournez un peu sur le feu. Il faut que cela soit un peu consistant. Faites blanchir un peu votre persil, & le mettez dessus votre tête, & la sauce par-dessus.

Têtes d'agneau en surprise.

Faites-les blanchir, & les faites cuire aux trois quarts; désossez-les entiérement. Otez la cervelle, & faites un salpicon avec des champignons coupés en petits dez, & passez avec un pain de beurre. Mouillez avec de bon bouillon ou jus de veau. Jettez dedans des foyes gras, les langues de vos têtes, le tout coupé en dez. Finissez votre ragoût avec du blond de veau bien lié, mais peu de sauce. Laissez-le refroidir, remplissez la place de la cervelle, & des morceaux de cervelle par-dessus coupés en dez. Couvrez la tête avec de la farce fine, bien liée. Panez légerement, & faites prendre couleur au four. Servez dessous du blond de veau, le tout bien dégraissé.

Têtes d'agneau aux crêtes.

Entrée. Faites-les cuire bien blanches. Passez des champignons avec un pain de beurre. Mouillez avec de bon bouillon, un bouquet de persil, ciboule, deux clous de girofle dedans. Laissez mijoter, & jettez dedans huit ou dix belles crêtes que vous aurez fait cuire auparavant. Finissez le tout avec une liaison de deux jaunes d'œufs, un peu de persil, jus de citron; jettez le tout dessus vos têtes.

Têtes d'agneau au verjus.

Entrée. Faites-les cuire, & mettez dans une casserole deux pains de beurre, du persil concassé & blanchi, un peu de farine, un jaune d'œuf, du sel, du poivre, de la muscade.

Délayez avec du bouillon, un peu de verjus dans la saison, en liqueur & non en grain. Tournez la sauce sur le feu. Quand elle commence à être un peu consistante, ôtez-la, & servez dessus vos têtes.

La tête d'agneau étant bien cuite & blanche, vous servez dessus telle sauce que vous jugez à propos.

On la met à l'Italienne blanche, à l'Espagnole, au blond, aux petits œufs, à l'Angloise, aux truffes, & autre sauce.

Issue d'agneau au naturel.

Il faut avoir la tête, les pieds, la fressure ; faire bien dégorger la tête & la fressure. Flambez les pieds sur un fourneau bien ardent, pour ôter le reste du poil qui s'y trouve. Faites cuire le tout dans une marmite avec de l'eau, du sel, quelques bardes de lard. Mettez-y aussi quelques mor-

Entrée.

ceaux de petit lard. Quand le tout eſt cuit, laiſſez égoutter, & arrangez dans votre plat la tête au milieu des langues bien épluchées à leur place, la freſſure coupée en morceaux au tour avec les pieds & le petit lard.

Pour la ſauce, il faut mettre infuſer dans un vaiſſeau un grand verre de bouillon, demi-verre d'huile, deux cueillerées à bouche de vinaigre blanc, tranches d'oignon, deux ou trois feuilles de macis, ſel & poivre, trois gouſſes d'ail, quelques échalotes. Après trois heures d'infuſion, vous paſſez le tout au clair, vous dégraiſſez l'huile, & ſervez dans une ſauciere.

La cervelle d'agneau s'employe de même que celle de veau.

Les langues, comme celles de mouton.

Les pieds, comme ceux de mouton.

Les queues, comme celles de veau.

Les oreilles, comme celles de veau.

Les fraises, comme celles de veau.

Les sauces particulieres qu'on y peut faire, dépendent du goût particulier qui peut varier, & qui peut, par de certains mélanges, & en mariant à propos les ingrédiens de la cuisine, trouver & composer des sauces nouvelles & excellentes. On peut faire tous les jours de nouvelles découvertes dans la cuisine. Je veux éviter les répétitions tant que je pourrai pour ne pas ennuyer.

Du quarré d'Agneau.

Quarré d'Agneau en mouseline.

AYez deux quarrés d'agneau mortifiés, gras & fin. Parez-les à l'ordinaire. Piquez-les de foyes gras & de truffes. Assaison-

Hors-d'œuvre.

Entrée ou Hors-d'œuvre.

nez de sel, poivre, basilic en poudre. Endossez vos deux quarrés l'un sur l'autre, avec de légeres bardes de veau bien minces tout autour. Enveloppez vos deux quarrés dans un morceau de mousseline double. Liez bien les deux bouts. Mettez-les dans une terrine qui soit dans la forme des quarrés, si faire se peut. Mettez-y un demi-verre d'eau, & un demi-verre de vin de Champagne. Couvrez bien le tout. Mettez sur des cendres chaudes une journée entiere. Ensuite vous les tirez & défaites la mousseline, dans laquelle doit se trouver tout le jus que la viande a rendu. Servez-les avec leur sauce.

La volaille tendre, cuite de cette façon, est très-bonne. Cela demande une grande attention.

Le quarré d'agneau se met comme celui de veau ou de mouton. Observez qu'il lui faut donner du goût, parce que l'agneau par lui-même est fort insipide.

Des côtelettes d'Agneau.

Côtelettes d'Agneau, sauce à l'Orange.

APrès les avoir coupées & parées, marinez-les dans du beurre fin ou lard fondu, avec un peu de persil, sel, poivre & basilic en poudre. Panez-les avec de la mie de pain très-fine. Faites-les griller légerement dans leur jus. <small>Hors-d'œuvre.</small>

Pour la sauce, vous maniez un pain de beurre avec du sel, du poivre, du persil, de la ciboule, de l'échalotte, un peu de mie de pain. Mettez-la dans une casserole avec un verre de quinte-essence, un demi-verre de vin de Champagne. Faites bouillir quelques bouillons. En finissant, le jus d'une orange & quelques zestes.

Côtelettes d'agneau au verd-pré.

Hors-d'œuvre. Faites griller vos côtelettes à propos. Mettez dans une casserole des tranches d'oignon, de petits morceaux de veau, quelques zestes de jambon, zestes de carottes & panais. Faites suer le tout avec un peu de bouillon dedans pour lui aider à rendre son jus. Quand la sauce est prête à s'attacher, vous la mouillez à blanc avec d'excellent bouillon, un verre d'huile, un verre de vin.

Faites mijoter le tout & y mettez deux gousses d'ail piquées d'un clou. Dégraissez, passez & mettez dans une casserole, un pain de beurre, manié dans un peu de farine, mouillez avec le bouillon ci-dessus. Tournez la sauce dessus le feu. Quand elle commence à prendre consistance vous l'ôtez & y mettez une bonne pincée de persil blanchi & haché bien menu. Il faut même qu'il domine un peu. En servant, le jus d'un citron. Si vous le mettiez plutôt, l'acide du citron feroit jaunir votre sauce. Servez dessous vos côtelettes.

Les côtelettes d'agneau à la poële, aux fines herbes avec bardes de lard, s'accommodent de même que celles de veau.

Blanquette d'agneau.

Elle se fait dans le même goût que celle de veau, mais elle doit être un peu plus relevée. Hors-d'œuvre.

Les petites poitrines d'agneau s'accommodent de même que celles de mouton.

Et les ris d'agneau, comme celui de veau. Entremêts.

Du quartier d'Agneau.

Quartier d'agneau fouré au sang.

PRenez un quartier d'agneau de devant. Désossez-le par le côté du manche. Prenez garde de déchirer la peau. Levez la palette de l'épaule. Otez-la & ne séparez pas la peau. Faites un appareil de boudinaille de la façon qui suit.

Passez de l'oignon dans un peu de panne fondue. Quand l'oignon est presque cuit, jettez-y de la panne en dez, du persil, de l'échalotte, du sel, du poivre, des épices à boudin. Passez encore un peu sur le feu. Mettez-y un demi-septier de sang d'agneau si vous en avez, avec un poiçon de crême, quatre jaunes d'œufs. Remuez bien le tout, faites égouter & laissez refroidir. Ensuite vous fourez votre quartier & vous le cousez bien tout autour. Enveloppez-le d'une crépine & le mettez à la broche. Etant cuit, dressez-le dans le plat & mettez dessous une sauce à l'Espagnole.

Epaule d'agneau en chausson.

Entrée. Ayez une ou deux épaules. Désossez-les entiérement. Ne laissez que le bout de l'os pour pouvoir la prendre. Vous étendez votre épaule fur la table. Vous faites un compofé de lard rapé affaifonné de fel, poivre & fines herbes, tranches de truffes, tranches de foyes gras, ou autres chofes qui conviennent; le tout manié avec trois jaunes d'œufs. Etendez fur votre épaule, roulez-la & la ficelez. Faites cuire dans une braife légere, & fervez deffous un ragoût de truffes, ou autre ragoût de légume.

Epaule d'agneau glacée.

Défoffez-la comme ci-devant, & la faites piquer en-deffus, enfuite vous la roulez & mettez dedans quelque peu de farce, fi vous voulez, pour la remplir & lui faire prendre la forme qui convient. Faites-la cuire comme un fricandeau, & fervez deffous telle fauce que vous voudrez.

Entré

Quartier d'agneau, fauce à l'agneau.

Prenez un quartier d'agneau de

devant. Faites-le cuire à la broche. Levez l'épaule proprement. Mettez entre deux un morceau de beurre très-fin, manié avec du sel, du gros poivre, persil, ciboule, échalottes & un peu de mie de pain. Remettez votre épaule. Vous la mettez dans un plat ou casserole bien couverte avec un demi-verre de bouillon & autant de vin. Faites mijoter un demi quart d'heure, dressez sur le plat & servez avec jus d'orange.

Entrée.

Rôt de bif d'agneau à la Barbarine.

Il s'accommode de même que la selle de mouton. Vous pouvez y ajouter quelque chose qui le releve un peu plus.

Grosse Entrée.

Filets d'agneau à la Condé.

Ayez des filets d'agneau, pris depuis le haut du quasi jusqu'au bas du colet. Vous les parez, & les piquez avec des lardons d'anchois & de cornichons. Ensuite vous les marinez dans deux pains de beurre, un peu d'huile, cham-

Entrée.

pignons, persil, ciboule, échalottes, capres, le tout haché bien menu, avec sel, poivre, basilic en poudre, un peu de rocambole & de pain, deux jaunes d'œufs durs. Enveloppez-les de crépines avec tout leur assaisonnement. Faites-les cuire à la broche sur de petites hatelettes. Enveloppez-les de papier. Quand ils sont cuits, panez-les avec une mie de pain bien fine. Servez dessous une sauce faite avec un pain de beurre manié, un peu de blond de veau, deux tranches, de citron, un peu de muscade. Tournez la sur le feu. Il faut qu'elle soit un peu consistante.

Agneau en gondolle.

Prenez un agneau entier. Passez les deux manches des gigots l'un dans l'autre, qui formeront la queue de la gondolle. Otez les deux brochettes qui se trouvent aux deux épaules pour les laisser

<small>Grosse Entrée.</small>

écartées, ce qui formera les rames. Laissez le col fort long qui formera la tête. Mettez dans le corps de votre agneau, ou un grand salpicon, ou un grand ragoût d'allouettes, pigeons ou tourtereaux. Que le tout soit presque cuit, & le ragoût qu'on mettra dedans bien lié. Cousez-le bien afin que rien ne sorte. Faites-le piquer des deux côtés des flancs depuis un bout jusqu'à l'autre. Désossez le milieu & renversez la peau sur le piqué de chaque côté. Otez les deux filets d'un bout à l'autre. Mettez à la place une farce fine tout d'un long. Remettez la peau par-dessus & la cousez bien. Faites cuire votre agneau dans une casserole ovale, poissonniere ou autre vaisseau de la forme de l'agneau. Le lard en dessus, bien assaisonné, & couvert de crépines, bardes de lard, de veau & jambon. Mettez-le au four avec d'excellent bouillon & vin de Champagne. Recouvrez-le ; étant cuit, retirez-le proprement dans son entier. Prenez du fond de la sauce que vous mettez en caramel pour glacer le piqué, & les deux filets que vous avez levés & faites cuire à la broche. Vous en faites une blanquette, bien liée & bien relevée pour mettre dans le milieu. Otez la peau qui couvre la farce que vous avez mise à la place des filets. Garnissez votre gondolle de grosses truffes, crêtes & écrevisses, de ris de veau glacés, & mettez dessous une sauce à l'Espagnole.

Cette gondolle faite avec précaution, doit faire un bel effet au milieu d'une table.

On peut la garnir d'hatelettes de poisson, que vous piquez dans les cuisses.

Quartier d'agneau au rôti.
Embrochez-le & le faites bien

cuire. Car toute viande de lait veut être plus cuite que toute autre viande. Avant que de l'ôter de la broche, jettez dessus un peu de mie de pain, mêlée avec un peu de persil & de sel.

Rôt.

Rôt de bif d'agneau rôti.

Rôt.

Coupez votre rôt de bif à une côtelette près du quarré. Passez les deux manches des gigots l'un dans l'autre. Faites les piquer de menu lard, & les faites rôtir de belle couleur. Servez avec une sauce froide, verd de blé ou autre.

L'agneau étant bien cuit, de quelque façon que ce soit, se sert avec plusieurs sortes de sauces, qui doivent être de haut goût.

Observation.

L'agneau n'est bon qu'autant qu'il est gras, que la chair en est fine & blanche. Il lui faut trois ou quatre jours de mortification, selon le tems.

On en mange depuis Noël jusqu'à la Pentecôte.

De la dissection des viandes.

L'ART de couper & de servir proprement les viandes, si nécessaire à un bon convive, & d'un si grand usage aujourd'hui pour le commerce de la table, avoit été porté fort loin autrefois. Les Romains avoient des Ecuyers tranchans d'une habileté surprenante, qui coupoient les viandes en cadence, au son des instrumens & en dansant. On n'y fait pas tant de façon chez nous : mais on ne peut se piquer d'avoir toutes les qualités d'un bon convive, si l'on ne connoît les bons morceaux, & si l'on n'est en état de servir. C'est de cet art, qui, certainement est du ressort de la cuisine, que je me propose de donner une idée, sans prétendre, au surplus, m'ériger en Ecuyer tranchant. Je commencerai par la viande de boucherie, ensuite je passerai à la Volaille & au Gibier, tant à poil qu'à plume.

Dissection du Bœuf, tant rôti que bouilli.

La poitrine de bœuf, gros bout ou tendon, se coupe en travers & près du tendon. Plus vous approchez des os, plus la chair est tendre. La charbonnée se coupe aussi en travers & en morceaux minces. Il s'en trouve auprès des os de fort délicats.

Le paleron se coupe de même.

La culotte, petite ou grosse, se coupe de même en travers & dans le milieu. Plus vous approchez de l'os & de la queue, plus la chair est fine.

Le gîte se coupe encore en travers, ainsi que la tranche, soit bouilli, soit bœuf à la mode.

Pour couper proprement l'aloyau, il faut ôter le dessus du

filet qui eſt une peau nerveuſe & dure, (il ſe trouve pourtant des perſonnes qui l'aiment,) enſuite vous coûpez le filet en travers bien mince & vous le ſervez. La viande qui eſt ſous le filet, & qui eſt dure ordinairement, ſe coupe de même en travers & bien mince. Quand elle eſt coupée proprement & du bon ſens, & que les convives ne l'ont point vû couper, on peut au beſoin la faire paſſer pour du filet.

Le Trumeau ſe ſert à la cueillere, parce que la chair en eſt courte & pleine de cartillages.

La langue ſe coupe par tranches en travers. Les morceaux les plus tendres ſont dans le gros. Toutes les autres langues ſe ſervent de même.

Il faut obſerver que bien des gens trouvent la viande dure, faute de la ſçavoir couper dans le fil.

Dissection du veau.

Pour bien servir la tête de veau, on commence par servir les yeux aux Convives que l'on considere le plus, ensuite les oreilles, & enfin les bajoues. La cervelle se sert à toute la compagnie ou à ceux qui l'aiment. On coupe après cela la langue par morceaux, & on trouve encore de quoi s'amuser autour des os.

De la longe & du cuisseau de veau.

Il faut commencer par servir du filet à toute la compagnie. On le coupe en travers par petites tranches, on leve le rognon si l'on veut, & après l'avoir coupé par petits morceaux, on le sert de même. En remontant du côté du casi, on trouve de petits morceaux fort délicats qu'on peut servir, & il y a de petits os pour ceux qui aiment à ronger ou à s'amuser. Comme les jointures en sont marquées, en appuyant le

couteau

couteau dessus, on les sépare facilement. Sous le rognon dans l'intérieur de la longe, il y a un petit filet très-délicat, qu'il faut lever & couper par morceaux en travers, afin de le servir.

Le cuisseau bouilli ou rôti se coupe par tranche dans le milieu au dedans; ou bien on le retourne, pour couper la noix de dessous qui est la plus tendre. On en sert à la compagnie, avec un peu de rissolé. Ensuite on coupe l'autre noix de même: car dans la cuisse de veau rôtie, il n'y a de tendre que les noix.

Le cuisseau bouilli se sert de même, avec les cartillages qui sont du côté du manche.

De l'Epaule de veau.

Il faut commencer par servir la petite noix qui est enveloppée dans un morceau de graisse sur la gauche de l'épaule en dessous; ensuite on leve des tranches de l'autre côté, dessus & dessous que l'on sert au gré des Convives.

Le quarré de veau se sert comme la longe, on peut le couper par côtelette, mais il faut bien prendre le joint.

La poitrine bouillie ou rôtie, pour être servie proprement, se coupe ainsi. Il faut lever la peau charnue qui est sur les tendrons, ensuite on la coupe par côtes, en prenant bien la jointure du tendron. On peut même, quand la peau est levée, séparer les côtes d'avec les tendrons, en coupant la poitrine en travers ; il faut bien prendre l'endroit où le couteau ne résiste pas, c'est-à-dire, en tirant du côté des tendrons. Ensuite vous coupez par morceaux l'un & l'autre, & vous en servez.

Dissection du Mouton.

Quartier & Gigot de mouton

IL faut les couper en travers, tant qu'il y a du filet, ensuite en remontant du côté de la queue sur la croupe, on peut lever des espèces d'éguillettes qu'on sert comme un morceau délicat. Après cela, vous coupez des tranches dans le gros de la chair. Mais le morceau le plus tendre est dans la sous-noix extérieure, qui se trouve du côté du nerf, vous en coupez des tranches en travers, & vous en servez.

L'épaule de mouton se coupe, & se sert comme celle de veau.

Le quarré de mouton, comme celui de veau.

Le rôt de bife, ou selle de mouton rôtie ou bouillie, se sert comme le gigot. On sert du filet tant qu'il y en a, ensuite on coupe dans le gros des cuisses. La souris ainsi appellée, parce qu'on lui a trouvé quelque ressemblance avec l'animal de ce nom, est encore un morceau tendre & moëlleux que l'on peut servir.

La poitrine se coupe comme celle de veau.

L'agneau & le chevreau se disséquent comme le mouton.

Dissection du Sanglier & du Cochon.

La hure de Sanglier se sert ordinairement froide. On commence à couper, & à servir du côté des oreilles, & en continuant du côté des bajoues, & toujours des cartilages tant qu'il y en a. Ensuite vous servez du chignon par petites tranches très-minces. La bonne façon, quand on sert, est de servir peu à la fois, & de ne point charger l'assiette des Convives. On mange par ce moyen, davantage & avec bien plus d'appetit.

Le jambon froid ou chaud, se coupe en travers, par tranches bien déliées, & toujours le gras joint au maigre.

Le filet, l'échignée, le quarré se coupent en travers par tranches bien minces. On peut aussi servir les côtes entieres, comme le quarré de veau.

L'épaule se coupe, & se sert comme celle de veau.

Le *Combien*, ainsi appellé, parce que quand on marchande un cochon au marché, pour voir si la bête est bonne, on commence à la prendre par le pied, en disant au Marchand, *combien ce cochon-là?* se sert comme le jarret de veau.

Dissection du Cochon de lait.

Aussi-tôt qu'il est sur la table, on lui coupe la tête, & puis les deux oreilles. On sépare la tête en deux: ensuite on coupe la cuisse gauche & successivement l'épaule gauche, la cuisse droite & l'épaule droite. On leve après cela la peau de ce qui reste, pour en servir toute croquante à ceux qui l'aiment. L'épine du dos se coupe en deux, & l'on en sert par petits morceaux à la compagnie, du côté des côtes qui y restent attachées. Les morceaux près du col sont très-délicats, aussi-bien que les côtes & les jambes.

Le Marcassin se dissèque de même.

Le Dain & le Chevreuil se coupent & se servent comme le veau.

Dissection de la Volaille & du Gibier.

Noms de toutes les parties & jointures de la Volaille & du Gibier à plumes.

LE côté droit du col.
Le côté gauche du col.
Le dessus de l'aîle droite.
La petite jointure de l'aîle droite.
Le dessous de l'aîle droite.
La jointure du genou de la cuisse droite.
Le dessus de la cuisse droite.
Le dessous de la cuisse droite.

Le côté droit du croupion.
Le côté gauche du croupion.
Le croupion.
La jointure ou genoux de la cuisse gauche.
Le dessous de la cuisse gauche.
Le dessus de la cuisse gauche.
Le dessous de l'aîle gauche.
La petite jointure de l'aîle gauche.
Le dessus de l'aîle gauche.
Le dessus de l'estomac.
Le dessous de l'estomac.
La fourchette du col.
La petite fourchette du côté droit.
La petite fourchette du côté gauche.
Le côté droit de la carcasse.
Le côté gauche de la carcasse.

Dissection de la Poularde, du Poulet & autre viande blanche.

On en peut faire huit parts honnêtes. La premiere est l'aîle qu'on leve proprement, en la prenaut par le bout de la main gauche ou avec la fourchette. Vous tenez de la main droite le couteau que vous posez sur la jointure, en coupant un peu, & vous achevez l'opération de la main gauche, en tirant l'aîle qui céde aisément. Il faut tenir la piéce avec sa fourchette bien ferme, pour que la dissection s'en fasse plus proprement. Vous levez après cela la cuisse du même côté, en donnant un léger coup de couteau dans les nerfs de la jointure, vous la tirez de la main gauche & vous faites la même opération de l'autre côté. Ensuite vous coupez le croupion en deux, les deux petites fourchettes, le ventre & l'estomac. On peut servir des blancs à part. Le morceau le plus honnête de la volaille est l'aîle. Toute la viande blanche se coupe & se sert de même.

Diſſection du Canard, de l'Oiſeau de Riviére, &c.

On commence par lui découvrir les deux piéces de l'eſtomac, en les coûpant par éguillettes, qu'on ſert aux perſonnes auſquelles on défere les honneurs de la table. Enſuite on leve les aîles, la carcaſſe & les cuiſſes.

Diſſection de la Beccaſſe.

Elle ſe coupe de même que la poularde & le poulet : mais le morceau le plus délicat eſt la cuiſſe ; d'où vient l'ancien proverbe, cuiſſe de beccaſſe & aîle de perdrix ſont les morceaux les mieux choiſis ; au reſte, chacun a ſon goût.

Diſſection de la perdrix.

Elle ſe coupe encore comme la poularde. L'aîle & le corps ſont les meilleurs morceaux.

Diſſection du Faiſan.

Le faiſan ſe diſſeque de même, les morceaux les plus délicats sont le blanc du bout de l'estomac & les cuisses.

Dissection du Pigeon.

On peut servir un pigeon entier quand il est petit : par ce moyen chacun en fait la dissection à sa fantaisie. Ou bien on le coupe en deux piéces en travers, ou par le dos, & on fait tenir les deux cuisses & le croupion ensemble. On peut encore en lever les cuisses & les aîles, comme à la viande blanche.

Dissection du Liévre

Pour bien couper le liévre, on commence à le fendre le long du dos ou de l'épine. Depuis le col en descendant, vous trouvez les filets. Quand ils sont levés, on les coupe en travers par morceaux, & on les sert comme les morceaux les plus délicats ; le reste se disséque à la volonté.

Le lapreau se coupe & se sert de même, les petits filets du dedans son forts délicats.

MENU D'UN DINER
tout en Bœuf.

PREMIER SERVICE

UN potage à la jambe de bœuf au naturel.

Quatre Hors-d'œuvres, sçavoir,

Un de palais de bœuf à la Sainte-Menehoult.

Un de gras-double à la poulette.

Un de petits pâtés de bœuf à la ciboulette.

Un de filets de bœuf émincés aux concombres.

Un pâté chaud de queues de bœuf aux navets, pour relever le potage.

DEUXIÉME SERVICE.

Quatre Entrées, sçavoir.

Une de charbonnée à la cendre aux truffes.

Une de paupiettes de bœuf glacées aux cornichons.

Une de langue de bœuf au gros sel.

Une de tendons de bœuf aux fines herbes.

TROISIEME SERVICE.

Deux plats de rôts, sçavoir ;

Un filet d'aloyau rôti.

Un morceau de bœuf à la mode en gelée.

Une salade de chicorée à la langue de bœuf.

QUATRIEME SERVICE.

Cinq Entremêts, sçavoir,

Un de poitrine de bœuf fumée à la Hongrie.

Un de menus droits au Parmesan.

Un de gâteau de graisse de bœuf.

Un d'oreilles de bœuf à la Sainte-Menehoult.

Un de rôties de moëlle de bœuf.

On peut faire toutes les sauces avec du bœuf.

Menu d'un souper tout en Bœuf.

PREMIER SERVICE.

Une Oille au consommé de bœuf.

Quatre Hors-d'œuvres, scavoir,

Un de griblettes de bœuf à la rocambole.

Un de bajoues de bœuf à la purée.

Un de rognons de bœuf émincés à l'oignon.

Un de rissolles de bœuf.

Une culotte de bœuf au demi sel, à la Sainte-Menehoult, pour relever l'oille.

DEUXIÉME SERVICE.

Quatre Entrées, scavoir,

Une d'hatereaux de bœuf dans leur sauce.

Une de noix de bœuf glacée au cellery.

Une d'un gâteau de bœuf au sang.

Une de roulade de flanchets de bœuf aux trufes.

TROISIE'ME SERVICE.

Deux plats de rôt, sçavoir,

Un d'une daube de bœuf.

Un petit aloyau rôti au naturel.

Une salade de chicorée à la langue de bœuf.

QUATRIE'ME SERVICE.

Cinq Entremêts chauds.

Un d'alimelles de palais de bœuf.

Un d'une tourte de moëlle de bœuf.

Un de menus droits d'oreilles de bœuf.

Un de cervelle de bœuf en beignets, marinés au citron.

Un de clarquet de jus de bœuf bien glacé.

On peut faire toutes les sauces & le jus dont on a besoin avec du bœuf.

MENU D'UN DINER
tout en *Veau*.

PREMIER SERVICE.

UNe selle de veau glacée.
Deux potages.

Un de liaison de veau garni de cervelle de veau.

Un de consommé de veau au cellery, & garni de cellery glacé.

Six Hors-d'œuvres, sçavoir,

Un de fraise de veau à l'Italienne.

Un de rissoles de tetine de veau.

Un de petits pâtez de hachis de veau & de truffes.

Un de paupiettes de queues de veau, aux épinards à la crême.

Un de semelles de veau à l'orange.

Un de cervelle de veau à l'Espagnole garni.

Pour lever les deux potages.

Un pâté chaud de mufles de veau.

Un gâteau de veau glacé.

DEUXIEME SERVICE.

Six entrées, sçavoir,

Une de côtellettes de veau aux fines herbes.

Une de langues de veau à la mode.

Une d'oreilles de veau en croquets.

Une de foies de veau à l'étuvée.

Une de grenadins de veau à l'oseille.

Un de quasi de veau à la marmotte, dans sa sauce.

TROISIEME SERVICE.

Quatre plats de rôt.

Un quarré de veau piqué.

Deux noix de veau piqués.

Deux tendons de veau piqués.

Un foie de veau piqué.

Un pâté de veau froid, deux salades.

QUATRIE'ME SERVICE.
Huit entremets.

Un de Panachine de veau.

Un d'amourettes de veau.

Un de ris de veau glacés.

Un de palais de veau au Parmesan.

Un d'alimelles de veau.

Un de noix d'épaules de veau.

Un de menus droits de pieds de veau.

Un d'une tourte de rognons de veau.

On fera le corps du bouillon, le jus & les sauces, avec de la cuisse de veau.

Menu d'un souper tout en veau.
PREMIER SERVICE.
Une oille au jus de veau.

Deux hors-d'œuvres.

Un de petits pâtés de veau à l'Espagnole.

Un d'andouilles de fraise de veau.

DEUXIÈME SERVICE.

Trois Hors-d'œuvres.

Un de saucisses de veau.

Un de blanquette de veau.

Un d'hatereaux de veau au beurre.

TROISIÈME SERVICE.

Trois Hors-d'œuvres.

Un de crépinettes de foies de veau.

Un de ris de veau au gros sel.

Un d'hatelettes de langues de veau.

QUATRIÈME SERVICE.

Trois entrées.

Un de canelons de veau.

Un d'yeux de veau au citron.

Une de bressoles de veau à la rocambole.

CINQUIÈME SERVICE.

Trois entrées.

Une de tranches de veau glacées aux fines herbes.

Une de Celestine au foie.

Une de bajoues de veau à la Sainte-Menehoult.

Sauce piquante.

SIXIE'ME SERVICE.
Deux entrées.

Une de caſcalope de veau aux truffes.

Une de tendons de veau, aux pois.

SEPTIE'ME SERVICE.
Rôt.

Un de filets mignons glacés rôtis.

Un cuiſſeau de veau rôti à l'ail.

Des pains de veau à la glace.

Un pâté de veau.

Une galantine de veau.

Salade & ſauces de différens goûts.

HUITIE'ME SERVICE.
Trois entremêts.

Un gâteau de veau glacé.

Des pieds de veau à la Sainte-Menehoult.

Des ris de veau frits.

NEUVIEME SERVICE.
Trois entremets.

Un de canapé de moëlle de veau.

Un de tartelettes de cervelles de veau.

Un de gelée de veau.

DIXIEME SERVICE.
Deux entremets.

Un de cingarat de langues de veau fumées.

Un d'alimelles de mufles de veau au vin d'Espagne.

MENU D'UN DINER
tout en Mouton.

PREMIER SERVICE.

UN potage au bouillon, & consommé de mouton.

Quatre Hors-d'œuvres.

Un de pieds de mouton, ravigotte.

Un de hachis de mouton.

Un de langues de mouton aux fines herbes.

Un d'escalope de mouton.

Un pâté chaud de noix de mouton, piqué de truffes, pour relever le potage.

DEUXIEME SERVICE.

Quatre entrées.

Une de tendons de mouton à l'oignon.

Une de côtelettes de mouton à la Jardinière.

Une de filets de mouton à la Conty.

Une de carbonnades de mouton dans leur sauce.

TROISIEME SERVICE.

Trois plats de rôt.

Un de quarré de mouton piqué.

Un d'une petite selle de mouton,

Une daube de gigot de mouton.

Salade & sauce.

QUATRIE'ME SERVICE.

Cinq entremets.

Un de menus droits de pieds de mouton.

Un de petites langues de mouton fumées.

Un de ris de mouton en ragoût.
Un d'alimelles de mouton frits.
Un d'alimelles de mouton émincé au Parmesan.

Menu d'un souper tout en Mouton.

PREMIER SERVICE.

Un rôt de bife de mouton à la Sainte-Menehoult.

Quatre Hors-d'œuvres.

Un de cailletons de mouton.
Un de semelles de mouton à l'échalottes.
Un de petits pâtés de mouton à l'Espagnole.
Un de crépinettes de mouton.

DEUXIEME SERVICE.

Quatre entrées.

Une d'haricot de mouton.
Une de quarré de mouton au sang.

Une tourte de rognons de mouton.

Une queue de mouton au Parmesan.

TROISIEME SERVICE.
Trois plats de rôt.

Un d'une épaule à la Rouchy, piquée.

Un de mouton à la mode.

Un de filets de mouton en venaison, piqué.

QUATRIEME SERVICE.
Cinq entremêts.

Un de petites langues de mouton de Saint-Germain.

Un d'alimelles de mouton.

Un de palais de mouton.

Un de petits pains de mouton.

Un de foie de mouton aux truffes en coquilles.

MENU D'UN DINER
tout en Cochon.

PREMIER SERVICE.

UN potage garni d'andouillettes de cochon.

Deux Hors-d'œuvres

Un d'andouilles à la couenne de cochon.

Un de queue de cochon à la Sainte-Menehoult

Une épaule de cochon au vin de Champagne, pour relever le potage.

DEUXIEME SERVICE.

Quatre Hors-d'œuvres.

Un de palais de cochon au gratin.

Un de crépinettes de cochon.
Un de boudin noir de cochon.
Un de cervelle de cochon à l'Espagnole.

TROISIEME

TROISIÉME SERVICE.

Trois hors-d'œuvres.

Un de filets mignons de cochon à l'escalope.

Un de bas de soye à la purée.

Un de bajoues de cochon marinées.

QUATRIE'ME SERVICE.

Un de petit sallé.

Un de femelles de cochon.

Un de langues de cochon piquées, glacées, sauce piquante.

CINQUIE'ME SERVICE.

Rôt.

Un cochon de lait rôti.

Un échignée rôtie au demi sel.

Un jambon rôti.

Salade & sauces.

SIXIE'ME SERVICE.

Trois entremêts.

Un d'un pâté de jambon.

Un de pieds de cochon à la Sainte-Menehoult.

Un de menus droits de couenne de cochon.

Tome I.

SEPTITE'ME SERVICE.
Trois entremêts.

Un d'oreilles de cochon.

Un de langues de cochon fumées.

Un de galantines de cochon.

HUITIE'ME SERVICE.
Trois entremêts.

Un de cervelats de cochon.

Un de gelée de cochon.

Un de cervelle de cochon de lait frite.

On peut faire de pareils menus tout en volaille ou en gibier, lorsqu'on se trouve dans des endroits où l'on a abondamment de l'un ou de l'autre, & que l'on veut consommer cette sorte de viande pour n'être pas obligé d'en acheter d'autre : mais il faut que tous les plats qui composent ces menus, Hors-d'œuvres, Entrées ou Entremêts, soient artistement diversifiés, tant pour l'œil que pour le goût. Le grand point est d'en vouloir faire la dépense, & d'avoir un bon Officier.

On peut encore faire des menus uniformes, soit en poisson, soit en légumes ; il ne s'agit que d'en avoir une quantité suffisante.

MENU D'UN DINER
simple & naturel.
PREMIER SERVICE.

UN potage de santé garni des légumes de la marmite.

Quatre hors-d'œuvres.

Un d'un jarret de veau au gros sel.

Un de côtelettes de mouton grillées dans leur jus.

Un d'aîlerons de dindon au bouillon.

Un de griblettes de filets de bœuf dans leur jus.

On relève le potage avec le bouilli.

DEUXIÈME SERVICE.

Quatre entrées.

Une poularde à l'oignon dans sa sauce.

Une de deux têtes d'agneaux au gros sel.

Une de pigeons à la crapaudine.

Une de langue de bœuf bouilli.

TROISIÈME SERVICE.

Trois plats de rôt.

Un de deux poulets.

Un de deux perdreaux.

Un d'un oiseau de riviere.

Deux salades.

QUATRIÈME SERVICE.

Cinq entremêts.

Un d'asperges.

Un de cardes au bouillon.

Un de crêtes & de queues d'écrévisses à l'huile.

Un de crême à l'Allemande simple.

Un de petits gâteaux.

On voit par l'exposé de ce repas qu'il ne faut pour le faire, ni jus, ni coulis, ni confommé, ni réduction, ni reftaurant. On peut fervir quelque fauce ravigotte à part.

Menu d'un souper dans le même goût.

PREMIER SERVICE.

Une oille fimple, de viande & de racines.

Quatre hors-d'œuvres.

Un de petits pâtés.

Un de petits poulets grillés.

Un de cervelle de veau, à la braife, dans fa fauce.

Un de cuiffes de poulardes au gros fel.

On peut relever le potage avec un aloyau ou une autre piéce de viande rôtie ou bouillie, le tout dans fon jus.

DEUXIE'ME SERVICE.

Quatre entrées.

Une de côtelettes de veau grillées.

Une de trois petits quarrés d'agneaux en mousseline.

Une de pigeons à la braise.

Une de salmis de perdreaux au bouillon.

TROISIE'ME SERVICE.

Trois plats de rôt.

Un de caneton.

Un de pigeons, ortolans.

Un de beccasseaux.

Deux salades.

QUATRIE'ME SERVICE.

Cinq entremêts.

Un d'œufs pochés.

Un d'une crême de ris.

Un d'une tourte d'abricots.

Un de pois simples, cuits dans leur eau.

Un d'écrévisses.

N. On trouvera peut-être que je ne me suis pas assez étendu sur les différentes façons d'apprêter une infinité de mêts que l'on imagine tous les jours ; mais la plupart sont de pur caprice, & d'un goût trop particulier, & un grand nombre d'autres ne font point fortune, & font oubliés en naiſſant. Les mêts qui par leur bonne qualité & la ſimplicité de l'apprêt, m'ont paru d'un goût général, & à la portée de tout le monde, font ceux auſquels je me ſuis attaché, en choiſiſſant ce qu'il y a de mieux dans la vaſte étendue qu'embraſſe la Cuiſine nouvelle. Le petit nombre où je me ſuis borné ſera ſans doute toujours de mode, à moins qu'il n'arrive un grand changement dans la nature même des choſes. J'ai rendu la deſcription que j'en donne la plus intelligible que j'ai pu, j'ai ſurtout évité la prolixité, & je crois qu'avec le ſeul ſecours de mon Livre, ſans qu'il ſoit beſoin d'avoir paſſé un tems conſidérable dans une cuiſine, où l'on n'a rien vû la plupart du tems que de fort ordinaire & de fort commun, on peut travailler hardiment partout, pour peu qu'on ait d'intelligence & d'activité. Quand on bâtit fur de bons fondemens, on réuffit toujours dans quelque genre que ce foit. Ceux qui font au-deffus de leur métier, pourroient fe paffer de mon Ouvrage, mais quand ils ne le regarderoient que comme un affez bon Canevas, fur lequel ils peuvent broder à leur aife, je me flatte qu'ils ne dédaigneront pas d'y jetter quelquefois les yeux. La Cuifine eft peut-être de tous les arts celui où il y a le plus d'arbitraire, une feule tête ne peut renfermer tous les goûts, toutes les idées & toutes les manieres. Mais elle a fes principes comme les autres arts, & fi tout le monde eft en état de faire la cuifine à fon goût, peu de gens fçavent la finir parfaitement au goût des autres, & beaucoup de ceux qui s'en mêlent font bornés à la maxime triviale : Qu'un Cuisinier est toujours bon quand il sçait contenter son Maître.

IDE'E DE LA CUISINE
ET DE L'ECONOMIE.
BOURGEOISE.

COmme la Cuisine de Comus & la pratique de son art, pourroient ne pas convenir à bien des gens, tels que les Bourgeois d'une fortune médiocre, les Artisans & autres personnes du tiers état qui vivent simplement & sans aucune recherche, soit par ménage, soit faute de moyens, & souvent pour ne sçavoir pas accommoder les choses, j'ai jugé à propos de donner ici un *abrégé de la Cuisine Bourgeoise*, tant pour servir à l'économie du ménage, ce qui est un grand point, que pour faciliter les moyens de manger toujours quelque chose de bon, & à peu de frais, en y apportant l'attention, les soins & la propreté convenables.

Une bonne Ménagere doit avoir soin que sa cuisine petite ou grande, & tous les ustenciles qui peuvent y servir, soient propres & dans l'arrangement le plus commode. Les provisions faites dès le matin, il faut songer à faire le bouillon ; quoique la recette en soit facile, il demande pourtant certaine attention, & sa bonté dépend beaucoup plus de la façon que de toute autre chose.

Bouillon.

Le bouillon se fait avec telle viande que l'on veut, & la quantité en est arbitraire. Gîte, trumeau, paleron, entrecôte, bas d'aloyaux, poitrine, tendon ou culotte de bœuf, tous ces morceaux ont leur mérite ; on en met la quantité qu'il convient suivant celle du bouillon que l'on veut faire, & quand le pot est écumé (si pourtant on est dans cet usage: car il y a des gens qui ne l'écument point,) on le met devant le feu, & on le fait bouillir doucement. Après qu'il est sallé, on y met selon son goût & la saison, les racines & les légumes ordinaires, comme carottes, panais, navets, poireaux, cellery, oignons & choux. On y fait entrer un peu de tout, ou l'on change d'un jour à l'autre. On peut ficeler tous ces ingrédiens pour les mettre entiers sur le potage. Une autre fois on y met des herbes, comme oseille, poirée, bonne dame, laitue, pourpier, chicorée, le tout entier & bien ficelé, ou si l'on veut haché bien menu. Quand le bouillon est fait, & les légumes cuits, on les tire proprement sur une assiette, on passe ensuite le bouillon dans

S vj

un tamis de soye ou de crin, & on fait mitonner le potage avec du pain ordinaire ou des croutes, soit de chez le Boulanger, soit du ménage, en ôtant un peu la mie, & en les chapelant avec le couteau. On les fait sécher devant le feu, ou l'on s'en sert telles qu'elles sont, pourvu qu'elles ne soient point brûlées, ce qui donneroit mauvais goût à la soupe. Le potage se sert garni de légumes. Si l'on veut conserver du bouillon, ou faire un peu de coulis & de jus, on en tire avant d'y mettre les choux ou autres légumes forts. Le bouillon se conserve encore mieux quand il n'a cuit dans aucun légume ou autre ingrédient trop fort : on le dégraisse bien, & quand il est refroidi, on le met sans le couvrir dans un endroit frais. Si l'on met dans le pot quelque volaille pour lui donner du goût & pour servir sur le potage, il faut la flamber avant de la vuider, & l'éplucher bien. On trousse les pattes en dedans, en ôtant seulement le bout des ergots, on nettoye le gésier & le foye, & après avoir fait blanchir le tout à l'eau bouillante, on les attache aux aîles, & on passe la tête dans les pattes. Le tout bien ficelé, & mis dans le pot, on le laisse cuire le tems convenable suivant la qualité de la piéce. On peut mettre au défaut d'une volaille des abbatis de dindon & d'oye, le tout duement nettoyé & blanchi. Ces abbatis peuvent se servir à part au gros sel ou à quelqu'autre sauce, cela fait un plat & une espéce d'hors-d'œuvre.

Façon de faire le jus.

Prenez environ une demi-livre de tranche ou de rouelle de veau, que vous coupez bien mince par petits morceaux. Vous mettez des tranches d'oignon dans le fond d'une petite casserole de terre ou de cuivre, avec un petit morceau de lard ou de la graisse de votre viande, une larme de bouillon, une carotte & un panais coupés par petits morceaux. Couvrez & faites suer cela sur des cendres chaudes. A mesure que cela rend son jus, augmentez le feu. Quand le tout est réduit, que le jus commence à prendre couleur, & que la viande & les oignons sont attachés, ôtez votre casserole de dessus le feu, mettez-y du bouillon de la marmite ou de l'eau, si l'on veut épargner le bouillon, remettez la casserole sur le feu, faites-la bouillir doucement : jettez-y un peu de persil entier & un clou de girofle, un peu de sel, quand il est fait avec de l'eau. Au bout d'une demi-heure passez votre jus, & servez-vous-en à ce que vous voudrez. On peut remettre la viande qui a fait le jus dans la marmite. Cela donne un petit œil au bouillon. Le jus se peut faire de même avec toute autre viande.

Façon de faire le coulis.

Mettez dans une casserole environ une livre de rouelle de veau, plus ou moins, selon l'usage que vous en voulez faire, mêmes ingrédiens qu'au jus. Faites suer doucement votre viande, & quand elle commence à s'attacher, ôtez-la avec tous les ingrédiens, mettez dans la casserole un morceau de beurre avec un peu de farine ; vous tournez le tout sur un petit feu jusqu'à ce qu'il commence à prendre une couleur blonde, puis vous le mouillerez, soit avec votre jus, soit avec du bouillon, ou même de l'eau. Après avoir bien délayé cela, remettez-y votre viande & faites-la bouillir une bonne demi-heure, ajoutez-y un bouquet de persil & de ciboule, avec deux clous de girofle,

& du basilic. Si le coulis n'étoit pas assez épais, on peut y mettre quelques croutes de pain. Ensuite on le passe au tamis pour s'en servir. On peut faire encore ce coulis sans viande, en faisant un roux à l'ordinaire, avec un peu de lard & de farine, & le mouiller avec du bouillon.

Voilà la base de la Cuisine Bourgeoise, on peut diversifier, si l'on veut, ou même rencherir sur cela. Je ne prétens borner personne, le Code de *Comus* est fait pour tout le monde, & l'on y trouvera de quoi se contenter.

Différentes sortes de potages.

Quand le bouillon est fait comme je l'ai marqué, soit du jour même ou de la veille, pourvu qu'il soit bon, c'est l'essentiel, on peut diversifier les potages de la maniere que je vais détailler.

Potage aux herbes.

Prenez une pincée d'oseille, un

pied de cellery, une laitue ou de la chicorée dans le tems. Epluchez-les bien, lavez-les proprement, puis les hachez un peu & non pas si menu. Mettez-les dans un petit pot de terre, ou dans une petite marmite sur le fourneau, avec un petit morceau de lard gros comme le pouce. Remuez bien vos herbes jusqu'à ce qu'elles soient amorties. Mettez-y ensuite du bouillon du pot, & moitié jus, si vous en avez, sinon n'y mettez que du bouillon ce qu'il en faut pour la quantité de potage que vous voulez faire. Faites cuire ces herbes à petit feu, ensorte qu'elles ne bouillent que d'un côté ; une heure après vous les égouttez, vous ôtez le lard, & vous faites mitonner votre potage. Observez bien de ne pas mettre plus de pain qu'il n'en faut pour la quantité du bouillon. En tout cas comme il doit en rester dans la marmite, vous pourriez en remettre de celui-là. Une autre fois on peut pour changer mettre au lieu de cellery une pincée de cerfeuil haché. On peut mettre encore dans ce potage une poignée de petits pois dans le tems. Mais il faut obferver toujours d'avoir en fait d'herbes & de légumes, les plus fraîches cueillies.

Potage aux navets.

Ayez de bons navets (car c'eſt un principe d'économie d'avoir toujours du bon, & de ne rien acheter de mauvais.) Si vos navets ſont gros, étant ratiſſés, vous les coupez en pluſieurs morceaux, & vous leur donnez la forme qu'il vous plaît pour en garnir votre potage. Vous les faites frire dans du lard fondu, ou dans un peu de ſain-doux bien chaud, & vous les remuez pour qu'ils ne prennent pas plus de couleur d'un côté que d'un autre. Quand ils font bien blonds, vous les faites égoutter sur un linge. Vous pouvez ménager votre friture pour vous en servir plusieurs fois. Mettez ensuite vos navets dans une petite marmite de terre ou de cuivre, avec du bouillon ce qu'il en faut, & point de jus, parce que les navets lui donneront assez de couleur & de goût. Faites-les cuire alors à très-petit feu, jusqu'à ce qu'ils soient entiérement cuits, puis faites mitonner votre potage & le garnissez.

Potages aux Choux.

Ayez un chou ou deux, selon la grandeur de votre plat, ou votre goût décide pour les choux ; coupez-les en quatre ou en six morceaux, suivant leur grosseur, les trognons ôtés, faites-les blanchir avec une demi-livre de petit lard. Quand ils ont bouilli un quart d'heure dans l'eau, passez-les à l'eau fraîche, puis les faites égoutter & les preffez. Le tout bien ficelé avec votre petit lard, empotez-le dans une marmite: on peut y ajouter navets, carottes, panais, cellery poireaux & quelques oignons piqués de clous de girofle. Empliffez enfuite votre pot de bouillon, & mettez un peu de jus, fi vous en avez. Il faut que cela bouille à petit feu d'un feul côté pendant cinq heures. On met fi l'on veut dans ce potage bien des chofes felon fes moyens, comme fauciffes, cervelats, petit fallé, oreilles de cochon, cuiffes d'oye, abatis de volailles, vieux pigeons & vieilles perdrix. Mais il faut que tout cela foit bien blanchi & bien approprié, avant que de le mettre dans le pot, & furtout prendre garde au fel. Faites mitonner votre potage, & fervez-le garni de tout ce qui eft dedans.

On peut faire une autre fois un

potage sans pain : on met pour cet effet tout ce que j'ai marqué dans un pot de terre, avec sel & poivre ce qu'il en faut, environ une demi-livre de graisse provenant du rôti, pourvu qu'elle soit propre, & un demi-septier d'eau seulement. Ensuite vous bouchez bien le pot, & vous le mettez sur des cendres chaudes où vous le laissez bouillir doucement pendant six heures, plus ou moins, selon le tems qu'il faut pour bien cuire vos choux. Cela fait, vous dressez le tout sur un plat avec le peu de bouillon qui s'y trouve, & chacun mange de ce qu'il aime. S'il restoit quelque chose de ce potage, on pourroit le manger le soir, en y faisant une petite sauce à sa fantaisie.

Potage aux oignons.

Prenez de petits oignons blancs, ou rouges, coupez-en proprement la tête & la queue, & sans les éplucher, faites-les bouillir dans l'eau environ un demi quart d'heure, puis les remettant dans l'eau fraîche, vous les épluchez & leur ôtez deux peaux. Vous les empotez ensuite avec du bouillon & vous les faites cuire. Vous faites mitonner votre potage, & vous garnissez de vos oignons.

Potage aux concombres.

Ayez un ou deux concombres: les blancs sont toujours les meilleurs, ôtez-en la peau, puis les coupez en long, en quatre ou en six morceaux, après en avoir ôté la graine, faites-les blanchir & cuire comme les oignons. Faites mitonner votre potage avec du bouillon de la marmite, & garnissez de concombres.

Les potages aux poireaux, au cellery, aux raves & radix, aux laitues, pourpier & autres racines ou légumes se font de même. On les fait blanchir dans l'eau bouillante, & quand ils sont bien ratissés, nettoyés & lavés, on en fait de petits paquets qu'on met cuire dans la marmite.

Potage à la Trape.

Prenez un navet, une carotte, un panet, une tête de poireaux, un pied de cellery, un oignon & autres racines, le tout ratissé, nettoyé & lavé, vous les coupez en petits filets comme des lardons, vous les faites cuire dans du bouillon, & vous en garnissez votre potage.

Potage au ris.

Prenez un quarteron de ris ou plus, lavez-le dans deux ou trois eaux tiédes. Vous lui faites faire un bouillon simplement dans l'eau, & les faites égoutter sur un tamis ou dans un linge. Ensuite vous le mettez dans un petit pot avec un peu de bouillon sur des cendres chaudes. A mesure qu'il cuit, il s'épaissit. Vous y remettez du bouillon, & si vous avez du jus, vous pouvez en mettre pour lui donner l'œil, ajoutez-y gros comme le pouce de petit lard. Quand il est bien cuit, léger & moëlleux, vous le dressez. Une autre fois vous n'y mettrez point de jus, vous le tiendrez plus clair en le finissant, & quand il sera bien cuit, vous y mettrez une liaison de deux ou trois jaunes d'œufs faite avec du bouillon, pour lui donner un petit goût relevé. Vous pouvez y ajouter quatre amandes ameres pilées & un peu de coriandre. Si vous voulez y mettre une volaille, vous la ferez cuire dans la marmite. On peut mitonner le pain à l'ordinaire, & garnir le potage avec du ris bien cuit au bouillon.

Façon de faire des croutes.

J'ai déja marqué la façon de faire des croutes, mais comme
tout

tout le monde n'a pas de la vaisselle d'argent, on peut s'en passer en les faisant de la maniere suivante.

Ayez un crouton de pain de la grosseur dont vous voulez faire vos croutes. Il faut que le pain soit tendre & mollet. Otez la mie de votre crouton ; & le faites sécher à petit feu. Quand il est bien sec, frottez-le tout chaud avec du lard gras en dedans & en dehors. Lorsqu'il est suffisamment humecté, jettez dessus un peu de sel fin, puis mettez-le mitonner un demi-quart d'heure dans votre marmite. Ensuite vous dressez votre croute sur le plat, vous y mettez un peu de gros sel avec un peu de jus ou de bouillon, & vous servez. On en peut faire plusieurs à la fois dans un plat de fayance ; on met dans le fond du plat des tranches de mie de pain, vos croutes étant préparées comme j'ai dit, vous les trempez une minute dans votre marmite, ensuite les ayant dressées sur le plat, vous les mettez sur un petit feu. Il faut les humecter de tems en tems avec du bouillon gras ; on peut mettre dans le fond de la moëlle de bœuf hachée. Quand vous voyez que vos croutes sont bien mitonnées, & qu'elles commencent à faire un petit gratin au fond du plat, vous égouttez bien toute la graisse, & les servez avec de bon bouillon & du jus, si vous en avez. Vous jettez sur les croutes un peu de gros sel. On en peut faire de même en maigre, au lieu de lard on se sert de beurre.

Potage maigre.

Ayez oseille, poirée, laitue & autres herbages, suivant votre goût & la saison. Quand ils sont bien épluchés & lavés, ce qui demande de la propreté, on les hache, & on les met dans une marmite avec un morceau de beurre, & un oignon haché. On remue bien le tout sur le feu jusqu'à ce que les herbes soient amorties, puis on y met de l'eau de pois, d'haricots, de lentilles ou autres légumes, avec sel & poivre, & on fait cuire le tout. Si vous avez de la purée de quelqu'une de ces légumes, vous pouvez en mettre, sinon, quand vous aurez fait mitonner le potage avec le bouillon qui vous reste, faites une liaison de deux ou trois jaunes d'œufs délayés avec votre bouillon sur le fourneau. Quand le tout commence à se lier un peu, vous l'ôtez du feu, & vous prenez garde qu'il ne tourne, ensuite vous le versez sur votre potage. On peut une autrefois y mettre des capres.

Potage à la purée de pois.

Faites cuire dans quatre pintes d'eau de riviere, environ un litron de pois secs. Quand ils sont cuits suffisamment, tirez le bouillon pour votre potage, puis mettez-les dans la marmite avec du sel, un morceau de bon beurre, & un oignon piqué de clous de girofle. Si vous pouvez y mettre quelques racines, il en sera meilleur. Quand le bouillon est fait, & qu'il a bon goût, vous faites mitonner votre potage. Ensuite vous passez vos pois, & vous en mettez la purée dans une casserole, avec sel & poivre, en y ajoutant un peu de bouillon, si elle est trop épaisse. Puis vous y mettez un morceau de beurre, un peu de persil haché, & de la sarriette. Quand le tout a bouilli, vous l'égouttez, & vous repassez votre purée dans un autre vaisseau. Si vous la voulez verte, vous y mettez une pincée d'épinars ou de poirée que vous faites blanchir un bouillon dans l'eau. Le tout bien haché, pillé & passé, vous le mettez sur votre potage.

Potages aux pois verds.

Faites du bouillon aux pois secs, comme je viens de marquer. Si vous le voulez encore meilleur, vous en trouverez la façon dans ce même Volume. Vous faites mitonner votre potage, puis vous avez un litron de gros pois nouvellement écoffés, que vous mettez dans une casserole avec une pincée de persil, du verd de ciboule, & un morceau de beurre. Vous faites mitonner le tout sur le feu, avec du bouillon, jusqu'à ce que les pois soient à moitié cuits ; puis vous les pilez dans un mortier & vous les remettez dans la casserole sur le feu avec un peu de bouillon. Vous faites bien cuire cette purée, en y ajoutant un peu de sarriette, un clou de girofle ; quand elle est faite, vous la passez par la passoire ou par l'étamine, vous la faites chauffer ensuite, & la dressez sur votre potage.

Potage aux choux (au lait.)

Voyez aux potages maigres. Mais au lieu de bouillon de pois, faites cuire les choux avec de l'eau.

Les potages à la citrouille, aux potirons, à l'oignon & au lait, ou d'autre maniere, à la purée de lentilles & d'haricots blancs, se trouvent dans le même chapitre.

Potage ou bisque d'Ecrevisses.

Faites de bon bouillon de pois avec un litron de pois secs, que vous ferez cuire dans quatre pintes d'eau avec un peu de sel, quelques carottes, panais, navets, oignons, cellery & poireaux, le tout en petite quantité. Mettez dans une poële un morceau de beurre, avec deux ou trois oignons coupés en quatre, deux carottes & deux panais. Faites cuire le tout à grand feu, jusqu'à ce qu'il commence à roussir. Mettez-y alors du bouillon de votre marmite, environ une pinte, & le faites bouillir un demi-quart d'heure, cela prendra couleur comme du jus, & le maigre ne se fait point autrement. Passez après cela le tout dans un tamis, & mettez-le dans votre bouillon que vous ferez bouillir à petit feu pendant quatre heures; on peut y ajouter quelques clous de girofle, un peu de muscade, un brain de basilic & quelques gousses d'ail. Quand il est de bon goût, vous le passez au clair. Les pois & toutes les racines qui y sont entrées, vous serviront le lendemain pour un potage, en les passant par la passoire, & mettant cette purée ou avec des herbes, ou avec des choux & des oignons qui vous feront une bonne soupé, en y mettant le beurre & l'assaisonnement.

Pour venir à notre bisque, vous aurez un quarteron d'écrevisses, plus ou moins, petites ou grosses, vous les ferez cuire dans l'eau avec un peu de sel. Il faut qu'elles ne bouillent qu'un bouillon; vous ôtez les coquilles de la queue & les patets que vous pilez dans un mortier, jusqu'à ce que le tout soit comme de la pâte, puis vous faites mitonner deux ou trois croutes dans une pinte de votre bouillon; vous y mettez ensuite vos écrevisses pilées, & vous délayez bien le tout avec une cueillere de bois. Après cela, vous le passez à force de bras par l'étamine, vous faites mitonner votre potage, & en servant, vous arrangez vos écrevisses autour du plat, le coulis d'écrévisses bien chaud pardessus. On peut garnir ce même potage, de laitances, d'andouillettes de poisson & autres choses.

Potage aux œufs en maigre.

Ayez du bouillon maigre, comme il est marqué ci-devant, prenez un concombre que vous coupez en filets, paſſez ſur le feu avec des herbes à la Julienne, émincées de même avec un peu de beurre ; mouillez avec votre bouillon maigre d'oil, ou autre ; faites cuire & mitonner le potage avec ; faites une liaiſon de quatre ou ſix jaunes d'œufs avec du bouillon, tournez ſur le feu juſqu'à ſon point, ſervez ſur le potage, & garniſſez de croutons paſſés au beurre, & des œufs pochés.

Entrées différentes de bœuf bouilli.

Comme le bœuf eſt ſans contredit la viande la plus utile pour le ménage, nous commencerons par le bouilli. Bien des gens après avoir mangé le potage ne ſe ſoucient pas de bouilli, & il eſt peu fêté ſurtout quand on s'imagine avoir autre choſe, c'eſt pourquoi il faut tâcher d'en tirer parti.

Persillade de bœuf.

Quand votre bouilli est froid, vous le coupez par tranches en travers, le plus proprement qu'il est possible. Vous arrangez ces tranches dans un plat, vous y mettez sel & poivre, une pincée de persil haché, & environ un poisson de jus ou de bouillon, vous faites mijoter le tout un demi-quart d'heure sur des cendres chaudes, & vous le servez. On peut y ajouter un peu de ciboule, ou d'échalottes, selon son goût.

Bœuf à l'oignon.

Coupez des tranches de bœuf bien minces, & les arrangez sur le plat que vous devez servir, avec sel, poivre, & un peu de bouillon, & tenez votre plat couvert sur des cendres chaudes. Pendant qu'il mijote, hachez de l'oignon par tranches en travers, le plus mince que vous pourrez: mettez-le dans une poële ou dans une casserole, avec un morceau de beurre ou de lard fondu, à petit feu. Quand l'oignon est presque cuit, & qu'il commence à être blond, vous y jettez un peu de farine, & vous y ajoutez un peu de bouillon ou de jus, ou simplement de l'eau. Mettez-y sel & poivre, laissez cuire la sauce. En finissant, un peu de moutarde avec un filet de vinaigre. Versez la sauce sur votre bœuf, & servez.

Persillade de bœuf froide.

Coupez des tranches de bœuf bien minces, & les arrangez sur un plat, garnissez le tour du plat, avec de petites herbes hachées, comme ciboule, cerfeuil, pimprenelle, estragon, cresson & autres; mettez ensuite sel, poivre concassé, huile & vinaigre, & servez.

Fricassée de Bœuf.

Coupez votre bœuf par petites tranches bien minces : mettez

dans une casserole des champignons aussi coupés par tranches, avec un petit morceau de beurre, & passez-les sur le fourneau. Quand les champignons ont rendu leur eau, mettez-y un peu de farine, & ensuite un peu de bouillon ou d'eau, avec sel, poivre, & un petit oignon piqué de deux clous de girofle. Laissez un peu mitonner le tout ; puis mettez-y votre viande. Il faut que la viande trempe à son aise. Ajoutez à cela une liaison de trois jaunes d'œufs délayés avec verjus, vinaigre ou citron, & un peu de muscade. En mettant la liaison, il faut observer de remuer continuellement sur le feu, de crainte que la sauce ne tourne. Servez ensuite & garnissez de croutes frites dans l'huile ou le beurre.

Bœuf en-miroton.

Votre bœuf étant coupé par tranches bien minces, garnissez-en le plat que vous devez servir, & le tenez sur des cendres chaudes. Mettez ensuite dans une casserole, avec un peu de beurre ou de lard fondu, une poignée de champignons hachés, & à leur défaut, un oignon ou deux hachés bien menu, avec persil, ciboule, échalottes. Quand le tout est passé, vous y ajoutez un peu de farine, avec sel & poivre, & une cueillerée de jus. Laissez cuire cela doucement : mettez-y sur la fin une bonne pincée de capres hachés avec deux anchois hachés de même, & une pointe de vinaigre. Mettez cette sauce sur votre bœuf, & servez.

Rissolles de Bœuf.

Prenez de votre bouilli le plus entrelardé, que vous hacherez bien menu. S'il n'étoit assez gras, il faudroit y joindre un peu de lard ou de bonne graisse de bœuf ou de veau, que vous ferez cuire auparavant dans l'eau. Mettez dans ce hachi, sel, poivre, muscade, deux ou trois têtes de clous de girofle, basilic, persil, ciboule, échalottes, citron, le tout encore haché bien menu. Prenez ensuite un morceau de mie de pain de la grosseur de deux œufs, faites-le mitonner avec un peu de lait ou de bouillon, (la crême seroit encore meilleure.) Quand le tout est bien desséché, mettez le dans votre hachis, avec trois ou quatre jaunes d'œufs, & une pincée de farine ; le tout bien haché ou pilé ensemble. Vous formez de ce hachis des rissoles grosses comme le pouce, que vous trempez dans des œufs battus, & que vous panez l'un après l'autre avec de la mie. Ensuite vous faites frire vos rissoles dans de bon lard fondu bien chaud, jusqu'à ce qu'elles soient bien blondes, & vous les servez avec du persil frit. On peut étendre de ce hachis sur de petites rôties de pain que l'on pane de la même maniére, & que l'on fait cuire sous le couvercle d'une tourtiere, ou dans le four; ou chez un Pâtissier. On peut encore faire la même chose avec toutes sortes de viandes cuites.

Griblettes de Bœuf.

Si votre bouilli est de poitrine de bœuf, ou de quelque autre endroit bien entrelardé, coupez-en des tranches épaisses d'un travers de doigt, que vous trempez, ou dans de bonne graisse, soit du rôti, soit du pot même, ou dans du lard, du beurre, ou de l'huile, avec sel, poivre, muscade, persil & ciboule, hachés bien menu. Saucez bien votre bœuf & le panez de mie de pain; on y peut joindre, si l'on veut, un peu de parmesan rapé. Faites ensuite griller vos tranches d'une belle couleur des deux côtés, & servez-les à sec avec une pointe de vinaigre, un jus de citron, une rémoulade, ou telle autre sauce que vous voudrez ; vous en avez à choisir dans ce premier Volume. On peut faire des griblettes de bœuf crû avec des charbonnées ou des entre-côtes coupées par tranches minces, battues & panées comme des côtelettes de mouton. On peut en faire aussi de filets d'aloyau, & du tendre de la tranche ou de la culote.

Hachis de Bœuf en pot.

Prenez une livre de tranche tendre, une demi-livre de graisse de bœuf, & un quarteron de bon lard gras. Hachez le tout bien menu, joignez-y deux gros oignons hachés de même, sel, poivre, muscade, clous de girofle en poudre & deux œufs entiers, bien mêlés & maniés ensemble. Vous mettez ce hachis dans une petite huguenotte. Il faut qu'elle soit pleine & bien couverte, de maniere que rien n'en exhale. Mettez votre huguenotte sur des cendres chaudes, pendant cinq heures, à très-petit feu, comme on fait le bœuf à la mode. Cela cuit dans son jus, & se mange ou dans la terrine ou sur un plat. On fait une sauce à ce hachis avec deux jaunes d'œufs, un peu de jus qu'il a rendu, un peu de bouillon & un peu de muscade. On tourne le tout sur le feu jusqu'à ce qu'il soit lié. On y ajoute en finissant du verjus dans le tems, ou un jus de citron. Le reste de la cuisson de votre hachis qui est au fond de la terrine, peut vous servir à autre chose.

On trouvera dans ce premier Volume la façon d'accommoder la langue de bœuf, les yeux, le palais, la queue, le rognon, le gras-double; &c. Mais on pourra le faire à bien moins de frais ; pourvu qu'on n'employe rien que de bon ; un peu de goût & de propreté rendent tout mangeable.

Aloyaux à la Bourgeoise.

Prenez un aloyau de telle grosseur que vous voudrez, pourvu qu'il y ait beaucoup de filets. Laissez-le mortifier un tems convenable, ôtez un peu de sa graisse & des peaux, lardez-le bien partout de gros lardons bien assaisonnés de sel, poivre, muscade, persil, ciboule, échalottes, fines herbes, & d'une pointe d'ail, si on l'aime. Vous le ficelez bien pour qu'il se contienne en entier. Quand on le tirera, mettez au fond d'une terrine ou d'une huguenotte, des tranches d'oignon, & quelques morceaux de lard, arrangez là-dessus votre alloyau, le filet tourné vers le fond, assaisonnez-le prudemment de sel, poivre, clous & basilic. Joignez-y ce que vous avez ôté de votre aloyau, pour le parer, avec quelques bardes de lard, un demi-septier d'eau, & un poisson d'eau de vie. Bouchez bien votre vaisseau, & faites cuire le tout à très-petit feu, sur des cendres chaudes, pendant huit heures. Ayez grand soin quand il est cuit, qu'il n'aille pas trop vîte. Vous tirez la sauce qu'il a rendu, vous la passez dans un tamis, ou vous la dégraissez avec la cuillere. Mettez ensuite dans une casserole un peu de la graisse où a cuit votre aloyau, avec des champignons hachés, & quelques échalottes, passez le tout un peu sur le feu, ajoutez-y un peu de farine mouillée avec le jus de votre aloyau. Faites bouillir cela, & s'il est trop salé, mettez-y un peu de jus ou du bouillon. En finissant, joignez-y des capres, anchois, cornichons, olives; le tout bien haché. Dressez ensuite votre aloyau, après l'avoir fait bien ressuyer dans un linge propre, mettez votre sauce dessus & servez. On peut aussi le servir dans sa sauce, ou mettre dessus un ragoût de foyes gras, crêtes, ris de veau & autres ingrédiens, dont on trouvera la façon au second Volume de cet Ouvrage.

L'aloyau à la broche ou au four, n'a pas besoin de recette : il est inutile d'en parler. On peut faire aussi quelque usage du reste d'un aloyau qui a cuit à la broche, il faut le couper par petites tranches bien minces, & toujours en travers du fil de la viande, ce qui lui rend la chair courte. Vous empotez cette viande dans une terrine avec l'assaisonnement nécessaire, on peut y mettre de l'oignon ou des concombres bien épluchés, & coupés minces comme la viande : on fait cuire le tout ensemble avec un peu de jus ou de bouillon. Une autrefois vous mettez le reste de votre aloyau dans votre marmite, vous en faites du bouillon excellent, & la viande est très-bonne à manger.

Comme j'ai marqué la façon de faire le bœuf à la mode & à la royale, & celle de la saler & de la conserver, je ne le répéterai point ici.

Différentes Entrées de Veau, Mouton & autres grosses Viandes.

ON trouve dans ce premier Volume la façon d'accommoder la tête de veau, la langue, la cervelle, les oreilles, le foye, le cœur, le mou, la fraise, les pieds, les ris, les rognons, les amourettes ; ainsi il ne reste plus qu'à choisir celle qui conviendra mieux au goût de chacun, & qui se trouvera en même-tems la moins dispendieuse & la plus naturelle. Mais il faut toujours observer que tout ce qu'on employe soit bon & accommodé proprement. J'ai aussi marqué la façon de faire les entrées de veau, tant rôti que bouilli, & à la braise. Le tout est à la portée de tout le monde, pour peu qu'on veuille s'en donner la peine.

Ragoût de Veau.

Coupez des tranches de rouelle de veau un peu épaisses, lardez-les avec une moyenne lardoire, après avoir assaisonné votre lard de persil, ciboule, sel, poivre, muscade & clous de girofle battus. Mettez le tout dans une casserole avec quelques petits morceaux de lard au fond, assaisonnez légerement, & faites suer doucement sur un feu moderé. Ensuite faites prendre couleur des deux côtés ; ajoutez-y un peu de farine, que vous ferez un peu roussir, mettez un peu d'eau ou de bouillon, faites cuire le tout doucement, & en finissant une liaison de jaunes d'œufs, avec un peu de verjus.

Longe de Veau en ragoût.

Lardez votre longe de gros lard bien assaisonné, & faites-la cuire à la broche. Quand elle est cuite environ aux trois quarts, mettez-la dans une casserole avec du vin blanc & un peu de bouillon. On peut y joindre champignons, morilles & autres garnitures, & y faire encore un petit roux. Servez ensuite avec courte sauce.

Presque tous les ragoûts de veau se font de même.

Pour les marinades de veau, vous le faites cuire aux trois quarts dans la marmite, dans une petite braise ou autrement, ensuite vous le coupez par morceaux, & vous le marinez pendant deux heures avec un peu de bouillon, sel, poivre & vinaigre. Quand le tout est bien égouté & bien ressuyé, vous faites une pâte avec de la farine, du vin blanc, & deux ou trois jaunes d'œufs. Vous trempez votre viande dedans, puis vous la faites frire dans du sain-doux, & vous la servez avec persil frit. Une autre fois, au lieu de pâte, vous batterez ensemble deux ou trois œufs, vous y tremperez votre viande, & l'ayant panée avec de la mie de pain bien fine, vous la ferez frire de même.

On trouve encore dans ce premier Volume différentes manieres d'accommoder la poitrine de veau, les côtelettes & autres endroits, & il en est de même du mouton, de l'agneau, du cochon & autres grosses viandes.

Entrées différentes des plus simples.

Roulade de Bœuf aux choux.

PRenez un morceau de tranche tendre, épais d'un pouce,

ce ; battez-le bien lardez-le de gros lard, assaisonné comme le bœuf à la mode. Faites ensuite un godiveau de bœuf, avec un autre morceau de tranche, d'environ un quarteron, de la graisse de bœuf, du lard, des œufs entiers, persil, échalottes & ciboule; hachez bien menu, & assaisonnez de sel, poivre, basilic en poudre, & fines épices. Etendez votre bœuf, & mettez votre godiveau dessus & roulez-le. Ensuite ficelez-le bien tout autour : puis mettez le tout dans une terrine, avec quatre cœurs de choux, que vous aurez fait blanchir, & que vous ficelerez bien. Assaisonnez le tout légérement, de sel, poivre, clous, & basilic, & couvrez-le de quelques bardes de lard, mettez-y un demi-verre d'eau, & faites cuire cela à très-petit feu pendant six heures. Pour les servir, vous le dégraissez, & on le mange dans

Tome I. V

la terrine. Sinon on le tire de la terrine avec les choux, le tout bien égouté, & bien dégraissé, on en passe encore le fond & on y ajoûte un peu de coulis, si l'on en a. Pressez ensuite votre roulade, & vos choux, mettez-y de la sauce, ce qu'il en faut, prenez garde au sel, & servez chaud. On peut joindre à cette entrée de petit lard, des saucisses, de gros oignons, des croutes de pain bien sèches, & autre chose.

Poularde à l'oignon.

Ayez une poularde bien fine, après l'avoir épluchée & vuidée, passez-lui les pattes dans le corps, & puis refaites-la sur la braise. Ensuite fendez-la en deux par le dos, & l'assaisonnez de sel & de poivre. Mettez dans le fond d'une casserole, quatre oignons blancs, coupés par tranches bien minces, mettez votre poularde dessus, & remettez encore d'autres tranches d'oignon sur la poularde, avec sel & poivre, un bouquet de fines herbes, & un verre de bon bouillon. Couvrez bien le tout, & le faites cuire sur des cendres chaudes, pendant deux heures. Quand la poularde est cuite, dressez-la sur un plat avec les oignons, dégraissez bien le fond de la sauce, & servez avec jus de bigarrade. On peut mettre encore à cette sauce des poulets, & autre viande tendre.

Fricassée de Pigeons.

Prenez tels pigeons que vous voudrez, pourvu qu'ils soient bons dans leur espèce, étant plumés ou échaudés & vuidés, vous les coupez par quartiers, ou par membres, & vous les mettez blanchir dans l'eau. Vous faites un petit roux dans une casserole avec un peu de lard, ou de bon beurre, & de farine ce qu'il en faut, selon la quantité de pigeons. Quand votre roux est blond, mettez-y votre viande, avec un bouquet de champignons, morilles, mousserons, & autres garnitures; menez le tout à petit feu. Ajoûtez-y un verre d'eau, un verre de vin blanc, du sel & du poivre. Faites cuire, & dégraissez de tems en tems. Quand les pigeons sont cuits, & la sauce réduite à son point, servez avec un peu de citron. Si vous voulez cette fricassée au blanc, il ne faut point de roux. Si vous y mettez des artichaux, faites-les cuire aux trois quarts, & si ce sont des artichaux sécs, quand ils sont revenus dans l'eau tiéde, après les avoir épluchés proprement, vous les mettez dans votre fricassée. La compôte de pigeons se fait de même, si ce n'est qu'on laisse les pigeons entiers, & qu'on y met toutes sortes de garniture. On peut aussi les mettre aux pois dans le tems;

on fait cuire les pigeons & les pois ensemble, & l'on n'y met pas de vin. Tout le monde sçait accommoder le pigeon à la crapaudine, & j'ai marqué dans ce Volume la maniere de le faire proprement, ainsi que plusieurs autres ragoûts de pigeons, parmi lesquels on peut choisir selon son goût, & ses moyens. Il en est de même du poulet.

Marinade de Poulets simple.

Quand une fricassée de poulets n'a point été mangée, pour la déguiser, on trempe chaque membre dans des œufs battus, ensuite vous les panez de mie de pain bien fine & vous les faites frire bien blonds. Il ne faut pour cela qu'un moment, pourvu que la friture soit bien chaude. On sert cette marinade garnie de persil. Une autrefois vous tremperez vos poulets dans une pâte à frire, & vous les servirez de même.

Fricassotte de débris de volaille.

Passez dans une casserole des champignons, avec un peu de lard fondu ou des morceaux de petit lard coupés bien minces ; mettez-y un bouquet, du sel, du poivre, un petit oignon piqué d'un clou de girofle, une pincée de farine, & du bouillon. Coupez vos débris par petits morceaux, mettez-les proprement mijotter une demi-heure dans votre casserole. Quand la sauce est réduite, & de bon goût, vous ôtez le bouquet & l'oignon, vous y mettez une liaison de trois ou quatre œufs, faite avec un peu de bouillon, un peu de muscade, de persil & de ciboule hachés bien menus. Liez votre sauce avec attention, & prenez garde qu'elle ne bouille, en finissant un jus de citron, & au défaut, verjus ou vinaigre.

Hachis mêlé.

Hachez votre viande bien menu, soit poulet, poularde, chapon & pigeon, soit gibier de quelque espece qu'il soit, ôtez exactement les nerfs. Mettez ensuite dans une casserole un peu de lard fondu, ou un morceau de bon beurre, avec une douzaine de champignons hachés bien menus, de l'échalotte, du sel & du poivre. Quand les champignons ont rendu leur eau, vous y mettez un peu de farine & du bouillon. Vous faites mijotter le tout, puis vous y mettez votre viande hachée, que vous laissez aller sur des cendres chaudes. Il faut que votre hachis soit un peu consistant, c'est-à-dire, qu'on le puisse manger à la cueillere & à la fourchette. On peut y mettre une liaison de jaunes d'œufs, faite avec un peu de bouillon, ou l'on y met des jaunes d'œufs durs. Dressez votre hachis sur un plat, que vous garnissez de morceaux de pain frits, bien blonds, ou si vous voulez de croutes. Quand c'est du gibier, on le fait au roux, avec du jus & du coulis, & on pile les carcasses pour en tirer le suc.

Capilotade de toutes sortes de volaille, & de gibier.

Coupez les membres de votre volaille, ou de votre gibier, arrangez-les dans une terrine, ou dans une casserole, mettez-y sel, poivre, échalottes, hachées bien menu, un verre de vin blanc, autant de bouillon, une cueillerée à bouche de bonne huile, avec un peu de chapelure de pain. Couvrez bien le tout & le faites mijotter un demi quart d'heure. Dressez ensuite votre viande dans le plat avec la sauce par dessus. En servant jus de bigarrade.

Andouillettes.

Hachez telle viande cuite que

vous aurez, joignez-y du lard à moitié cuit, & de la graisse de bœuf, avec persil, ciboule, échalottes hachées bien menu, & un peu de mie de pain trempée dans du lait ou du bouillon. Ajoûtez-y quatre jaunes d'œufs durs, & trois cruds, avec sel, poivre, muscade & clous de girofle ; le tout bien mêlé ensemble & de bon goût, vous en formez des andouillettes rondes ou longues, de la longueur & grosseur d'un pouce ; vous les trempez dans des œufs battus, & vous les faites frire bien blondes ; on les sert garnies de persil. Une autre fois vous y ferez une liaison avec du bouillon, deux jaunes d'œufs, sel, poivre, muscade, & vous y mettrez vos andouillettes que vous aurez soin de tenir chaudes sans qu'elles bouillent. On peut dans la saison y mettre du verjus. Ces mêmes andouillettes servent à garnir toutes sortes de plats : on en fait des petits pâtés, des riſſolles & tout ce que l'on veut

On peut faire griller toutes ſortes de volaille, gibier & autre viande, & y mettre une ſauce telle que l'on voudra choiſir dans ce Volume à l'article des viandes. On trouvera de même dans le ſecond Volume la maniere d'accommoder le cochon, la groſſe venaiſon & toute la volaille, & d'en compoſer des entrées à la portée de beaucoup de monde.

Maniere ſimple d'accommo-
der le maigre.
Entrée de carpes.

APrès avoir écaillé, vuidé, & duement préparé votre carpe, vous la coupez par tronçons. Vous faites enſuite rouſſir du beurre dans un chaudron, vous y mettez des oignons coupés par tranches que vous remuez souvent. Quand ils sont presque cuits, vous y versez du vin rouge ce qu'il en faut, puis vous y mettez le poisson, avec du sel, du poivre, & un peu de laurier. Vous faites bouillir le tout à grand feu. Quand le poisson est cuit, vous y mettez quelques croutes de pain, pour lier la sauce. En servant, on peut y mettre une pointe de vinaigre.

Marinade de carpes, ou d'autre poisson d'eau douce.

Coupez votre carpe en filets ou à l'ordinaire, par tronçons; mettez-les dans une casserole, avec sel, poivre, clous de girofle, quelques tranches d'oignons, un peu de basilic, du vinaigre ou citron. Remuez bien le tout ensemble, pour faire prendre du goût. Une heure avant que de servir, vous faites égoutter & bien ressuyer vos filets ou tronçons de carpe, ensuite vous les farinez bien, & les faites frire bien blonds; puis vous les servez garnis de persil. On peut encore les tremper dans des œufs battus, & les paner, ou bien dans une pâte à frire: mais il faut pour cela, que le poisson soit cuit aux trois quarts dans la marinade, avant que de le tremper dans la pâte.

La tanche, l'anguille, le brochet, la perche, la lotte, la truite & autres poissons de riviére, s'accommodent de même, soit entiers, soit en filets; on peut même étant frits, les servir à telle sauce que l'on voudra.

On trouvera dans le troisiéme Volume la façon d'apprêter toutes sortes de poissons, de légumes & d'œufs à différentes sauces, dont la pratique en retranchant un peu du superflu des grosses cuisines, est à la portée de tout le monde, pourvu qu'on veuille se donner la peine & l'attention qu'elles demandent.

Rien n'est plus simple, par exemple, que les courts-bouillons de poisson d'eau douce : il ne faut que de l'eau, du vin, l'assaisonnement & quelques fines herbes, & pour le poisson de mer, il ne faut que de l'eau, du sel, & si l'on veut un peu de beurre. La façon la plus simple & peut-être la plus saine de manger toute sorte de poissons, est de les manger grillés, ou frits, ou comme je viens de dire au court-bouillon. Quand il est bien frais on a le plaisir de sentir mieux le goût du poisson, & l'apprêt en est moins embarrassant.

Je recommande ici le simple, parce que, sans vouloir offenser personne, je remarque qu'aujourd'hui nombre de Bourgeois, pour vouloir imiter les Grands, sortent des bornes de leur état, en couvrant leur table de mets qui leur coûtent beaucoup, sans leur faire honneur; faute d'être apprêtés par une main habile. C'est donc pour ces particuliers, dont la figure n'est point toujours conforme à leur condition, ni à leur fortune, que la Cuisine devroit principalement revenir à la simplicité de nos Peres, leur bourse & leur santé, s'en trouveroient mieux. Au reste, je ne prétends borner personne, en parcourant mon Ouvrage, qu'on peut regarder en fait de Cuisine, comme un *Code* des plus complets : chacun y trouvera à son choix ; le simple, le propre, le délicat, l'élégant, le magnifique & le somptueux.

Fin du Premier Volume.

TABLE

Des Matieres contenues dans ce premier Volume.

CHAPITRE PREMIER.

DU Bouillon,	Page 1
Bouillon ordinaire, ou mitonnage pour la base des potages & des sauces,	2
Bouillon cordial qui sert pour les potages clairs, le jus de veau & la quinte-essence,	3
Bouillon tôt-fait,	4
Quinte-essence,	5
Consommé,	6
Jus de Bœuf,	7
Jus de veau,	9
Coulis ou blond de veau,	ibid.

TABLE

Autre blond de veau,	11
Essence de jambon,	ibid.
Coulis simple,	13
Jus de bœuf & de mouton,	14
Jus de champignons,	15
Liaisons d'amandes.	ibid.
Liaison de champignons,	ibid.
Liaison de farine ou coulis,	16
Consommé,	ibid.
Sauce à la carpe,	17
Sauce à l'Espagnole,	18
Sauce au brochet gras,	19
Sauce à l'ésturgeon, à l'anguille, au lapin,	20
A l'Italienne blonde, piquante,	21
A l'Italienne légere,	22
Sauce hachée,	23
Coulis à la Reine,	24
Coulis d'ecrévisses,	25
Coulis de navets,	26
Coulis de pois ou purée,	28
Purée ou coulis de lentilles,	29
Coulis de marons, d'haricots,	31
de grosses féves de marais,	32
à la Reine, simple & sans viande,	33

DES MATIERES,

Sauce Robert à la Bourgeoise,	33
Sauce au verd-pré,	35
à la Mancelle, aux bressolles,	36
à la Bechamel passée,	37
à la Bechamel, à l'ivoire,	38
A la chirac,	39
à l'extrait de cellery,	ibid.
à l'extrait de fenouil, de persil,	40
Sauce à la Duchesse,	41
au restaurant,	ibid.
au suprême, à la crême,	42
au jus d'ozeille, à la poulette,	43
au fumet,	45
aux huitres, aux truffes,	46
autre aux huitres,	47 & suiv.
à la nesle, au persil,	49
au porquet,	50
au jus clair, à la civette, au Duc,	51
au Bacha,	52
à l'Allemande, au Monarque,	53
à la Hollandoise, au céladon,	54
au bouillon, à la Provençale chaude,	55
A la Provençale froide,	56
Cerfeuillade, à l'agneau,	57
d'acide, à la bonne femme,	58

TABLE

A la poële,	59
au fenouil, à la pluche verte,	60
A l'huile, au vin,	61
au beurre d'ecrévisses,	ibid.
aux petits œufs perlés à la Polonnoise,	62
A l'Angloise,	63
au pauvre homme, chaude,	ibid.
A l'échalotte,	64
A la Milannoise, au beurre,	85
A la moutarde, au jambon,	66
Ravigotte chaude au civet,	67
au pauvre homme,	68
au verjus, piquante,	ibid.
Ravigotte,	69
autre ravigotte, autre à la moutarde,	
au dindon,	70
au verd-pré, verte,	71
au verjus,	ibid.
Sauce Royale,	72
Remoulade, à l'eau, à l'aspic,	73
à la Dauphine, aromatique,	74
au petit Maître, blanche à la garonne,	75
aux pistaches, au Patriarche,	76
à la Moruë, à la Moscou,	77
Sauce à Vénitien, mordicante,	78

A la farce, Bacchante ou Bachique, 79
aux champignons légere, 80
A la Polonnoise, 81
A la Jardiniére, 83
aux nompareilles mêlées, 85
A la Raye en gras & en maigre, 86
A la Vestale, 87
 CHAP. II. Potage de santé clair, 88
Potager printannier clair, ibid.
Julienne pour toute saison, 89
Potage aux radix, 91
aux navets lié, 92
A la chicorée, 93
aux raves, aux choux, ibid.
d'issues d'agneau à la Vierge, 96
de cailles à la Reine, 98
ou bisque de cailles aux écrévisses, 99
Bisque de pigeons, aux écrévisses, 100
Potage aux cardes au bouillon blanc, 101
aux cardes blond, au montant de laituë
 romaine, au bouillon, ibid.
A la Saint-Cloud, 102
A l'Espagnole, ibid.
au bouillon de lentilles, pois, féves &
 autres graines, 104

en quadrille, de différentes viandes
    piquées, 105
différens de volailles farcies, 106
Potage de concombres farcies ; aux concombres clair, 107
de choux-raves à la servante, 108
à la purée aux pois verds, 109
à la purée d'haricots blancs, 110
à la purée de lentilles, 111
(ancien) de profiterolles, ibid.
des mêmes, au bouillon, & à la Reine, 112
de vermicelli ou vermicelles, 113
aux choux & au fromage à la Provençale, ibid.
de femouille, 114
au ris, au blanc, 115
Potage sans eau ; 116
aux choux-fleurs de poisson gras, 117
à la Princesse, 118
de fantaisie, 119
au bouillon de lapin, perdrix & faisans, 120
à la Provençale aux lentilles, 121
au Sultan, de garbure, 122
à la foubonne, 123

DES MATIERES.

Oille au naturel, 124
du palatin pour le printems, 126
Bouillon rafraîchissant aux ecrévisses, 127
Potage maronné de perdrix, 130
Façon de faire des croutes, ibid.
Observation sur les bouillons & potages, 131
Braise pour la grosse viande, 134
Fine pour l'agneau, & la volaille blanche, 135
Blanc pour faire cuire plusieurs racines & légumes, 137
Farce générale, fine, à la créme, ibid.
Sainte-Menehoult, 139
Pâte à frire, ibid.
Essence d'ail, 140
Saumure, 141
Glace ou caramel, pour glacer toutes sortes de viandes piquées ou non piquées, ibid.
Basilic en poudre, Epices à boudinailles, 142
Farce légere & fine, Gratin, 143
Salpicon chaud cuit, 144

Salpicon crud ; Farce aux écrévisses, 145
Tête de bœuf, grosse entrée, 146
Langue de bœuf à la braise, entrée, 148
Langue de bœuf, piquée à la broche, 150
la même en hatelettes, hors-d'œuvre, 151
Langue au sang, 152
au miroton, hors-d'œuvre, 153
aux concombres, entrée, 154
au naturel, entrée, ibid.
sallée, fourrée, séchée, & enfumée, 155
Palais de bœuf au chingaras, 156
à la poulette, 157
en hatereaux, 158
au parmesan, 159
au jambon, 160
A la Sainte-Menehoult, entremet, ibid.
en allumettes, 161
en menus droits, ibid.
en balottes, 162
en hatelettes, ibid.
A l'Espagnole, 163
aux fines herbes à l'Espagnole, 164
A la Sylvie, 165
Queue de bœuf à la Sainte-Menehoult, 166

Oreilles de bœuf à la Sainte-Menehoult,	167
Rognons de bœuf à l'oignon,	168
A la poële,	ibid.
A la Paysanne, grillés,	169
Gras-double grillé à la Bourgeoise, & en fricaffée à la moutarde,	170
A la poulette, fauce à la raye,	171
Graiffe de bœuf,	ibid.
Tetine de vache à la poële,	172
Poitrine de bœuf au fel,	173
Tranches de bœuf aux fines herbes & autres,	ibid.
Poitrine fumée,	174
A la braife, en furprife,	175
Roulade de flanchet de bœuf,	176
Cimier,	177
Culotte de bœuf au fel,	ibid.
A la braife, au demi fel,	178
A l'écarlatte,	179
Aux légumes,	ibid.
A la Montreville, à l'Espagnole,	180
Aloyau à la braife,	181
En balon,	ibid.
Au four,	182

Filets de bœuf à la morguienne, la même, ibid.
Filets d'Aloyau piqué en venaison, 183
Filets de bœuf à l'oignon, 184
Autres à l'oignon, ibid.
A la poêle, 185
Feuilleton de filets, 186
Filets à la Mariée, 187
A la Duchesse, 188
d'Aloyau à la Conty, à la Varsovie, ibid.
à la glace, 189
A l'Indienne, 190
Charbonnées aux fines herbes, 191
Carbonnade à la Lyonnoise, 192
Tendron au bouillon, 193
à la Flamande, ibid
au petit salé, 194
Tranche ou noix de bœuf, 195
Bœuf à la mode chaud, à la Paysanne, 196
Bœuf à la Royale à la cendre, 197
à la Paysanne, 198
Hatereau de bœuf, 199
Hachis de bœuf, ibid.
Observation sur le choix du bœuf, 200

Tête

DES MATIERES.

Tête de veau au naturel,	202
en saucissons,	ibid.
A la Sainte-Menehoult, à la braise,	203
Tête de veau frite,	204
Cervelle de veau à la Provençale,	ibid.
en matelotte à la crême,	205
en marinade,	206
au parmesan & à la moutarde,	ibid.
en hatereau grillées,	207
Muffes de veau au naturel,	ibid.
Langue de veau, les yeux au naturel, les oreilles en croquet,	208
au gratin,	209
Oreilles à l'Espagnole, à la Polonnoise, au Parmesan,	ibid.
Oreilles en menus-droits, en panachine,	210
Oreilles aux pois, foyes de veau en crépine,	211
A la poêle, & de différente sorte,	212
en crépinettes, en popie,	214
en matelotte,	215
Fraise de veau au naturel, à l'Italienne,	216
en rissolettes, en marinade,	217
en boudinade, en surprise,	218

Tome I.   X

TABLE

A la Suisse,	219
Fresure ou mou fricassé,	220
Rognons grillés, pieds marinés, en canon,	221
Pieds au laurier,	222
A la polichon, queues de veau au gatin,	223
au caramel, en hatereaux,	224
Ris de veau, à la Françoise,	225
en escalope,	226
A la Conty, à la Dauphine, à la poële,	227
au persil, à la Polonnoise,	228
Frits, veloutés,	229
Amourettes de veau au citron,	230
Rôties d'amourettes,	ibid.
Matelottes d'amourettes de veau & autres,	232
Amourettes composées à la crême,	ibid.
Quartier de veau à la crême,	235
en crépines,	237
Longe de veau au naturel,	238
Cuisseau de veau glacé,	239
Quartier, longe, cuisseau, ou épaule à l'esturgeon,	ibid.
Rognons en saucisson,	240
Jarret à l'estoufade,	241

DES MATIERES.

Cuisseau à la daube, à la broche,	242
Veau à la Bourgeoise,	ibid.
L'épaule à l'estoufade,	243
de plusieurs façons,	244
en balon,	245
Poitrine farcie à la Bourgeoise,	246
Farcie glacée,	248
Farcie à la broche, en sur-tout,	ibid.
au soleil, au Pere-Douillet, au persinet,	249
Poitrine au persinet,	250
Poitrine aux truffes,	251
Tendrons au demi-verd, à la poêle, glacés,	252
marinés, aux pois,	253
Quarré de veau à la mode, aux fines herbes,	254
piqué à la broche ou glacé,	255
au chevreuil, en canapé,	256
Côtellettes à l'estoc,	257
en redingottes,	258
en papillottes, aux fines herbes, grillées,	259
en caisson,	260
en surprise, à la poêle,	262
Côtelettes à la Provençale,	263

glacées, en crépinettes,	264
Crépinettes à plusieurs sauces,	265
Filets de veau en blanquette,	ibid.
Filets mignons, en canelons,	266
au cellery glacés,	267
glacés aux fines herbes, à la Provençale,	268
Rouelle de veau à la daube,	269
A la Bourgeoise,	270
Glacé, fricandeaux à la Bourgeoise,	271
Noix de veau glacée, à la Dauphine glacée,	273
A la Polonnoise,	274
Grenade de veau froide,	275
Savattes de veau à la Paysanne,	277
les mêmes à l'orange,	278
les mêmes à l'esturgeon,	279
Savattes de veau & jambon,	ibid.
Semelles de veau à la moëlle,	280
Balotine de veau,	281
Grenade jaspée,	282
Poupeton de veau,	283
Hatereau au fenouil,	284
Poupiettes de veau, bressolles de veau à l'huile,	287
Bressolles à la braise, cascalope de veau,	288

DES MATIERES. 485

Griblettes à l'orange,	289
Quasi de veau à la marmote,	290
Salpiconti, blanquette de veau,	291
la même à l'huile,	292
Oservation sur le choix du veau,	293
Pain de veau,	294
Tymbale de veau,	295
Pain de veau à l'Allemande,	296
Pain ou grenade de veau,	ibid.
en côtes de melon,	297
Poutinade au ris,	298
Poutinade de pain, façon Angloise,	299
Rissolettes, Skeneffes à la Piedmontoise,	300
A la poulette, Printannieres,	301
De la tête de mouton,	302
Langues de mouton, langues glacées,	303
Grillées, piquées à la broche,	304
aux truffes, à l'Allemande,	305
en crépines,	306
en canelons, en redingote,	307
aux fines herbes,	308
A la poële, à la Bourgeoise,	309
Balotines de langues, langues en hatelettes,	310
A la servante,	311

Pieds de mouton en fricassée, farcis, 312
A la Sainte-Menehoult, en hatereau, 313
A l'Espagnole, ibid.
Au gratin, en sur-tout, 314
A la moutarde, aux crêtes, 315
en canettes, en cartouche, 316
Oreilles de mouton, queues de mouton au parmesan, 317
A la moutarde, 318
Au ris, aux choux à l'Allemande, 319
Frites à la Sainte-Menehoult, 321
Rognons de mouton tôt prêts, ibid.
aux concombres, glacés, 322
Gigot de mouton à la mode, 323
A l'ail, en Chevreuil, 324
A l'Angloise, 325
A la Polonnoise, 326
A l'Espagnole, à l'Allemande, à la Portugaise, 327
A la Moscovite, 328
A l'eau, aux racines, 329
en mortadelle ou saucisson, 330
Epaule de mouton en canon, 331
braisée & panée au four, 332
au ris à la Polonnoise, au sang, 333
au four à l'eau, quarré de mouton glacé, 334

DES MATIERES.

A la bonne femme, à la brie,	335
Au naturel, à la Villeroy au sang,	336
Côtelettes de mouton grillées,	337
Aux navets, en purée, aux racines,	338
A la poële,	ibid.
A la poële, au fenouil,	339
A la Jardiniére,	340
Aux fines herbes, en crépines,	341
En haricots,	342
Côtelettes de mouton à l'oignon,	343
en surprise,	344
A la pluche verte,	345
Filets de mouton en cartouche,	346
au Chevreuil,	347
Bressolles de mouton aux concombres,	ib.
Aux truffes, filets de mouton à la moëlle,	348
A l'oignon, à la créme,	349
Rôt de bif de mouton glacé,	351
A la Sainte-Menehoult, aux fines herbes,	352
Noix de mouton glacées,	353
Carbonnade ou rouelle de mouton,	ibid.
Hachis de mouton, à la Bourgeoise,	354
Selle de mouton à la Barbarinne,	ibid.
Cascalopes de mouton à l'huile,	355

Profiterolle de mouton, 356
Poitrine de mouton à la Sainte-Menehoult, 358
Collet de mouton à la moutarde, ibid.
aux petits oignons, 359
Animelles à l'Italienne, frites au citron, 360
Carbonnade de mouton à la Languedocienne, 361
De la Chevre, Chevreau, ou Cabril, 363
Tête d'agneau au persil, 364
en surprise, 365
aux crêtes, au verjus, 366
Issus d'agneau au naturel, 367
Quarré d'agneau en mousseline, 369
Côtellettes d'agneau, sauce à l'orange, 371
au verd-pré, 372
Blanquette d'agneau, 373
Quartier d'agneau fouré au sang, ibid.
Épaule d'agneau en chausson, 374
Glacée, 375
Quartier d'agneau, sauce à l'agneau, ibid.
Rôt de bif d'agneau à la Barbarine, 376
Filets d'agneau à la Condé, ibid.

DES MATIERES.

Agneau en gondolle, 377
Quartier d'agneau rôti, 379
Rôt de bif d'agneau, 380
De la diffection des viandes, 381 & suiv.
Différentes sortes de menus, tant pour dîner, que pour souper, d'une seule sorte de viande, 395 & suiv.
Idée de la cuisine, & de l'économie Bourgeoise, 417
Bouillon, 418
Façon de faire le jus, 421
Façon de faire le coulis, 423
Potage aux herbes, 424
Potage aux navets, 426
Potage aux choux, 427
Potage aux oignons, 429
Potage aux concombres, 430
Potage à la trape au ris, 431
Façon de faire des croutes, 432
Potage maigre, 434
Potage à la purée de pois, 435
Potage aux pois verds, 437
Potage aux choux, au lait, ou bisque d'écrévisses, 438
Potage aux œufs en maigre, 440
Entrées différentes de bœuf boulli, 441

TABLE, &c.

Persillade de bœuf, bœuf à l'oignon, 442
Persillade de bœuf, froide, fricassée de bœuf, 443
Bœuf en miroton, 444
Rissolles de bœuf, 445
Griblettes de bœuf, 447
Hachis de bœuf en pot, 448
Aloyau à la Bourgeoise, 450
Différentes entrées de veau, mouton, & autres grosses viandes, 453
Ragoût de veau, 454
Longe de veau en ragoût, 455
Roulade de bœuf aux choux, 456
Poularde à l'oignon, 458
Fricassée de pigeons, 459
Marinade de poulets simple, 461
Fricassotte de débris de volaille, 462
Hachis mêlé, 463
Capilotade de toute sorte de volailles & de gibiers, 464
Andouillettes, ibid
Entrée de carpes, 466
Marinade de carpes, ou d'autres poissons d'eau douce. 467

Fin de la Table.